기독교 대안학교
교사로 바로서기

기독교 대안학교
교사로 바로서기

초판 1쇄 발행 2020년 7월 30일

지은이	조인진
발행인	이요섭
기획	박찬익
편집	이인애
디자인	박지혜
제작	박태훈
영업	김승훈, 김창윤, 정준용, 이대성
펴낸곳	도서출판 디사이플
등록	2018. 2. 6. 2018-000010호
주소	07238) 서울특별시 영등포구 국회대로 76길 10
기획	(02) 2643-9155
영업	(02) 2643-7290
	Fax (02) 2643-1877
구입 문의	요단인터넷서점 www.jordanbook.com

ⓒ 2020. 도서출판 디사이플 all rights reserved.

ISBN 979-11-90964-01-2
값 18,000원

이 책의 한국어판 저작권은 도서출판 디사이플이 소유하고 있습니다.
출판사의 사전 승인 없이 책의 내용이나 표지 등을 복제, 인용할 수 없습니다.

기독교
대안학교
교사로
바로서기

기독교 교육현장의 교사들에게
마중물이 될 수 있는 이론과 실제

조인진 지음

디사
도서출판 이플

추천사

남진석 목사(글로벌선진교육, 글로벌선진학교 설립이사장)

글로벌선진학교 학교장으로 8년, 글로벌교육개발원 원장으로 2년째 함께 동역하고 있는 조인진 권사님의 저서 출간을 기쁜 마음으로 축하합니다. 우리 학교에서 교장으로서 그리고 교육개발원장으로서 쌓아온 경험을 교육계에 종사하는 여러분들과 후배 교사들과 함께 나누고자 저술한 이 책이 기독교 교육 공동체의 저변을 넓혀 주리라 생각합니다. 기독교 대안학교 현장에서 다음 세대 교육을 위해 직접 발로 뛰며 헌신한 순종을 하나님께서 축복하실 것입니다. 세상의 가치보다는 성경적 가치관을 삶에서 실천하고자 하는 노력이 이 한 권의 책으로 귀결되었다고 생각합니다. 특별히 기독교 대안학교 현장에서 바로서기를 고민하는 수많은 교사들에게 이 책을 꼭 추천하고 싶습니다.

박상진 목사(기독교학교교육연구소 소장, 장신대 교수)

여전히 칠흑같이 어두운 한국교육에 그래도 희망의 빛을 비추는 교육이 있다면 기독교 대안교육이다. 기독교 세계관으로 하나님이 디자인하신 바로 그 교육을 회복하는 교육이다. 이 교육을 담당하는 기독교 대안학교의 교사는 누구이며 누구여야 하는가? 이 책은 기독교 대안학교 교사의 진정한 길라잡이라고 할 수 있다. 이 책의 저자는 교육학을 전공한 대학의 교수로서, 기독교 대안학교에 자녀를 보낸 기독 학부모로서, 그리고 기독교 대안학교의 교장으로서의 경험을 통해 온몸으로 이 책을 쓰고 있다. 이론과 현장이 통합되어 생명력이 넘치는 이 책을 통해 건강한 기독교 대안학교 교사들이 세워짐으로 기독교 대안교육이 더욱 발전하게 되기를 소망한다.

이종삼 목사 (한국대안교육학회 회장, 꿈의학교 명예교장)

조인진 박사님의 〈기독교 대안학교 교사로 바로서기〉에는 저자의 대학에서의 연구 경험과 기독교 대안학교 현장에서 실제 경험한 내용이 집대성되었습니다. 기독교 대안학교 현장에서 수년 동안 교장으로서 직무를 수행하려면 교사의 능력과 장단점을 정확하게 파악하여 교사 장학을 해야 합니다. 기독 교사가 교육의 현장에서 직면하는 수많은 어려움을 극복하려면 전문성과 더불어 소명의식과 지혜를 가지고 경험을 쌓아가야 합니다. 저자는 자신의 경험을 기초로 기독 교사들에게 기독교 세계관 통합교육을 위한 도움을 주고 있습니다. 최상의 기독교 교육을 실천하기 원한다면 이 책을 통해 다양한 도움을 받을 수 있습니다.

차영회 목사 (한국기독교대안학교연맹 사무총장)

기독교 대안학교 교육의 핵심인 교사를 위한 안내서가 그 중요성에도 불구하고 안타깝게도 눈에 띄는 것이 별로 없었다. 그 이유는 이론과 현장 경험을 두루 갖춘 저자가 없기 때문이다. 그런 점에서 조인진 교장 선생님의 이번 저서는 매우 의미가 깊다. 교장 선생님과는 기독교 대안교육현장에서 수년 동안 동역한 경험이 있다. 교육학자로서 학교현장에 뛰어들어 외롭고 고단한 길을 가며 하나님께서 기뻐하시는 학교를 만들기 위해 헌신하는 모습을 옆에서 지켜보았다. 그때의 경험이 녹아 있는 이 책은 기독 교사와 학교 지도자들에게 안목을 크게 넓혀 주는 귀한 책이 될 것이다.

이은실 교수 (한동대학교 교육대학원)

기독교 대안학교 공동체의 일원이 되고자 하는 이들에게 꼭 필요한 내용을 묶어낸 책이 발간되었기에 기쁜 마음으로 추천합니다. 이 책은 저자가 전공 교수로서 쌓은 교육 분야의 지식과 기독교 대안학교 교장으로 경험한 이야기가 조화를 이루고 있어서 참 신선합니다. 이 책을 읽다 보면 기독교 대안학교라고 하는 숲을 거닐다가 그 숲에 있는 나무 하나 하나에 머물며 관찰도 하고 쉼도 가지는 느낌이 듭니다. 특히 기독 교사라는 나무를 집중적으로 다루고 있어서 기독 교사의 설레임을 경험하고자 하는 이들에게 적극 추천합니다.

 들어가기

　교육학을 전공하고 대학에서 교수로 연구자로서 가르치고 연구하였던 교육현장은 객관적인 연구대상이었다. 객관적인 연구자로서 교육현장에 빚진 마음을 가지고 있던 저자에게 어느 날 갑자기 교장직이라는 새로운 도전이 제안되었고, 이를 소명이라고 다짐하며 교육현장에 덜컥 발을 들여놓았다. 2011년 새로운 소명으로 맞닥뜨린 교장으로서의 교육현장은 낯선 영적 전쟁터였다. 선택에 대한 책임과 이 길로 인도하신 주님의 동행하심을 믿으며 무한 책임의 교장직을 8년 동안 수행하였다. 기독교인으로서 신앙과 교육자로서 교육과정 철학을 통합하며 기독교 학교에서 학교운영의 전 영역에 기독교 세계관을 실천하기 위한 외롭고도 고난한 길을 걸었다. 때로는 절망하고 분노하며 인간적인 마음에 지치고 힘들었지만, 절망에 빠져있을 만큼의 시간도 허락하지 않는 분주한 학교현장에서 오직 기도로, 예수님과의 대화로 극복하였다. 어렵고 힘든 일도 있었지만, 어려운 과정에서도 대견하게 성장해가는 제자들과 무한 신뢰를 보내주는 학부모들, 기꺼이 힘든 과정을 함께 걸어주었던 동료 교직원, 교사들이 있었다. 이제는 그 길 위에서 만난 동료 교사, 학부모, 학생들에게 감사하는 마음으로 기독교 학교현장의 경험을 정리하여 기독교 학교 교사를 꿈꾸는 후배들에게 돌려주고자 한다.

　혼란한 시대에 하나님 나라를 확장하고자 하는 사명으로 기독교 학교에서 학생들을 가르치며 기독교 학교 교사로 서기 위해 고민하며 이 길을 함께 걷는 기독교 학교 교사들에게 마음 깊은 곳으로부터 진심으로 응원하며 박수를 보낸다. 어떠한 일이 있어도 포기하지 말고 하나님과 동행하며 사명자로서 설 수 있기를 기도한다.

이 책은 4부로 구성되어 있다. 1부는 기독교 학교, 2부는 기독교 대안학교, 3부는 기독 교사로 나누어 기독교 교육현장의 교사들에게 마중물이 될 수 있는 이론과 실제를 다루었다. 4부는 학교현장에서의 소고(小考)로 기독교 학교현장에서 공동체 구성원들과 소통했던 내용의 일부를 정리하였다. 이 책은 기독교 학교에서 사역하고자 하는 예비교사들, 이미 기독교 학교에서 사역하고 있는 교사들에게 기독교 학교, 기독교 대안학교, 기독 교사를 이해하는 데 도움을 주고자 하는 목적을 가지고 정리하였다. 부디 본서가 기독교 학교현장에서 전문적인 소양을 간구하는 기독 교사들에게 도움이 되기를 소망한다.

기독교 학교의 생생한 현장에서 리더로서 사유하고 행동으로 실천할 수 있는 경험을 허락하신 하나님께 감사드립니다. 기독교 학교 교육현장의 기회를 제공하고 함께 동역해 준 글로벌선진학교 이사장님 이하 모든 공동체 구성원들에게 감사드립니다. 학교운영과 연구에 몰입할 수 있도록 인내하고 기다려 준 사랑하는 가족들에게 미안함과 고마움으로 마음 한구석이 짠합니다. 마지막으로 출판을 맡아주고 세심하게 편집해준 디사이플 출판사에 감사드립니다.

P.S 최근 코로나 19 사태가 전 세계에 어려움을 주는 상황에서 기독교인으로서 이 기간을 어떻게 지내야 하는지 반성하는 기회를 얻게 되었다. 전화위복의 기회로 그동안 마음 한구석의 빚을 꺼내어 책으로 엮을 수 있는 용기와 생산적인 활동으로 발전시킬 수 있는 동력을 얻게 되었다.

2020년 6월
세종 연구실에서 저자 조인진

들어가기

1부 기독교 학교

1. 왜 기독교 학교인가 · 11
2. 기독교 세계관 통합교육 · 22
3. 기독교 학교의 학습자관, 지식관 · 32
4. 기독교 학교의 교육과정 · 47

2부 기독교 대안학교

5. 기독교 대안학교 현황 · 59
6. 기독교 대안학교 유형 · 71
7. 기독교 대안학교 운영 · 83
8. 기독교 대안학교의 교육성과 · 97
9. 기독교 대안학교의 과제와 전망 · 112

3부 기독 교사

10. 기독 교사의 정체성 · 121
11. 기독 교사의 교육적 신념과 현장 적용 · 129
12. 기독 교사의 전문적 학습 공동체 · 144
13. 기독 교사의 교수방법과 학생의 학습양식 · 151
14. 기독 교사의 수업운영 · 165
15. 기독 교사의 학급운영 · 247

4부 학교현장에서의 소고 · 264

나가기 하나님 보시기에 아름다운 기독교 학교를 꿈꾸며 · 296

참고문헌 · 299

부록 · 302

1부

기독교 학교

1·· 왜 기독교 학교인가
2·· 기독교 세계관 통합교육
3·· 기독교 학교의 학습자관, 지식관
4·· 기독교 학교의 교육과정

기독교 학교 1부

1. 왜 기독교 학교인가

　기독교 학교는 교육과정 및 학교 운영의 모든 면이 기독교적인 학교이다. 초기 우리나라 기독교 교육의 초석이 되었던 미션스쿨은 현재 설립이념만 기독교적이고 일반 학교와 동일한 교육과정으로 운영되거나, 일반 학교의 교육과정에 예배나 성경 과목만을 첨가하여 운영되고 있다. 하지만 기독교 학교는 전체 학교교육과정이 기독교 세계관에 기초하여 개발되고 실천되는 학교이다. 일반 학교의 인본주의와는 구분되는 신본주의 즉, 하나님 중심의 교육목표, 내용, 방법으로 하나님의 뜻과 진리에 근거하여 교육이 실행되는 학교이다. 교육을 통하여 학생이 하나님 나라의 백성이 되게 하는 교육, 하나님 나라를 확장하는 삶을 살아갈 수 있도록 학생들의 삶의 전 영역에 걸쳐 영향을 미칠 수 있도록 교육하는 것을 의미한다.

　일반 학교에서 이루어지는 인본주의 교육을 받은 기독교인 학생들은 혼란스럽다. 학교교육이 가치 중립적이라고 하지만, 기독교 가정에서 성장한 학생들은 세상의 가치와 삶이 신앙과 분리되는 경험을 하면서 기독교인으로서 세상 가운데 굳게 서지 못하고 방황하게 된다. 신앙은 개인적인 것이 되고, 삶 속에서 신앙은 빛을 잃고 심지어 쉽게 교회를 떠나는 위기에 처하기도 한다. 한국 학교교육이 입시 위주의 교육으로 전락한 현실에서 학교는 청소년들에게 꿈과 비전, 배움의 기쁨과 의미, 공동체 삶의 건강한 소속감을 주지 못하고 있다.

 기독교 대안학교 교사로 바로서기

기독교 학교는 학생들에게 우리가 누구인지, 창조주 하나님이 어떠한 분이신지, 무엇이 진리인지, 세상은 왜 이렇게 부패하고 고통스러운지, 그러한 문제의 해결방법은 무엇인지를 가르쳐주어야 한다. 학생들이 학교에서 하나님의 창조 세계와 다스리심을 배우고, 삶의 모든 영역(교과목)이 하나님의 창조, 타락, 구속에 어떻게 연결되어 있는지를 배워서 세상 속에서 당당히 하나님을 증거하고 하나님 나라를 확장하는 일꾼으로 설 수 있도록 교육해야 한다.

기독교 학교교육을 받은 학생들은 기독교 세계관을 갖추고 세상 속에서도 변함없이 자신의 존재 의미와 목적을 추구하고, 신앙과 삶을 연결하는 기독교인으로서의 정체성을 정립하여 시대와 문화를 분별하고 하나님의 부르심에 응답하는 인재로 성장할 것이다. 기독교인 학생들이 쉽게 세속적인 가치를 선택하여 실족하지 않도록, 참된 기독교 교육을 실현하기 위해서 기독교 학교가 설립되고 유지되어야 하는 이유이다.

일반 학교(Public School), 미션스쿨(Mission School), 기독교 학교(Christian School)의 차이점은 무엇인가?

■ **일반 학교(Public School)는 중립적인 세계관으로 교육하는가?**

일반 학교는 전체적으로 인본주의에 근거하여 운영된다. 일반 학교는 설립 주체가 국립, 공립, 사립을 막론하고 공교육 체제에 들어가 있는 학교이다. 한국에서는 사립학교라 하더라도 일부 예외(특수목적고등학교, 자율형사립고등학교)를 제외하고는 학생모집, 교육과정, 교육재정 등에서 정부의 관리하에 운영되고 있다. 따라서 사립학교도 공교육의 범주에서 일반 학교라고 분류할 수 있다.

■ **일반 학교(Public School)와 미션스쿨(Mission School)**

공통점은 학교운영의 전반적인 교육과정, 수업, 학생평가, 생활지도 등에서 유사하다.

차이점은 미션스쿨은 예배시간, 성경 수업, 선교의 열정 등이 있을 수 있다.

미션스쿨은 사립학교이지만 학생 충원과 학교운영 재정에서 정부의 지원을 받기 때문에 한국의 사립 미션스쿨은 최초 설립이념을 구현할 수 없는 구조적인 문제를 지니고 있다. 일부 미션스쿨은 자율형사립학교로 운영하여 교육과정 운영에서의 규제를 최소화하고 자율적으로 운영하려고 하지만, 국가 주도의 교육행정 체제에서 어려움이 있다.

■ **미션스쿨**(Mission School)**과 기독교 학교**(Christian School)

공통점은 성경 수업 또는 예배시간이 있다. 하나님이 세상과 역사(자연과 삶)의 주관자로 인정하고 선포한다.

차이점은 미션스쿨은 이원론적 접근으로 교육하고, 기독교 학교는 일원론적으로 접근한다. 즉, 미션스쿨은 학교운영에서 인본주의적 사고와 경험론, 이성을 인정하고 예배와 성경만 추가하여 운영한다. 따라서 이원론적 접근으로 세속적 관점의 교육과정 운영에 부분적으로 기독교적 관점을 보충하거나 부분적으로 적용하여 운영한다. 하나님은 예배시간과 성경 수업에만 계시고 다른 수업에서는 배제된다.

기독교 학교는 모든 삶의 영역을 하나님과의 관계 속에서 이해하고 해석하는 일원론적 접근으로 운영하는 학교이다. 일원론적으로 접근하는 기독교 학교는 기독교 세계관(성경적 세계관)에 따라서 기독교 인재를 양성하는 학교이다. 일반 학교의 인본주의와는 구분되는 신본주의 즉, 하나님 중심의 교육목표, 내용, 방법으로 하나님의 뜻과 진리에 근거하여 이루어지는 교육이다. 기독교 학교는 기존 학교 교과에 대해 기독교적 관점으로 재해석해주어야 한다. 실재에 대한 성경적 비전과 세상 속의 그리스도인 공동체를 향한 하나님의 목적에 신실한 대안적 관점을 제시해주어야 한다.

〈표 Ⅰ. 1〉 일반 학교, 미션스쿨, 기독교 학교

구분	공통점	차이점
일반 학교와 미션스쿨	학교운영 전체, 교육과정, 수업, 학생평가, 생활지도 등	미션스쿨은 예배시간, 성경 수업 운영
미션스쿨과 기독교 학교	성경 수업, 예배시간, 창조주 하나님 인정	미션스쿨은 이원론적 접근, 기독교 학교는 일원론적 접근

기독교 대안학교 교사로 바로서기

🌱 기독교 세계관(성경적 세계관)의 기본 틀

　기독교 학교는 기독교 세계관(성경적 세계관) 즉, 창조, 타락, 회복(구속)의 역사인 성경 말씀으로 현상을 이해하고, 해석하여 실천하도록 학생들을 교육하는 곳이다.
　창조에는 세계의 기원과 창조주이신 하나님의 존재와 세계의 모습이 잘 설명된다. 타락에서는 이 세계의 변모된 성격을 말해주며 왜 이 세상이 이렇게 죄가 많고, 고통과 전쟁이 있고, 문제투성이인지를 말한다. 구속에서는 이 세계가 과연 새로워질 수 있는지에 대해서 얘기해 준다.
　창조는 세계가 어떻게 형성되었는지를 밝혀주므로 세계관에 있어서 가장 기본적인 성격을 규명한다. 성경에서는 첫째, 하나님이 세상을 자유적인 의지로 무에서 창조하시되 생물을 종류별로 온전하게 창조하셨다. 둘째, 인간은 하나님의 형상으로 지음 받아 영적 존재와 만물의 영장이 되었고 만유에 대한 문화적 명령을 받아 하나님의 청지기가 되었다. 셋째, 하나님이 세계를 창조하신 것은 그의 선하심과 사랑에 있고 따라서 피조물은 하나님께 영광을 돌리는 것이 그의 본분이다(양승훈, 1995, 13).
　타락은 인간이 자신의 본분을 떠나 하나님의 직접적인 명령을 결정적으로 불순종한 사건이다. 타락은 인류의 대표인 아담의 범죄로 인해 야기된 것으로 그 영향력이 인간뿐 아니라 다른 피조 영역에도 임하는 보편적인 것이다. 타락은 인간과 세계의 현상에 대해서 설명한다. 하나님의 사랑과 명령을 저버리고 자신의 생각과 사탄의 길을 따르는 인간의 모습이다. 이제 인간은 그의 생각, 의지, 욕망, 언어와 행동에서 하나님의 뜻을 떠나 악하고 부패한 모습들이 드러나게 되었다. 특히 개인적으로 인간은 욕망과 이기주의의 노예가 되었으며 그 가치관과 인생관이 세속적이고 인본주의적으로 되었다(전광식, 1995, 14). 하나님이 보시기에 심히 좋았던 피조 세계는 인간의 불순종으로 말미암아 타락된 상태에 놓이게 되었고, 생물학적으로 죽을 뿐만 아니라 영적으로 죄에 빠지는 비참한 상태에 처하게 되었다.
　구속은 하나님께서 독생자 예수 그리스도를 이 땅에 보내 주셔서, 예수 그리스도가 인류에게 대속의 은총을 베풀어 인류를 죄에서 구속하신 사건이다. 구속의 축복은 하나님의 은혜를 받은 자는 하나님의 자녀가 되어 인생의 본분을 알고, 나아가 하나님과 삶과 세계에 관한 바른 진리를 성경과 성령의 감동으로 알게 된다. 예수 그리스도의 구속은 타락으로 인해 손상되었던 만유를 회복시켜주고, 하나님을 경외하고 그에게 영광이 되는 구속의 문화를 형성하게 한다. 즉, 지상에 있으면서도 하나님에게 상달되는 하늘의 문화를 이루게 한다. 타락은 역사를 인간이나 우연이 이끄는 것 같이 보이게 하지만 구속은 참 역사를 이끄는 분이 하나님이심을 가르쳐준다. 그리고 이 구속 사건은 우리에게 그리스도와 그의 복음만이 진정한 의미에서 세계와 역사를 오늘날도 변화시킨다는 것을 보여준다. 또한, 구속에서 타락으로 인해 왜곡되고 흐려졌던 세계관이 회복되고 새롭게 된다.

기독교 세계관의 기본 틀인 창조, 타락, 구속은 세상 속에서 우리 자신과 우리 주변의 현상을 이해하고 해석할 수 있는 준거틀이다. 이는 세상 속에서 삶의 방향을 형성하고 실천할 수 있도록 한다.

■ **기독교 세계관의 핵심적인 성경적 명령**(대명령)

브루멜른(Van Brummelen, 2014)은 교육과 관련하여 기독교적인 세계관의 핵심적인 성경적 명령(Biblical charges) 또는 대명령(Great inactions)을 다음의 네 가지로 언급하였다. 첫째, 문화명령(The Great Mandate; 창 1:26-28, 2:15). 둘째, 대위임(The Great Commission; 마 28:18-20). 셋째, 대강령(The Great Commandment; 마 22:37-39). 넷째, 신앙 공동체(The Great Community; 갈 6:2-10). 이 네 명령은 서로 분리되는 개념이 아니고, 서로 상호 보완하고 지원하여 주는 개념이다.

기독교 대안학교 교사로 바로서기

• 문화명령

창세기 1:26-28 26하나님이 이르시되 우리의 형상을 따라 우리의 모양대로 우리가 사람을 만들고 그들로 바다의 물고기와 하늘의 새와 가축과 온 땅과 땅에 기는 모든 것을 다스리게 하자 하시고 27하나님이 자기 형상 곧 하나님의 형상대로 사람을 창조하시되 남자와 여자를 창조하시고 28하나님이 그들에게 복을 주시며 하나님이 그들에게 이르시되 생육하고 번성하여 땅에 충만하라, 땅을 정복하라, 바다의 물고기와 하늘의 새와 땅에 움직이는 모든 생물을 다스리라 하시니라

창세기 2:15 15여호와 하나님이 그 사람을 이끌어 에덴 동산에 두어 그것을 경작하며 지키게 하시고

• 대위임

마태복음 28:18-20 18예수께서 나아와 말씀하여 이르시되 하늘과 땅의 모든 권세를 내게 주셨으니 19그러므로 너희는 가서 모든 민족을 제자로 삼아 아버지와 아들과 성령의 이름으로 침례(세례)를 베풀고 20내가 너희에게 분부한 모든 것을 가르쳐 지키게 하라 볼지어다 내가 세상 끝날까지 너희와 항상 함께 있으리라 하시니라

• 대강령

마태복음 22:37-39 37예수께서 이르시되 네 마음을 다하고 목숨을 다하고 뜻을 다하여 주 너의 하나님을 사랑하라 하셨으니 38이것이 크고 첫째 되는 계명이요 39둘째도 그와 같으니 네 이웃을 네 자신 같이 사랑하라 하셨으니

• 신앙 공동체

갈라디아서 6:2-10 2너희가 짐을 서로 지라 그리하여 그리스도의 법을 성취하라 3만일 누가 아무 것도 되지 못하고 된 줄로 생각하면 스스로 속임이라 4각각 자기의 일을 살피라 그리하면 자랑할 것이 자기에게는 있어도 남에게는 있지 아니하리니 5각각 자기의 짐을 질 것이라 6가르침을 받는 자는 말씀을

가르치는 자와 모든 좋은 것을 함께 하라 7스스로 속이지 말라 하나님은 업신여김을 받지 아니하시나니 사람이 무엇으로 심든지 그대로 거두리라 8자기의 육체를 위하여 심는 자는 육체로부터 썩어질 것을 거두고 성령을 위하여 심는 자는 성령으로부터 영생을 거두리라 9우리가 선을 행하되 낙심하지 말지니 포기하지 아니하면 때가 이르매 거두리라 10그러므로 우리는 기회 있는 대로 모든 이에게 착한 일을 하되 더욱 믿음의 가정들에게 할지니라

기독교 학교교육

기독교 학교는 기독교 세계관이라는 확고한 기초 위에 세워져야 한다. 즉, 기독교 학교는 기독교 세계관에 기초한 교육과정을 개발하여 운영해야 한다. 하나님 진리의 말씀을 세상적 지식과 분리하지 않고 통합하여 교사와 학생들의 삶의 현장에 기독교 세계관을 구체적으로 적용하여 기독교적 삶의 양식을 형성하고 실천할 수 있는 의지과 능력을 길러주는 학교이다.

우리 주변의 세상은 학교에서 가르치는 것처럼 상호 연관되지 않은 파편들로 된 것이 아니라 하나의 아주 치밀하게 연관되어 있는 전체 구조이고 하나의 통합적인 질서이다. 파편화된 과목들에 상호연관과 전체연관을 지어야 한다. 즉, 학교에서 가르치는 교과목들은 하나님의 창조질서 안에서 통합되도록 가르쳐야 한다.

기독교 학교교육은 언약의 자녀들에게 세상과 구별되는 대안적 삶의 양식을 실천할 수 있도록 하나님이 만드신 세상 구조와 창조질서를 삶의 목적과 방향에 연관하여 실천할 수 있는 경향성과 능력을 길러주어야 한다. 학생들이 배우는 것이 삶에 구체적으로 연결되도록 하는 것이 중요하다. 학교에서 다루는 과목이 학생들의 과거 경험과 연관되고 현재 환경 속에도 연결되며, 미래에 이것이 어떻게 활용될지 연결하는 것이 중요하다.

■ 기독교 학교교육의 목적

브루멜른(Van Brummelen)은 기독교 학교는 학생들이 예수님과 기독교적 생활방식에 헌신하고, 하나님과 이웃을 가까이 섬기게 하는 데 그 목표가 있다고 하였다(2014, 35). 이러한 기독교 학교의 목적을 첫째, 학생들은 삶에 대한 기독교적 비전의 기초와 구조, 의미를 발견해야 하고, 둘째, 학생들은 하나님의 세계와 이 세계를 돌보라는 하나님의 명령에 반응하는 방법을 배워야 하고, 셋째, 학생들은 지식, 능력, 가치, 창의적인 재능을 발전시키고 충실하게 적용함으로써 하나님의 나라와 사회에 긍정적으로 기여해야 한다는 세 가지로 명시하였다.

기독교 학교는 기독교 세계관에 근거하여 신앙과 삶이 통합되고 학교와 가정, 교회에 의한 기독교 공동체를 지향한다. 기독교 학교의 기본 비전은 예수님의 가르침에서 중심 주제가 되는 하나님 나라이다. 이 비전은 하나님 나라의 백성 구원뿐만 아니라 그의 전 피조계와 백성을 위한 하나님의 의와 약속이 실현되는 것이다. 기독교 학교는 하나님 안에서 그 나라의 시민이 되도록 학생들에게 도전을 주고 이들을 준비시키는 곳이다(브루멜른, 2014).

기독교 학교에서 지향해야 하는 교육의 모습을 박상진은 다음과 같이 제시하였다. 기존의 획일적인 교육에 대해 학생의 다양성을 존중하는 학교, 기존의 경쟁주의에 대한 협동 강조, 지식 전달 위주의 교육에 대한 지·정·의 모두를 통합하는 통전적 교육, 개인주의에 대한 공동체 강조, 기술공학적 이데올로기에 대한 창조교육, 인본주의와 현세주의, 물질주의에 대한 초월과 영성 강조, 권위주의에 대한 참여적 교육, 공식적 교육과정 중시에 대한 잠재적 교육과정 강조, 문자주의에 대한 삶에 대한 이미지와 상상력 강조, 실력주의에 대한 디아코니아 교육 등이다(박상진, 2006, 49-56).

기독교 학교는 개별 학생의 영적 성장에 관심을 가져야 한다. 예수님의 제자가 되는 데 필요한 9가지 열매(사랑, 희락, 화평, 오래 참음, 자비, 양선, 충성, 온유, 절제 - 갈라디아서 5장 성령의 열매)가 골고루 양육되어 하나님의 목적에 기여하도록 하는 교육을 실천한다.

기독교 학교의 본질과 목적에 충실한 기독교 학교에 대해 김희자(1998)는 다음과 같이 제시하였다.

첫째, 기독교 학교는 스스로의 정체성을 성경과 기독교적 세계관에서 확립하고 교육이념과 교육목적에 대한 분명한 확신과 헌신이 있어야 한다. 기독교 신앙에 기초한 교육이념과 교육목적이 서술되어야 하며, 교육현장에서 실천되어야 한다.

둘째, 기독교 학교는 기독교 세계관이 분명한 교사에 의하여 교육이 이루어져야 한다. 교사들은 교실에서 예수님의 가르침에 따라 학생들을 지도하고 기독교인으로서 모델이 되어야 한다.

셋째, 기독교 학교는 기독교적 세계관에 근거한 하나님 중심적(theocentric)이고, 신앙과 학문이 통합(integrated)된 교육과정을 개발하여 운영하여야 한다. 하나님 중심적인 교육과정 개발은 기독교 학교들이 함께 협력하여 인적 자원과 물적 자원을 집결하여 이루어야 하는 매우 어려운 과제이다.

넷째, 기독교 학교의 행정과 운영은 기독교적으로 이루어져야 한다. 성경적인 행정의 개념인 '봉사'가 핵심적인 이념이 되어야 하며, 예수님을 닮은 '섬김'과 '돌봄'이 학교 행정체계의 원동력이 되어야 한다. 따라서 기독교 학교의 행정 직원도 기독교 세계관이 분명하여야 하며, 기독교 학교의 목적을 분명히 인지하여 학교의 한 '지체'임을 분명히 인식하고 감사함으로 일할 수 있는 분위기가 되어야 한다.

다섯째, 기독교 학교는 교회와 긴밀한 협력 관계를 유지하되 상호 지배나 경쟁적인 관계가 아니라 상호 협조적이며 상호 후원적인 관계를 지켜나가야 한다. 기독교 학교는 그들 고유의 기독교적 신앙 공동체로서의 임무를 완성하기 위하여서는 교회와 긴밀하고 생동적인 관계를 유지하되 서로 고유한 영역과 임무는 존중하는 관계를 형성하여야 한다.

여섯째, 기독교 학교는 신앙 공동체로서의 탁월성을 향하여 부단히 노력하여야 한다. 기독교 학교가 '기독교적인 것'의 탁월성에 있어서도 신뢰를 쌓아가야 한다. 신앙적 탁월성에 있어서는 기독교 신앙에 대해 경건의 모양만이 아니라 경건의 능력이 기독교적 세계관 실천, 통합된 교육과정 전개, 학교의 운영, 교사와 학생의 인격적인 관계에서 드러나야 한다. 기독교 학교가 어떠한 일반 학교들보다도 좋은 교육환경과 시설, 우수한 교사들을 확보할 수

있고, 그 졸업생들이 나라와 민족의 훌륭한 지도자로 헌신할 때 기독교 학교의 탁월성이 인정될 것이다.

■ **기독교 학교 공동체**

기독교 학교는 기독교 신앙을 기초로 하나님을 지향하여 가면서 하나님의 창조 세계와 법칙을 탐구하여 나가는 신앙 공동체이다. 기독교 학교의 구성원은 하나님께서 새로운 소명과 과업과 직분을 주시기 위해서 부르는 새로운 공동체의 구성원으로서 독특한 삶의 양식을 영위하면서 변혁적 삶의 가치와 영광을 증거하는 모범적이며 전형적인 공동체를 이루어야 한다. 기독교 학교 학부모와 교사, 학생들이 기독교 교육의 비전을 공유하고 세상과 구별된 대안적인 삶의 양식을 실천하며 교육 공동체로 세워지는 것이 기독교인의 소명이다.

기독 교사는 교사로 부름받아 수행해야 하는 가르침의 전문 사역에서 기독교적 교육과 가르침이 어떠해야 하는가를 모범적으로 보여줄 수 있어야 한다. 세상을 향해 그리스도인 공동체의 삶을 실천적으로 보여 줄 수 있어야 한다. 기독교 학교는 신앙과 삶이 통합된 기독교 세계관(성경이 제시한 세계를 보는 관점)에 기초하여 참된 기독교 교육을 실현하고자 가정, 학교, 교회가 협력하는 공동체를 지향한다.

> 그가 어떤 사람은 사도로, 어떤 사람은 선지자로,
> 어떤 사람은 복음 전하는 자로, 어떤 사람은
> 목사와 교사로 삼으셨으니 이는 성도를 온전하게 하여
> 봉사의 일을 하게 하며 그리스도의 몸을 세우려 하심이라
>
> 에베소서 4:11-12

생각해보기

➡ 기독교 교육의 일원론적 접근과 이원론적 접근에 대해서 자신의 의견을 말하여 보자.

➡ 기독교 학교교육에서 추구하는 목적을 자신의 언어로 표현해보자.

1부 기독교 학교

2. 기독교 세계관는 통합교육

　총체적 삶의 체계로서의 기독교 세계관의 필요성을 역설한 아브라함 카이퍼(Abraham Kuyper)는 기독교 세계관은 성경의 진리에 따라 세상을 보는 안목이라고 하였다. 성경적 세계관 자체가 관심의 초점이 되어서는 안 되며, 성경의 진리에 익숙하고 그것이 몸에 익어 매사를 말씀에 따라 봐야 진짜 그리스도인이라는 것이다. 성경을 아는 것은 꼭 필요하지만 그것만으로는 충분하지 않다. 그것을 통해서 세상을 보고 걷고 행해야 제대로 된 것이다(신국원, 2005, 44). 기독교인이 세상과 다른 자신의 세계관 정립을 위해 노력해야 할 이유는 분명하다. 그것은 세계관과 삶 그리고 문화가 갖는 뗄 수 없는 관계 때문이다. 세계관은 기독교인이 겪는 사회문화적 갈등의 한 원인인 잘못된 세계 이해를 교정하는 실마리를 제공한다. 다원주의 사회에 살수록 우리는 분명한 기독교 세계관을 가진 사람이 되어야 한다. 기독교인은 성경의 진리를 통해 세상을 보는 안목을 갖추어야 한다.

　기독교인에게 있어서 자신의 세계관을 판단하는 궁극적인 기준은 성경이다. 우리를 교훈하고, 책망하고, 바르게 하고, 의로 교육함으로써 우리에게 선한 삶을 위한 준비를 시키는 것이다(딤후 3:16-17). 성경은 세계의 기원과 의미, 그리고 그 본질과 목적을 명확히 제시한다. 첫째, 세계는 하나님에 의해 창조되었고, 죄로 인해 타락되었으며, 예수 그리스도의 구속의 은총에 의해 회복되었다. 둘째, 세계는 시·

공간적으로 유한하고, 하나님과의 관계성 속에 존재하고 의미를 부여받는다. 셋째, 세계는 영적 의미를 지니고 있다. 세계는 단순히 물리적 현상만 일어나는 자연 세계만이 아니라 하나님이 섭리하시고 역사하시며 의미를 부여하시는 영역이고, 또 여기에서 인간은 단순한 지상적·육체적 존재로서 머물다 가는 게 아니라 하나님과의 관계성 속에 삶을 영위하고 살며, 또 그 삶의 의미도 내세까지 연장되는 것이다. 이러한 세 가지 특성은 성경적 세계관의 기본 틀인 창조-타락-구속의 내용이다. 이렇게 기독교 세계관의 기본 동인인 창조-타락-구속은 세계를 보는 관점을 줄 뿐 아니라 신관·인간관·역사관·문화관·자연관·윤리관·가치관 등 모든 문제에 대한 기독교 세계관적 관점을 제시해 준다(전광식, 1995, 12).

기독교 학교에서 학생들에게 기독교 세계관을 가르치는 것은 매우 중요하다. 매일 인터넷과 세상 속에서 학생들이 만나는 세계관들 배후에 있는 잘못된 가정에 대처하기 위해서는 "성경적 세계관의 차별성을 분명히 이해하고, 성경적 세계관이 우리 주변 세계의 모든 측면과 어떻게 연결되는지 온전히 이해하며, 왜 성경적 세계관이 다른 어떤 세계관보다 더 이치에 맞는지"를 알아야 한다. 기독교 학교에서 불변하고 지속적인 성경적 세계관을 다음 세대의 지성 속에 통합시켜 주지 못한다면 그 결과는 문화 전체뿐 아니라 개인에게도 엄청나게 심각하다. "다음 세대에게 성경적 세계관의 기초원리를 명확히 설명해주고, 이 세계관이 모든 실재(reality)와 어떻게 연관되는지 보여주어야 한다."(오버만 & 존슨, 2007)

반 다이크의 기독교 세계관(성경적 세계관) 통합교육(2012)

첫째, '기독교 학교의 본질은 무엇인가?' 기독교 학교가 전체적으로 기독교적인가, 아니면 부분적인 기독교 학교인가, 교육과정을 어떻게 구성해야 할 것인가를 논의하기 전에 기독교 학교의 본질에 대해 먼저 생각하는 것이 중요하다. 즉, 이것이 교육과정에 직접적으로 영향을 미치기 때문이다.

둘째, '기독교 교육의 목적은 무엇인가?' '교육과정은 무엇인가?' 결국, 교육과정

이란 교육의 한 과정을 마쳤을 때 학생들에게 경험되는 것, 즉 성취되어야 할 것이 무엇인가를 묻는 것이다.

셋째, '성경적으로 학생들을 어떻게 보느냐?' 기독교 학교에서조차 세속적인 학습자관이 지배하고 있다. 교실 관찰을 통해서 교사들이 학생들을 어떻게 이해하고 있는지를 알 수 있다. 때때로 기독 교사들 가운데 '학생들은 가르쳐야 할 동물이다'라고 생각하는 사람도 있다. 이들은 마치 서커스의 조련사처럼 행동한다. 이런 경우 서커스의 동물들이 반발하는 것처럼 학생들은 교사를 두려워한다. 이런 견해는 교사와 학생 간의 긴장과 갈등을 일으키는 원인이 된다. 이런 견해는 기독교적인 교육관과 다르다. 또 다른 견해로는 학생들을 화초처럼 생각하는 낙관적인 견해도 있다. 이 견해도 첫 견해만큼 문제가 있다. 즉, 학생들도 우리만큼의 죄인이라는 사실이다.

교실을 지배하는 강력한 사상은 행동주의다. 행동주의는 학생들을 통제하고 조작하고 유도해 나가는 것으로 생각한다. 그러나 성경적인 학습자관으로 보면 학생들은 하나님의 형상(image)으로 창조된 존재이고, 교육은 학생들에게 하나님이 주신 많은 은사를 잘 개발하도록 안내하는 것이다. 성경은 하나님이 모든 학생에게 공평하게 은사를 주셨고, 학생들을 끝까지 포기하지 말아야 한다고 말하고 있다.

넷째, 교육과정에 대한 성경적인 관점을 점검해 보아야 한다. 교과서의 내용은 중립적이라서 기독교와는 무관하다는 생각을 버려야 한다. 교과목들을 볼 때, 그것은 다양한 세계의 한 국면을 반영하는 것이다. 예를 들어서 하나님이 동물들을 만드시지 않았다면 동물학과 생물학은 존재하지 않는 것이다. 교과목을 대한다는 것은 하나님이 만드신 세상에 대하여, 인간이 어떻게 대하는가에 대한 한 단면이라고 할 수 있다. 바로 이러한 면이 교육과정을 개발할 때에 어떻게 적용되는가 하는 것이다. 위에서 언급한 성경적인 교육의 목적과 교육과정에서의 관점은 조화롭게 보아야 할 부분이다.

마지막으로 점검해야 할 중요한 점은 기독교적인 교수방법에 대해서이다. 실제로 수업을 할 때, 교실을 어떻게 조직할 것인가? 심지어는 학생들의 좌석을 배치할 것인가도 성경적 교육관과 부합해야 한다. 교실에서의 수업방법도 기독교적이야 한다. 보통 교사 주도의 수업은 일방적으로 학생들에게 제시하고 학생들은 수동적인 자세를 가지게 된다. 기독교적인 삶이란 능동적인 삶이기 때문에 이는 문제가 있다.

진리와 하나된 교육 (Overman & Johnson, 2007)

세계관(World View)이란? 핵심가치에 의해 형성된 실체에 대한 큰 그림이다. 사물을 인식하는 틀이며, 사물들에 대한 기본적 신념들의 종합적인 틀이다. 세계관은 사람의 기본적 관점과 신념과 이론을 형성하고 통제하며 실체를 해석하고 규정하는 준거틀이다.

오버만과 존슨은 세계관의 핵심요소를 다섯 가지 요소(① 하나님 ② 창조 ③ 인류 ④ 도덕체계 ⑤ 목적)로 분류하고 있으며, 이 다섯 가지 요소를 합쳐 놓으면 모든 세계관을 형성하는 이슈들을 매달아 둘 수 있는 유용한 걸이못(mental peg)이 된다고 한다. 이 다섯 가지 각각의 요소에 대한 질문에 어떻게 대답하느냐에 따라 사람들의 세계관이 어떤 종류인지 밝힐 수 있다. 이 다섯 가지 요소를 통해 현대에 가장 충돌하는 세계관(기독교, 인본주의, 뉴에이지) 사이에 현저한 차이를 알 수 있다.

〈표 I. 2〉 세계관의 차이점

예	유형	하나님	창조	인류	도덕체계	목적
기독교	일신론	인격적, 이성적, 도덕적인 완전한 존재	하나님에 의해 창조, 그의 주권적 명령에 의해 시종 유지 그러나 죄로 인해 부정적 영향을 받음	하나님의 형상, 이 땅을 책임있게 통치할 역할을 부여받음 그러나 죄로 인해 깨어짐 예수의 십자가 대속을 믿는 믿음을 통해 회복	창조주 하나님이 인간관계, 행동, 공공정의에 대한 기본적 불변의 도덕규범을 제정하심	문화명령 (창 1:26-28), 지상명령 (마 28:18-20)에서 나타난 것처럼 우리 삶을 향하신 그분의 뜻과 의도를 성취하여 영광을 돌림

인본주의	무신론	존재하지 않음	스스로 존재, 자연이 유일한 실재(reality)	무생물에서 유기적 복합물로의 진화 발전과정에서 계획되지 않은 결과	인간의 경험에서 유래, 윤리는 자치적·상황적인 것, 인간의 필요와 관심에서 유래됨	신적 목적은 없음 인간은 자신의 현재 존재와 미래의 모습에 책임을 짐
뉴에이지	다신론	"하나님"은 보편적이고, 비인격적인 단일체 또는 "우주적 정신"	만물은 신성한 보편적 자아의 일부이며, "만물이 하나님"	인간은 신적 단일체에 연결되어 있어 본질적으로 보편적 자아와 하나임	모든 사람 안에 내재하는 내적 신성과의 접촉을 통해 깨달아짐	자아에 대한 어떤 애착이나 동일시를 포기하고, '우주적 인식'과 융합됨

- **성경적 세계관의 구성 요소**(The 5 Hooks Of A Biblical Worldview)
  - 하나님이 도덕체계와 목적을 가지고 인류를 창조하셨다("God Created Mankind with Moral Order and Purpose").

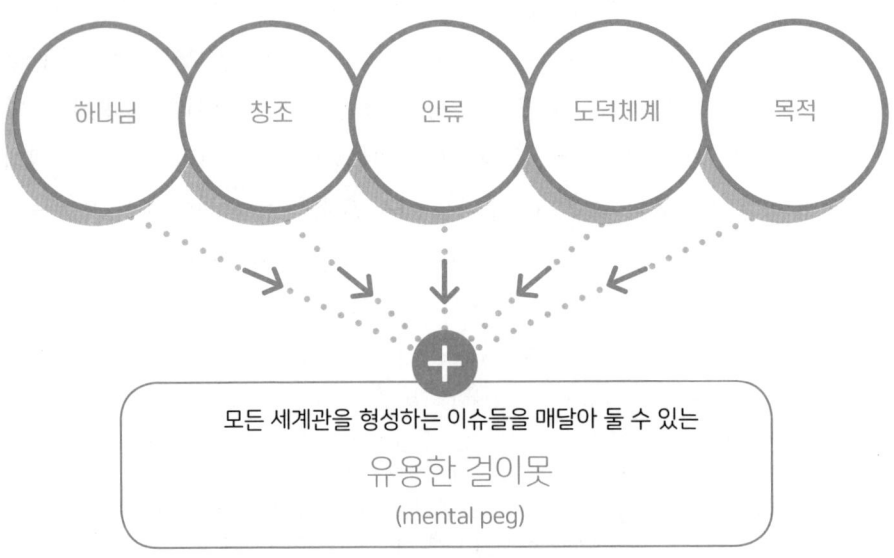

[그림 I. 1] 성경적 세계관의 구성요소

■ 성경적 세계관에 대한 질문

다음의 질문들은 매우 중요하다. 왜냐하면, 이 질문들은 성경적 세계관을 형성시켜 주는 핵심 질문이며, 또한 각자가 성경적 세계관이라 여기고 있는 것을 점검하는 질문이기 때문이다. 이 질문에 적합한 대답을 제공하는 것이 학생들의 성경적 세계관 형성에 필수적이다.

〈표 I. 3〉 성경적 세계관에 대한 질문

5요소	질문
하나님	Q. 지극히 위대한 초자연적 존재가 계시는가? Q. 만약 그런 지극히 위대한 존재가 있다면, 그는 인격적 존재인가? 아니면 비인격적 힘인가? 그의 능력은 무한한가? 무소부재한가? 그리고 일어나는 모든 일을 알고 계시는가? Q. 이런 하나님이 인간의 인생사에 개입하시는가? Q. 인류와 대화하시는가? 만약 그렇다면 우리는 어떤 방식으로 그분의 말씀을 듣고 이해할 수 있는가? Q. 그는 사랑을 베푸시는가? 그는 공의로운 분인가? 그는 사람에게서 일어나는 일에 관해 관심이 있으신가?
창조	Q. 우주는 스스로 만들어졌는가? 아니면 초월적 존재가 그렇게 만든 것인가? Q. 물질세계는 시종 창조주에 의해 유지되는가? 아니면 자연은 스스로의 작용으로 움직이는가? Q. 물질세계는 가치와 의미를 지니는가? 그들이 가치가 있다면 그 근거는 무엇인가? Q. 정말로 실재하는 것은 무엇인가? 내가 보거나 만질 수 없는 비물질적인 것이 정말 존재하는가?
인류	Q. 인간은 한때 물고기였는가? 인간은 시간 + 우연 + 비인격적 물질의 결합체인가? Q. 무슨 근거로 사람이 특별한 가치(다른 동물들 보다)를 지녔다고 이야기할 수 있는가? Q. 사람은 근본적으로 선한가? 아니면 타락했는가? Q. 사람들은 자신의 행동에 대하여 책임을 져야 하는가 아니면 환경 때문에 그런 행동을 하게 되었다고 말할 수 있는가(책임을 면할 수 있는가)? Q. 사람이 죽으면 어떻게 되는가?
도덕체계	Q. 도덕체계나 윤리는 사회적 합의에 의한 작품, 즉 인간이 만든 것인가? 아니면 하나님이 미리 예정하신 것인가? Q. 모든 문화를 초월하는 궁극적인 선과 악의 기준이 있는가? 만약 있다면 그 규정은 무엇인가? Q. 가족의 역할과 기능은 무엇인가? 시민정부의 역할과 기능은 무엇인가? Q. 최후의 심판이 있는가? 그 근거는 무엇인가?
목적	Q. 우리 존재는 위대한 목적이나 의미를 지닌 존재인가? Q. 역사는 어떤 방향성을 가지는가? Q. 물질세계와 그 안에 있는 자원이 존재하는 이유가 있는가? Q. 하나님이 인간에게 어떤 위임을 하거나, 또는 직무설명서를 주셨는가?

■ 성경적 세계관 질문에 대한 성경적 대답

〈표 I. 4〉 성경적 세계관을 형성할 성경 진리

5요소	내용	성경 진리(성경 구절)
하나님	본성, 인격, 역할	1. 하나님은 지성, 감정, 자유의지를 가진 신적 인격이다(사 1:18, 65:19; 시 115:3). 2. 하나님은 전능, 전지, 무소부재하다(히 1:3; 시 139:1-12).
창조	하나님이 만드시고 유지하시는 것	1. 만물은 하나님에 의해 창조되었고 지속적으로 유지된다(골 1:16-17). 2. 창조의 영역은 전적으로 하나님께 속해있다(시 24:1).
인류	인간은 누구이며 무엇인가?	1. 인간은 하나님의 선택과 설계에 의해 창조되었다(창 1:26-28). 2. 남자와 여자는 하나님의 목적에 참여하기 위해 하나님의 형상대로 특별히 창조되었다(창 1:26-28, 9:6).
도덕체계	도덕적 행동과 책임	1. 도덕체계는 인간이 고안한 것이 아니라 하나님이 결정하신 것이다(출 20:1-17). 2. 하나님의 도덕체계는 선택사항이나 협상의 대상이 아니다(롬 1, 6, 7). 3. 도덕체계는 이를 위반했을 때 결과를 요구한다(롬 6:23).
목적	존재하는 것의 의도와 의미	1. 하나님이 인류에게 주신 첫 번째 명령인 문화명령은 땅을 다스리는 것이다(창 1:26-28). 2. 하나님의 뜻은 하늘에서 이루어진 것 같이 땅에서도 이루어진다(마 6:10).

■ 성경적 세계관 통합수업

기독교 학교는 어떤 세계관으로 가르칠 것인가? 인본주의적 세계관인가, 성경적 세계관인가? 기독교 교육의 미션은 성경적 세계관으로 수업해야만 한다는 것이다. 성경적 세계관이 아닌 다른 세계관이 학생들을 사로잡지 못하도록 해야 한다. 수업내용을 성경적 세계관과 연결하는 것은 교사가 인위적이고 인간적으로 만든 관점을 강요하는 것이 아니라 하나님, 창조, 인간, 도덕체계, 목적에 대한 성경적 계시와 조화된 실재(reality)에 대한 관점을 학생들에게 제시하는 것이다.

▶ **수학과 성경적 세계관의 연결**(크리스천 오버만 & 돈 존슨, 2007)

『 수학이 창조의 기본 언어라면 그의 본성은 하나님을 드러낼 것이다. 그리고 그것의 목적이 하나님께 영광을 돌리는 것이라면 수학은 세속화에서 벗어나야 한다. 수학의 모습을 형성해왔던 세속화의 윤기는 떼어져야 한다. 그래서 하나님이 반영되는 자연은 늘 빛나게 되어있다. 모든 학생의 마음에 이러한 생각이 뿌리 박힐 때까지 우리 교사는 노력해야 한다.

□ 수학과 하나님의 연결
- 하나님께서 만물을 창조하셨다.
- 그가 수학을 창조하셨기 때문에 수학이 존재한다.
- 수학은 하나님의 성품으로부터 나왔다.
- 고로 수학은 하나님의 성품을 드러낸다.
- 하나님은 논리적이다. 고로 수학도 논리적이다.
- 하나님은 모든 문화를 초월하시는 분이시기에 수학도 모든 문화를 초월한다.
- 수학은 하나님의 지식의 광대함을 나타낸다.
- 하나님의 법칙은 전 우주를 통해 실행되는데 수학은 그 수단이 된다.
- 하나님은 수학을 통해 영광을 받게 되신다.

□ 수학과 창조의 연결
- 수학은 하나님으로 인해 시종일관 지속적으로 지탱되고 유지되며, 계속 존립하기 위해 하나님께 의존한다.
- 수학은 하나님께 속한다.
- 수학은 하나님의 주권 아래 놓여 있다(수학도 피조물이기에).
- 수학은 우리가 하나님에 의해 창조된 세계, 그리고 지적으로 하나님에 의해 다스려지는 세상에 살고 있음을 우리에게 말해준다.

□ 수학과 인류의 연결
- 인류는 하나님이 주신 첫째 명령인 문화명령(창 1:26-28)을 성취하기 위한 도구로 수학이 필요하다.
- 수학을 사용하는 능력은 하나님이 우리에게 주신 놀라운 선물이다.
- 추상적으로 사고하는 능력과 창조적 발명능력을 가진 하나님의 형상을 닮

기독교 대안학교 교사로 바로서기

게 인간이 창조되었음을 수학은 우리에게 상기시켜 준다.
- 수학은 인간에게 인내, 끈기, 품성이 스며들게 해준다.
- 수학은 근본적으로 하나님을 향한 인간의 마음에 영향을 미칠 수 있다(수학 안에서 하나님을 발견한다면 사람은 변화한다).
- 인류는 수학과 조화롭게 살아야 하고 그렇지 않으면 고통이 초래된다.

□ 수학과 도덕체계의 연결
- 수학은 선하게 혹은 악하게 사용될 수 있다.
- 수학은 객관적 진리가 존재함을 증명해 준다(포스트모더니즘 혹은 범신론에 대항해서 절대적 진리가 있음을 알게 해준다).

□ 수학과 목적의 연결
- 수학은 하나님의 첫째 명령인 문화명령(창 1:26-28)을 우리가 성취할 수 있도록 해준다.
- 수학은 우리가 무질서에 질서를 가져오게 하고, 발명하게 하고, 사물을 새로운 형태의 사물로 만들게 해준다(모두에게 유익을 가져다준다).
- 수학은 수학으로 인해 가능해진 발명품(TV, 인터넷)을 통해 우리가 지상명령(마 28:19-20)을 성취하도록 도와준다.
- 수학은 "하나님이 전에 예비하신 일"을 우리가 더 효과적으로 수행하게 해줌으로써 하나님께 영광을 돌릴 수 있도록 해준다(의학, 농학, 경제 분야).

➡ 나의 전공 교과를 크리스천 오버만 & 돈 존슨(2007)의 성경적 세계관 5가지 요소로 연결하여 보자.

생각해보기

1부 기독교 학교

3. 기독교 학교의 학습자관, 지식관

    기독교 학교에서 교사들은 기존의 세상 지식들과 하나님의 말씀을 함께 학생들에게 전달하고 나누게 된다. 이때 기독교 세계관을 적용할 수 있는 기독 교사들은 학생들에게 중요한 영향력을 가지게 된다. 기독교적 조망이란 기독교 학자들에게만 관련된 것이 아니라 하나님의 피조 세계 안에 거하는 기독교인이면 누구나 삶의 양식으로 실천하는 데 필요한 의지와 능력에 관련된다. 창세로부터 하나님의 영원하신 능력과 신성이 그가 만드신 만물에 분명히 보여 알려졌기 때문에(롬 1:19-20), 성경적 조망은 어떤 특정인의 영역에 제한되거나 구획 지워질 수 없으며 모든 기독교인에서 이루어져야 한다(양승훈, 1995, 100).

    기독 교사가 기독교 세계관으로 조망하여 교과를 가르치기 위해 교과연구를 하는 것은 기독교 신앙과의 외형적 관련성에 의해 결정되는 것이 아니다. 교과연구가 기독교적으로 되게 하는 최종적인 기준은 기독교 세계관이라 할 수 있다. 교과의 전 과정, 즉 교과의 의미, 과정, 방법, 목적, 응용 등이 기독교 세계관 기초 위에서 이루어진다면 그것은 기독교적인 교과연구라고 할 수 있다. 기독교 세계관적 입장에서 볼 때, 어떤 교과를 연구하든지 교과연구는 창조의 다양한 측면들을 연구하는 활동이다. 기독교인 교사는 기독교 세계관으로 자기의 견해를 설명하고 옹호할 수 있고, 또 그렇게 할 수 있어야 한다. 삶의 모든 영역을 포함하여 또한 교과의 영역도 당연히 기독교 신앙과 무관할 수 없으며 기독교적인 조망이 이루어져야 하는 분야임이 틀림없다.

기독교적 사유와 조망은 기독교인 교사로서 기독교 세계관의 기초 위에서 성경이 계시하는 바에 따른 교과연구를 통해 하나님을 예배하고, 그리스도의 형상을 닮아가고자 하는 것이다. 기독교 학교와 기독 교사가 교육내용인 지식과 교육대상인 학습자를 기독교 세계관으로 조망한다는 것은 교육현장에서 기독교 세계관을 적용하는 데 있어서 가장 우선적이고 기본적인 것이다.[1]

기독교 학교의 지식관

기독교적 입장에서의 인식론은 하나님의 존재와 계시를 전제로 하므로 결국 하나님의 존재와 그가 창조하신 세상의 존재에 대한 이해에 근거한 진리 이해인 일종의 존재론적 인식론, 즉 형이상학적인 인식론이 된다. 그리고 하나님과 그의 계시를 전제로 하지 않을 때 우리는 과연 엄밀한 의미의 기독교적 진리 이해에 이를 수 있을지에 대해 의문을 제기하지 않을 수 없다. 하나님이 존재의 원천이듯이 하나님이 지식의 원천이다. 그리고 하나님의 이해에 따라 이해하는 것이라고 했으므로 인간의 진리에 대한 이해는 항상 유비적(analogical)인 진리관이다(이승구, 2003, 161).

기독교 세계관은 역사적이며 하나님의 영감으로 기록된 성경에 기초하고 있다. 이 성경은 초두에 하나님께서 천지만물과 그 가운데 인간을 지으셨음을 말하고 있다. 성경의 기본진리를 가장 잘 압축했다고 할 수 있는 사도신경도 "전능하사 천지를 만드신 하나님 아버지를 내가 믿사오며"로 시작된다. 그러므로 기독교 세계관에 관한 논의에서는 먼저 창조주와 창조에 관한 성경 기록의 영감성을 살펴보는 것이 자연스럽다. 창조주와 피조물이라는 관계는 기독교 유신론과 다른

---

[1] 본 내용은 총신논총 제26집(2006)에서의 내용을 일부 수정한 것이다.

세계관을 구별하는 가장 중요한 기준이 되며 기독교적 사고의 핵심이 된다(양승훈, 1995, 28-29). '창조'의 의미는 우주 가운데 있는 만물은 전적으로 하나님의 무한하신 지혜와 역동적인 말씀에 의해 창조되었으며, 그의 섭리의 은총으로 지금도 유지되고 있으므로 모든 피조물은 전적으로 의존적 특성을 갖는다는 사실이다.

지식의 차원과 관련한 또 다른 문제로, 지식의 절대성과 상대성, 그리고 지식의 주관성과 객관성에 대해 성경에는 초월적 하나님이라는 인식론적 전제 앞에 하나님이 불변하는 진리의 근거가 된다는 인식론적 의미가 담겨 있다. 이것은 진리가 시, 공간의 변화에 따라, 인간의 경험적 상황에 따라, 또는 진리의 실용적 가치에 따라, 진리가 변한다는 상대주의적 개념과는 정반대 입장이다. 또한, 진리가 인간의 경험이나 사고에 의해 투사된 주관적인 것이라는 주관주의와도 대립된다. 기독교 인식론에서의 진리는 하나님 안에서 전제와 의미, 가치와 해석의 궁극적 근원을 발견한다는 점에서 절대적이며 객관적인 것이다.

인식주체(학습자)의 개인적 인지작용과 상황적 맥락에서 능동적, 적극적으로 구성되는 것이라는 주관적이고 상대적인 구성주의에서의 지식은 성경적 절대주의를 지향하는 기독교 세계관과는 상반되는 견해를 보인다. 지식의 상대성과 주관성을 강조하다 보면, 하나님의 절대 진리인 말씀과 가르침의 절대성을 부인하는 반기독교적인 모순에 빠질 수 있다. 개혁주의는 하나님의 절대적인 주권과 은혜, 성경의 신성하고 절대적인 권위를 인정한다. 개혁주의 성경관은 완전하신 하나님께서 인간 저자를 통해 완전하게 영감하심으로 만들어진 성경의 모든 부분이 무오하다는 것과 성경은 하나님의 성령에 의해 기록된 객관적 계시로서 스스로의 권위를 갖고 있다는 것이다. 하나님의 말씀인 성경이 신앙과 행위의 정확 무오한 유일의 법칙이라는 것은 절대적인 진리인 것이다.

기독교 학교의 학습자관

호크마(Hoekema)는 하나님의 형상으로서의 학습자 이해에 대해 성경적 인간관을 다음과 같이 고찰하였다(1995, 118-193). 첫째, 인간은 하나님의 형상으로 창조된 고귀한 존재이다. 창세기 1:26 "하나님이 이르시되 우리의 형상을 따라 우리의 모양대로 우리가 사람을 만들고"는 인간이 전적으로 하나님의 형상을 반영하고 있음을 말해 주고 있다. 이 하나님의 형상은 인간이 무엇을 해야 하는가(기능)에 관한 것뿐 아니라 인간은 누구인가(존재)에 관한 것까지 의미한다. 즉, 인간은 그의 전인적 차원에서 하나님을 반영했으며, 그러한 그의 전인적 차원을 통해 오직 하나님께 영광을 돌리도록 창조된 존재였다. 둘째, 인간은 하나님의 변질된 형상을 소유한 타락한 죄인이다. 죄로 인한 타락 이후, 인간은 여전히 하나님의 형상을 반영하고 있으나 그 형상은 매우 왜곡되고 변질되어 일그러졌다. 셋째, 그럼에도 불구하고 인간은 새롭게 된 하나님의 형상을 입어야 할 존재이다. 하나님께서는 죄인 된 인간을 위해 예수 그리스도를 통해 구원의 문을 열어주셨다. 인간은 타락으로 인해 영적으로 죽은 존재이므로 예수 그리스도를 통해 영적 새 생명을 소유해야 한다. 이로써 그들은 바른 관점으로 교육받을 수 있고, 그들이 교육받은 능력과 소질들을 바르게 사용할 수 있게 된다. 넷째, 인간은 하나님, 자신, 이웃, 피조물과의 관계성 속에 있는 존재이다. 타락으로 인해 인간은 모든 관계에 있어 파멸에 놓이게 된다. 따라서 우리 인간은 예수 그리스도의 화목 사역을 통해 최초의 화목을 경험해야 하며, 또 화목을 경험한 자는 교육을 통해 성화를 위해 바른 순종과 믿음으로 반응해야 하며, 자신의 기독교인다운 인격 형성을 위해 노력해야 하고, 또 친구와 이웃을 자신의 몸처럼 아끼고 사랑해야 한다. 그리고 피조세계에 대해 책임감 있고 권위에 순종하는 자세로 세상을 다스려야 할 존재이다.

성경이 말하는 인간의 모습은 개별자로 있는 인간이 아니라, 함께 하는 인간이요, 더불어 사는 인간이다. 즉 하나님께서는 처음부터 사람을 "남자와 여자로" 창조하셨다(창 1:27). 남자와 여자의 창조는 한 쌍의 남자와 여자만이 아니라, 그들로 말미암아 이 세상에 존재하게 될 모든 사람의 함께 함을 염두에 두고자 하는 말이다. 이렇게 사람은 처음부터 동등한 존재들로서 함께하는 존재로, 교제적인 존재로 지음 받았다. 이는 인간의 온전한 사회적인 삶 가운데서 잘 드러난다. 이 세상에 있는 모든 사람에 대해서 이웃이 되라는 하나님의 명령 아래 있는 존재들이고,

그들의 생명을 지키는 자로 서 있는 그들과 함께 하는 자들인 것이다. 그들 모두가 하나님의 형상대로 지음 받은 존재들이기 때문이다(이승구, 2003, 134-136). 이러한 나눔과 교류의 공동체를 지향하는 기독교 세계관적 인간관은 구성주의에서 강조하는 집단 구성원들 간의 상호작용, 대화를 통한 상호교류와도 맥락이 닿을 수 있다. 이는 우리 기독교인들이 자신과 다른 사람과의 교제관계에 있어서나 다른 피조계를 다스리는 문화명령에서도 하나님의 형상됨을 나타내는 존재로서의 역할을 해야 한다는 것이다.

기독교적 인간관은 인간에 대한 존재론적 의미뿐 아니라 목적론적 의미를 분명하게 보여준다. 성경은 하나님이 우리를 그리스도 안에서 창세 전부터 택하여 예정하셨고(엡 1:4-5), 하나님이 미리 아신 자들을 부르시고 영화롭게 하셨다(롬 8:30)고 한다. 그러므로 각 사람은 하나님께서 주신 목적을 알고 그 목적대로 살아갈 때 자신의 의미를 발견하게 된다. 그러나 하나님을 떠나 자기 마음대로 살게 되면 타락한 인간의 마음속에 본질적으로 찾아오는 공허, 무의미, 좌절, 근심, 공포, 소외감, 불안 등으로부터 헤어날 수 없으면 종국에는 그 육체와 함께 영혼이 영원히 파멸하게 된다(양승훈, 49-52). 이는 기독교인은 이 세상에서 마치 인간이 최고의 존재인 양 생각하는 인간 중심주의(humanist)에 빠져서는 안 된다는 것을 시사해준다. 이는 무엇보다 먼저 하나님과 관련해서 인간 중심주의를 주장할 수 없음을 말해주는 것이다. 기독교인은 하나님 중심주의적 입장(theocentric position)을 견지해야만 한다. 인간이 하나님과의 관계를 저버리는 것은 결국 자신의 근본을 저버리는 것이며, 따라서 비인간화되는 것이다. 따라서 개별 학습자들의 인지능력과 자율성을 강조하는 구성주의의 학습자관은 하나님의 계시를 따라 사유하고 행동하기보다는 극단적인 인간 중심적인 사고에 빠질 위험성이 있다는 것을 지적하지 않을 수 없다.

기독교 학교에서의 교수·학습방법

교육방법은 교육의 목적과 관련이 되어있으므로 기독교 교육의 목적이 하나님의 뜻을 따르는 기독교인을 성장시키는 것이라면 교육방법은 당연히 하나님의 뜻을 찾거나 그 뜻과 연관이 있어야 한다. 하나님의 뜻을 찾거나 연관을 맺기 위해서는 성령의 도우심이 필요하다. 기독교 교육에 있어서 참된 지도자는 성령 하나님이시며, 참된 교육방법들은 그가 사용하려고 선택하시는 방법들이다. 따라서 교사는 그가 사용하는 교육방법이 성령님이 원하시는 합당한 것인가를 끊임없이 기도하며 성찰해 보아야 한다. 성령이 주시는 겸손과 회개의 결과인 행복과 사랑 그리고 희망의 마음이 교육하는 가운데 드러날 수 있도록 해야 하며, 그러한 마음이 또한 학생들 가운데 전파될 수 있도록 도움을 주는 교육방법을 추구해야 한다.

성경은 가르침이란 개념이 명백히 종교적 행위임을 제시하고 있다. 즉, 가르침은 '우리가 걸어가야 할 길' 또는 '주님의 길을 걷도록 인도하는 것'이어야 한다. 그리고 가르침은 주님의 놀라운 기사를 전하는 것이어야 한다(시 104-106). 교육을 담당하고 있는 교사는 학생들이 하나님의 놀라운 기사를 경험하고, 책임 있는 제자도를 배울 수 있도록 그들을 가르칠 내용과 방법과 학급의 분위기 속에서 기독교적인 것에 바탕을 두어야 한다. 기독교적인 교육은 기독교적인 관점에서 교육의 모든 과정을 시행해야 한다는 것이다. 학생들을 기독교적으로 가르치기 위해서, 먼저 교사는 기독교적인 세계관, 특별히 교육에 대한 바른 기독교적 관점을 지니고 있어야 한다.

기독교인 교사들은 세속적인 교육방법에 대해서도 기독교적인 의미 분석을 해 본 후 그것들을 사용하거나, 혹은 좀 더 기독교 교육적인 교수·학습방법을 개발하여 적용해 나가야 한다. 이를 위해 기독교 교육적 관점에서 구성주의적 교수·학습방법에 대해 고찰하고자 한다.

구성주의를 배경으로 하는 교수·학습방법으로 대표적인 것은 협동학습, 문제중심학습, 자기주도학습 등이 있다. 이러한 교수·학습방법에 일관하는 교수·학습 원

리는 일반적으로 다음과 같은 다섯 가지를 요약할 수 있다(강인애, 1997, 136-142).

첫째, 자아 성찰적 학습(learning by reflection)이다. 구성주의 교수학습방법은 학습 내용과 학습의 과정 및 성과에 대해 스스로 반성하도록 한다. 자신의 학습에 대하여 그리고 자신의 학습으로부터 무언가를 얻기 위해서는, 학습한 내용과 학습활동의 과정 및 성과에 대해 반성적으로 사고해 보도록 해야 한다. 실제의 문제들은 다양한 관점에서 경험하고 평가할 기회를 제공한다. 학습자는 자신의 이해를 검증하고 강화하기 위한 수단으로 다양한 대안들을 평가할 수 있어야 한다.

둘째, 학습자들이 스스로 문제해결하는 과정과 결과를 중요시한다. 문제해결은 학습 및 사고에 매우 의미 있고 중요한 것이다. 왜냐하면, 문제해결의 과정은 이미 배운 원리를 응용하여 자신이 직면하는 문제들에 대한 해결방안을 발견하고, 이전에 배운 규칙을 새로운 상황에 적용하여 새로운 것을 배워가는 과정이기 때문이다. 이 과정에서 학습자는 실제적이고 자신과 관련이 있는 주제 혹은 문제를 분석하고, 그것을 해결하기 위해서는 어떤 정보와 지식을 어디서 찾아서 활용할 것인지, 특정 정보와 지식은 어떤 식으로 특정 상황에 적용되는 것인지, 찾은 정보들을 어떻게 가공하고 활용하여 나에게 필요한 방향으로 활용할 것인지와 같은 적극적이고 능동적인 학습활동을 하게 되며 이러한 활동을 통해 자신에게 의미있는 지식과 기능 및 사고체계를 획득하게 된다.

셋째, 협동학습(learning by collaboration)이다. 구성주의에서 말하는 지식 구성은 사회적 요소와 개인의 인지적 요소 간의 통합을 통해 이루어지는 것을 의미한다. 따라서 구성주의적 학습 환경은 반드시 학습자가 속해있는 사회 구성원 간의 협동학습적 환경을 전제로 이루어져야 한다는 것을 의미한다. 이는 개인의 인지적 작용결과로서의 의미부여와 해석에 대한 검증의 역할을 하기 때문이다. 구성주의 관점에서의 협동학습은 집단 구성원들 간의 상호작용을 통해 사회적 기능을 배우고 대안적인 견해를 공유하고 대화를 통한 상호교류와 반성적 사고, 생성적 학습을 촉진하거나 이를 개발하는 데 목적이 있다.

넷째, 실제적 성격의 과제 중심의 학습(learning by authentic task)이다. 구성주의는 교육과 성과(혹은 수행), 혹은 교육과 실생활과의 연계성을 매우 강조한다. 지식의 구성이나 습득은 항상 어느 구체적인 '상황' 혹은 '맥락' 안에서 이루어진다고 보기 때문에 '상황적·맥락적 학습'을 강조한다. 그리고 이러한 연계가 이루어지려면 과제의 성격이 실제 생활과 밀접하게 연결되어 있어야 하고 그 과제를 풀어가는 학습의 장은 반드시 구체적 '상황성'이 전제되어야 한다. 이렇게 실제 상황성이 깃든 과제나 학습 내용은 기존의 교과서 중심적 학습 내용이나 과제보다 훨씬 인지적으로 도전적이고 깊은 사고를 요구하게 되며 당연히 학습자들로부터 과제에 대한 주인의식과 학습에 대한 내적 동기부여를 기대할 수 있다. 또한, 학생들의 학습 과정과 결과도 실제 수업의 맥락에서 평가한다. 구성주의에서는 창의적, 비판적 사고와 문제해결 능력 등의 고차적인 교육목적의 성취와 복잡하고 실제적인 맥락에서의 능동적인 활용 여부에 초점을 두고 참평가, 수행평가, 포트폴리오 등의 새로운 접근을 요구하고 있다.

다섯째, 학습자의 조력자(facilitator)이며 동료-학습자(co-learner)로서의 교사의 역할이 있다. 전통적으로 교사에게 부여되었던 역할은 지식의 전달자이며 학습의 최종적 평가자, 일방적인 관리자, 감독자였다. 그러나 구성주의 교수·학습에서는 학습 과정의 촉진자, 조언자, 자문인, 코치, 나아가 학생들 개개인이 지닌 문화적, 역사적, 사회적 상황으로 인해 서로 독특한 형태로 존재하는 개개인의 경험적 기술과 지식의 가치를 인정하고, 그들의 관심과 요구가 반영되도록 학습 결과를 유도해주는 동료학습자로서의 교사의 역할을 강조한다. 구성주의에서 강조하는 것은 교사 역할이나 존재의 부정이 아니라 역할의 변화를 의미한다.

기독교 교육적 관점에서의 교수·학습은 구성주의적 교수·학습방법과 유사성과 차별성이 동시에 존재한다. 따라서 기독교 교육적 교수·학습에서의 통찰과 대화가 요구된다.

먼저, 차별성 측면을 살펴보면, 기독교 세계관에서 교육의 핵심은 인간이 아니라 하나님 중심이다. 따라서 기독교 세계관에서 교수·학습은 하나님 교육에 인간

이 참여하는 행위이며, 인간을 통하여 이루어질지라도 하나님이 교수·학습의 주체가 되고 하나님의 주도적인 활동으로 이루어진다. 즉, 교수자와 학습자를 인도하는 초월적 하나님의 간섭, 즉 성령의 인도로 이루어지는 것이다. 기독교는 하나님의 궁극적인 실존으로부터 시작한다. 처음부터 계신 하나님이 세상을 창조하시고 창조하신 모든 것 위에 나름대로 독특한 성격과 원리, 그리고 일련의 법칙들을 부여하셔서 하나님을 드러내며 존재할 수 있도록 하셨다. 따라서 하나님은 진리의 근원이 되시며 우주의 중심이 되므로 모든 교육의 방법도 하나님 안에 중점을 두어야 한다.

기독교 교육적 관점에서 구성주의적 교수·학습방법에 대한 통찰을 통하여 적용가능성을 살펴보면 다음과 같다.

첫째, 구성주의의 학습자 개인의 존중에 대해 기독교적인 교수·학습방법은 학습자 개인의 능력과 특성을 고려한다. 하나님께서는 인간을 만드시되 개인적으로 독특한 존재로 만드셨다. 하나님께서 인간에게 여러 가지 능력을 부여하시되 개인에 따라 다르게 부여하셨다. 로마서 12:6에서 "우리에게 주신 은혜대로 받은 은사가 각각 다르니…"라고 말씀하시며 에베소서 4:7에서는 "우리 각 사람에게 그리스도의 선물의 분량대로 은혜를 주셨나니"라고 말씀하시므로 믿음의 분량이 각자 다름을 표현하고 있으며, 이것은 능력 면에서도 마찬가지임을 시사한다. 에베소서 4:11에서도 "그가 어떤 사람은 사도로, 어떤 사람은 선지자로, 어떤 사람은 복음 전하는 자로, 어떤 사람은 목사와 교사로 삼으셨으니"라고 말씀하시므로 각자의 은사가 다름을 나타내고 있으며, 이는 학습자 각자의 독특한 능력이 있음을 시사한다.

둘째, 구성주의의 학습자의 문제해결 과정 강조에 대해 기독교적인 교수·학습방법은 학습자들이 스스로 학습하는 방법을 통하여 문제를 해결해 나갈 수 있도록 교육한다. 하나님께서는 세상을 합리적으로 구성하셨으며, 우리 사람들에게 이러한 세상을 이해할 수 있는 능력을 주셨다. 동물과 구별되이 창조된 존재로서 인간은 기계적인 학습을 통한 교육이 아닌, 학생들 스스로의 활동에 의해 학습할 수 있는 존재이다. 교사는 학생이 스스로 공부할 수 있는 사람, 훈련된 사람, 자기가 결심했기 때문에 행동에 옮기는 사람이 되도록 도와주어야 한다. 예수님은 베드로가 믿음에 대해 배울 수 있도록 물 위로 걸어오라고 하셨다(마 14:25-33). 베드로는 자기의 경험을 통하여 진리를 발견할 수 있었다. 예수님은 베드로가 스스로 발견하기를 원하셨다. 예수님은 물에 빠져 가는 베드로의 손을 잡아 올리신 후 그에게 "왜 의심하였느냐?"라고 물으셨다. "의심하지 말라"고 말씀하실 수도 있었겠지만 베드로가 스스로 깨닫기 원하셨기 때문에 이렇게 질문하셨던 것이다. 사람들은 스스로 대답을 발견하게 될 때 가장 확실히 배운다.

셋째, 구성주의의 협동학습 강조에 대해 기독교적인 교수·학습방법은 공동체와 긍정적인 관계성을 중시한다. 하나님께서는 사람을 사회적 존재로 만드셨다. 하나님께서 남자를 보시고 "사람이 혼자 사는 것이 좋지 아니하니"(창 2:18) 돕는 배필을 만들어 주셨고, 남자와 그 아내에게 생육하고 번성하여 땅에 충만하라고 명령하셨다. 이러한 사람의 사회성에 대한 한 가지 교육적 함의로서, 학습 과정에서의 상호관계(interpersonal relationships)의 효과를 생각해 볼 수 있다. 학급 내에서의 교제의 질은 곧 학습의 질을 좌우하는 것이다(이승구, 1995, 41-42). 학생들은 상호 간의 격려 속에서 자신의 소중함을 느끼게 되고 자신감을 형성해 나간다. 따라서 학생들 상호 간에 서로를 높여주고 존중해주는 협력적인 학습 분위기가 형성될 수 있는 교육방법이 되어야 한다. 성부, 성자, 성령 삼위의 상호 작용하심 가운데 자신의 뜻을 이루시는 하나님께서 하나님의 형상을 따라 하나님의 모양대로 사람을 만드셨다는 사실은 우리 사람들이 상호 작용하는 존재임을 말한다.

넷째, 구성주의의 상황·맥락적 교수·학습에 대한 강조에 대해 기독교적인 교수·학습방법은 상황에 따라 효과적이고 적절한 교육방법을 선택한다. 예수님의 교수방법은 가장 훌륭한 예시를 보여준다. 예수님은 실물을 사용하여 진리를 구체적으로 그리고 생생하게 가르치셨고, 극적인 방법을 많이 이용하셨다. 예수님은 유추, 논증, 논리를 통한 추리적 논리 방법을 사용하셨으며, 비유를 통한 교수방법을 활용하셨다. 대화와 토론 및 문답을 통한 교수법을 사용하셨으며, 은유적인 예화 방법, 문제를 이용한 방법 등 예수님의 교

수방법은 상황과 대상에 따라 매우 다양하다(송원준, 2002).

다섯째, 구성주의의 조력자 또는 코치로서의 교사 역할에 대해 기독교 교육적인 교사는 학생들과 인격적인 관계를 맺는다. 기독교적인 교육방법이 실천되기 위해서는 먼저 학생과 교사 사이, 그리고 학생들 상호 간에 인격적인 관계가 형성되어야 한다. 이러한 관계성을 바탕으로 한 사랑과 수용의 교육은 계속해서 성장되어져야 할 부분이다. 예수님께서 제자들과 백성들을 사랑하시고 수용하시면서 그들과의 인격적 관계 속에서 가르치셨던 것처럼, 교사들은 학생들을 가르침에 있어서 그들과 친밀한 관계가 형성될 수 있도록 노력해야 한다. 학생의 가능성을 멀리 내다보고 꾸준하고 침착하게 그리고 인내하면서 그들을 인격적으로 대하는 교육방법이 이루어지도록 노력해야 한다.

교사가 반드시 기독교적인 내용을 드러냄을 통해서만 기독교적으로 가르칠 수 있는 것은 아니다. 기독교의 복음 전파뿐 아니라, 그가 지닌 하나님에 대한 신앙과 기독교적인 세계관이 여러 과목을 가르침에 있어서 교육방법을 통해 충분히 드러날 수 있도록 교사는 교육의 전반적인 과정에서 노력해야 한다. 교육에 대한 바른 기독교적 관점을 가지고 학생들을 기독교적으로 가르치기 위해서, 먼저 교사는 하나님을 중심에 두고, 성령의 도우심을 바탕으로 교육방법을 행하여야 한다. 그 다음, 기독교인 교사들이 세속적인 교육방법을 사용할 때도 기독교적인 통찰을 해 본 후 좀 더 기독교적인 교육방법을 개발하여 적용해 나가야 한다. 그런 의미에서 구성주의의 교수방법은 기독교적인 교육방법을 개발하는 데 다양한 시사를 제시해 줄 수 있다.

기독교 학교에서의 구성주의 교수·학습이론의 극복과 수용

구성주의는 정보사회에서 교육에 대한 실천적 대안을 제시하는 교수·학습이론이며, 기존의 패러다임인 객관주의에 대한 대응 패러다임이다. 구성주의 관점에서 학습은 지식의 구성과정으로 학습자 개개인이 자신의 경험에 기초하여 자율적·능동적으로 의미를 구성하며 실제 세계의 상황적 맥락 속에서 일어난다. 이때 학습자는 자신의 사회적 경험과 배경, 개인적인 인지적 활동의 상호작용 속에서 학습의 주체로서 교사와 동료들의 도움을 받으면서 자신의 지식을 구성해 간다. 따라서 지식은 학습자 개인에게 의미 있는 형태로 선택되어진 개별적 의미를 지니게 된다. 학습 환경은 학습자가 이해한 것을 다른 관점에서 검토해 볼 수 있도록 동료들과의 사회적 상호작용이 활발한 협동학습을 할 수 있는 환경을 제공한다.

구성주의 교수·학습이론을 기독교 세계관으로 조망해 본 결과, 그 유사성과 차별성을 살펴볼 수 있다.

첫째, 지식관에 대해서 성경적 세계관은 구성주의가 주장하는 상대적 진리를 지지하지 않는다. 구성주의의 상대주의는 모든 것이 인식의 산물이요, 사회적 구성물이라고 주장하며 절대적 진리나 규범을 부정하는 것에서 비롯된다. 인간의 개별 인지 과정과 경험, 배경은 다양하고 상대적이고 주관적이며 절대적일 수 없다. 따라서 학습의 결과는 객관성을 상실하게 되었다. 그러나 기독교 인식론에서의 진리는 하나님 안에서 전제와 의미, 가치와 해석의 궁극적 근원을 발견한다는 점에서 절대적이며 객관적인 것이다. 구성주의에서의 지식은 성경적 절대주의를 지향하는 기독교 세계관과는 상반되는 견해를 보인다. 지식의 상대성과 주관성을 강조하다 보면, 하나님의 절대 진리인 말씀과 가르침의 절대성을 부인하는 반기독교적인 모순에 빠질 수 있다.

둘째, 학습자관에 대해서도 성경적 세계관에서는 하나님의 형상으로서의 의무와

기독교 대안학교 교사로 바로서기

역할, 그리고 자신과 다른 사람과의 교제 관계에 있어서나 다른 피조계를 다스리는 문화명령에서도 하나님의 형상됨을 나타내는 존재로서의 역할을 강조한다. 즉, 존재론적, 목적론적, 관계성을 지닌 인간관을 가진다. 이는 기독교인은 이 세상에서 마치 인간이 최고의 존재인 양 생각하는 인간 중심주의(humanist)에 빠져서는 안 된다는 것을 시사해준다. 이는 무엇보다 먼저 하나님과 관련해서 인간 중심주의를 주장할 수 없음을 말해 주는 것이다. 기독교인은 하나님 중심주의적 입장(theocentric position)을 견지해야만 한다. 인간이 하나님과의 관계를 저버리는 것은 결국 자신의 근본을 저버리는 것이며, 비인간화되는 것이다. 따라서 기독교 세계관적 인간관에서 교제와 관계성을 강조하는 존재로서의 역할은 구성주의에서 강조하는 집단 구성원들 간의 상호작용, 대화를 통한 상호교류와도 맥락이 닿을 수 있지만, 개별 학습자들의 인지능력과 자율성을 강조하는 구성주의의 학습자관은 하나님의 계시를 따라 사유하고 행동하기보다는 극단적인 인간 중심적인 사고에 빠질 위험성이 있다는 것을 지적하지 않을 수 없다.

셋째, 교수·학습방법에 대해서는 지식관과 학습자관과는 달리 수용의 가능성을 살펴볼 수 있다. 구성주의 교수·학습이론은 인본주의 중심의 상대주의적 인식론에 근거를 두고 있기 때문에 성경적 절대주의를 지향하는 기독교 세계관과 상반되는 견해라고 볼 수 있다. 그러나 한편, 기독교 교육은 실천 신학의 한 분야이기 때문에 현재의 구성주의 교육 동향과 무관할 수 없다. 교육에 대한 바른 기독교적 관점을 가지고 학생들을 기독교적으로 가르치기 위해서, 먼저 교사는 하나님을 중심에 두고 성령의 도우심을 바탕에 둔 교육방법을 행하여야 한다. 그다음 기독교인 교사들이 세속적인 교육방법을 사용할 때도 기독교적인 의미 분석을 해 본 후 좀 더 기독교적인 교육방법을 개발하여 적용해 나가야 한다. 그런 의미에서 구성주의의 교수·학습방법은 기독교적인 교육방법을 개발하는 데 다양한 시사점을 제시해 줄 수 있다. 즉, 학생 개개인의 능력과 특성을 고려하는 교육방법, 학생 스스로 문제를 해결하도록 안내하는 교육방법, 공동체 안에서 상호 격려와 존중을 통한 관계성을 강조하는 교육방법, 상황과 대상에 따라 효과적인 다양한 교육방법의 선택 등은 곧 성경에 기초한 예수님께서 가르쳐주신 교육방법이다.

구성주의는 주관주의 철학적 인식론과 인지심리학적 배경을 가지고 있는 실천적 교수·학습이론이지만 심리학적, 철학적 영역을 벗어난 거대한 담론이며, 패러다임으로 볼 수 있다. 이럴 경우 구성주의는 포스트모더니즘이라는 다른 대안적 담론과 만나게 된다. 기독교 교육적 관점에서는 구성주의에 관한 구체적인 연구나 논쟁보다는 대체로 포스트모더니즘에 대한 비판과 수용을 통한 논의가 제시되었다. 포스트모더니즘은 극단적 상대주의와 다양성, 종교 다원주의, 극단적 인본주의라는 면에서 반기독교적이다. 따라서 기독교 교육적으로 수용하기 어렵다. 기독교 교육은 모든 진리는 하나님의 진리라는 입장에서 성경적 절대 가치를 강조하기 때문이다. 따라서 기독교 교육을 통하여 절대적 성경 진리와 절대 유일의 진리, 절대적 가치를 가진 성경관을 정립하고 기독교적 세계관을 확립하도록 하여야 하며 하나님의 형상을 회복할 수 있는 기독교 교육에 초점을 두어야 할 것이다.

➡ 기독교 학교의 지식관과 학습자관을 적용한 수업은 구성주의에 기초한 수업방법과 어떻게 비교할 수 있을까?.

기독교 학교 1부

4. 기독교 학교의 교육과정

　기독교 학교는 전체 학교 교육과정이 기독교 세계관에 기초하여 개발되고 실천되는 학교이다. 일반 학교의 인본주의와는 구분되는 신본주의 즉, 하나님 중심의 교육목표, 내용, 방법으로 하나님의 뜻과 진리에 근거하여 교육이 실행되는 학교이다.

　기독교 학교 교육과정의 가장 근본적인 것은 '모든 진리가 하나님의 진리'라는 성경적 관점에서 출발한다. "진리를 알지니 진리가 너희를 자유롭게 하리라"(요 8:32)라는 성경 말씀처럼 진리의 지평을 열어줄 기독교 학교의 교육과정은 교육과정의 교육목표와 교육내용, 교육방법, 평가 등 전체 영역에서 기독교 세계관의 기초 위에서 개발되고 운영되어야 한다.

　기독교 학교는 기존의 공교육체제의 획일화된 기준과 내용, 방법에 의존하는 형식적이고 권위적인 학교교육에 문제를 제기하고, 학생 개개인의 다양성과 개성을 인정하고 참여적이며 삶의 가치를 중요시하는 방법으로 교육과정을 운영한다. 기본적으로 학습자에 대한 학습의 주체로서의 존중과 참여, 학습자에 대한 믿음과 신뢰, 학생 성장에 대한 적극적인 지원, 학생과의 긍정적 관계 유지 등을 실천하고자 한다. 즉, 일반 학교와는 다른 교육적 요구를 가진 교육수요자들에게 기독교 학교로서의 교육의 이념과 목표에 따른 교육관을 실천하고자 한다. 그리고 이

러한 교육이념은 학교교육의 핵심이며, 학생들의 학교에서의 교육경험에 중요한 영향을 미치는 교육과정에 구체적으로 반영되어 운영되어야 한다.

기독교 학교의 교육과정 형태

먼저 기독교 학교의 교육과정 개발과 운영 형태를 다음과 같이 세 가지로 나누어 볼 수 있다.

첫째, **교사 인성 의존형 교육**(Character-Focused Education)으로 공교육의 교육과정을 그대로 모두 적용하면서 비교과 활동에서 기독교 교육을 구현하는 형태이다. 주로 교사의 인성이나 영성에 의존하여 기독교 교육을 실현해야 한다. 한국은 미션스쿨이나 기독교 대안교육 특성화학교의 경우가 이에 해당한다. 장점은 비용이 많이 들지 않고 비교적 수월하게 적용할 수 있지만, 기독교 세계관을 적용한 기독교 교육을 실천하는 데에는 한계가 있다.

둘째, **교육과정 개발형 교육**(Curriculum-Focused Education)으로 교육과정 내에서 기독교 교육을 적용하는 것이다. 전체 교육과정을 성경적 세계관으로 해석해서 기독교 교육을 실천하는 형태이다. 기독교 학교의 교육과정으로는 훌륭하지만, 교육과정과 교재를 개발하는 데 많은 노력과 비용이 들고, 공교육의 교육과정과 현격한 차이로 인해 진학에 어려움이 있을 수 있다. 미국 초기 기독교 학교들이 이러한 유형을 선호하였으나 진학의 어려움으로 차츰 혼합 유형으로 수정하였다.

셋째, **혼합 유형**(Hybrid Curriculum)은 공교육의 교육과정을 어느 정도 적용하면서 기존의 교과를 기독교적 세계관으로 재해석한다. 기존 교과 외에 기독교 학교의 특성화 교과목을 개발하여 운영한다. 많은 기독교 학교들이 추구하는 형태이다. 기독교인이 세상과 연결되고 세상 안으로 들어가야 하는데, 대학 진학이나 세상 안에서 여러 활동을 할 때 기독교 세계관을 생활에 적용할 수 있는 능력을 길러줄 수 있다.

기독교 학교 교육과정의 교육목표와 교육내용, 교육방법, 평가 등에 고려해야 할 것은 다음과 같다.

 교육과정의 목표

"너희는 이 세대를 본받지 말고 오직 마음을 새롭게 함으로
변화를 받아 하나님의 선하시고 기뻐하시고 온전하신 뜻이
무엇인지 분별하도록 하라"(롬 12:2)

기독교 학교의 기본 비전은 그리스도의 가르침에서 중심 주제가 되는 하나님 나라 백성이다. 이 비전은 하나님 나라의 백성 구원뿐만 아니라 그의 전 피조계와 백성을 위한 하나님의 의와 약속이 실현되는 것을 가리킨다. 기독교 학교는 그리스도 안에서 그 나라의 시민이 되도록 학생들에게 도전을 주고 이들을 준비시키는 곳이다(브루멜른, 2014).

기독교 학교의 교육과정 목표는 학생들로 하여금 하나님의 형상을 회복하고 예수 그리스도의 제자로서의 비전과 사명을 가지고 하나님께서 각자에게 주신 재능을 계발하도록 하는 것이다. 타락한 사회의 회복과 교회의 요구, 학부모들의 학교에 대한 기대, 각 학문분야에서의 기독교적 관점 등에 대한 기초 연구를 토대로 기독교 학교 교육목적을 설정하고, 학생들에 대한 구체적인 연구와 각 단위학교의 교육철학에 따라 최종 교육목표를 설정하여야 한다. 기독교 학교의 교육목표는 단지 주지주의적 교육에 단순히 기독교적 가치를 추구하는 이원론적 교육의 모습이 아니라 각 기독교 학교들이 지향하는 교육관과 교육이념이 구체적이고 명료하게 교육과정 목표로 체계화되고 현실화되어야 한다. 이러한 기독교 학교의 교육과정 목표는 삶의 방식으로 구체화되어야하며 추상적인 비전으로 머물러서는 안 된다. 즉, 사도 바울은 "행함이 없는 믿음은 그 자체가 죽은 것이라"(약 2:17)고 가르치고 있다.

기독교 대안학교 교사로 바로서기

교육과정 내용의 선정과 조직

기독교 학교는 교육과정 목표에서 제시한 바를 학생들의 경험에 연결될 수 있도록 교육과정 내용을 선정하여 조직하여야 한다. 기독교 학교들이 비전과 목적, 목표는 유사하지만 교육과정 내용의 구성에서는 각 학교의 특성에 따라 다양하며 자율적이다. 기독교 학교의 교육과정 구성에 있어서 각 학교의 교육과정 목표가 실현될 수 있도록 교과활동과 창의적 체험활동, 방과후 활동에 구체적으로 기독교 교육적 안목이 적용되어야 한다. 그리고 각 활동 내용이 학생들의 성장에 따라 계열성을 이룰 수 있도록 잘 조직되어야 한다.

기독교 학교라고 할지라도 한국 중등교육에서는 상급학교로의 진학 문제 때문에 일정 정도 제도교육과의 상보성을 외면할 수 없다. 대부분의 인가된 특성화 학교들에서는 일반적으로 기본 교과활동을 통하여 학생들의 기초적인 지적 능력을 배양하고, 창의적 체험활동을 통하여 특성화 프로그램을 운영하여 학생들의 인성과 감성을 계발하며 학생들의 적성과 흥미에 맞는 진로탐색을 하도록 하고 있다.

기독교 학교들의 특성화 프로그램들은 현장체험학습, 공동체성 함양을 위한 프로그램, 자연 친화를 위한 생태교육, 노작교육, 감성교육, 세계시민교육, 기독교 문화체험 등이 있다. 더불어 지역사회와의 연계성을 고려한 사회봉사활동을 포함하기도 한다.

기독교 학교의 특성상 기독교 세계관과 전인교육을 위해서 통합교육과정을 운영하기도 하고, 이를 위해 자체 제작된 교재를 사용하기도 한다. 통합교육과정은 보통은 교과의 구분보다는 학생들의 경험이나 주제를 중심으로 하여 교과내용을 통합하여 교육과정을 개발하고 운영하는 것이다. 기독교 학교는 기존의 통합에 더하여 기독교 세계관을 일반적인 주제와 잘 연관되도록 통합하는 통합교육과정을 운영하기도 한다.

기독교 학교는 기존 학교 교과에 대한 기독교적 관점을 제공해 주어야 한다. 이는 하나님의 진리의 말씀을 세상적 지식과 분리하지 않고 통합하여 교육하는 것이다. 실재에 대한 성경적 비전과 세상 속의 그리스도인 공동체를 향한 하나님의 목적에 신실한 대안적 관점을 제공해 주지 못하고 세속적 관점에 추가하여 기독교적 관점을 부분적으로 보충하거나 교정하는 이원론적 접근은 진정한 기독교 대안 교육이라고 할 수 없다.

교육과정 운영과 교육방법

기독교 학교 교육과정 운영에서 첫 번째 고려사항은 수준별 수업이다. 수준별 수업은 교육과정 운영에 있어서 개인차를 고려하는 것이다. 기독교 학교 교육방법은 학습자 개인의 능력과 특성을 고려하여야 한다. 하나님께서는 인간을 만드시되 각자 독특한 존재로 만드셨다. 하나님께서 인간에게 여러 가지 능력을 부여하시되 개인에 따라 다르게 부여하셨다. 성경에서도 "우리에게 주신 은혜대로 받은 은사가 각각 다르니…"(롬 12:6), "우리 각 사람에게 그리스도의 선물의 분량대로 은혜를 주셨나니"(엡 4:7)라고 말씀하시므로 각자의 은사와 학습자의 능력이 다름을 나타내고 있다.

인간은 하나님의 형상으로 창조된 존귀한 존재이면서 각자의 개인적 특성을 은사로 부여받은 존재이다. 따라서 학습자의 다양한 개인차를 인정하고 개인차를 반영한 수업을 계획하여 운영하는 것이 기독교 교육에서의 학습자관에 부합하는 것이다. 이는 수업방법의 선정과 운영, 평가에도 여전히 유효하게 적용되어야 한다.

기독교 학교에서는 교육과정을 운영함에 있어서 현재 공교육체제에서 이루어지고 있는 입시 위주 교육의 획일화, 경쟁주의, 개인주의에 대해 대안적인 방안으로 운영되어야 한다. 획일성보다는 다양성을 인정하고, 경쟁보다는 협동, 개인주의보다는 공동체를 강조하는 수업운영을 강조하여야 한다.

수업운영의 연장 선상에서 학생들의 학업성취도 평가는 다른 학생들과의 비교와 경쟁을 위한 상대평가가 아니라 개별 학생들의 수행성과와 목표 달성 정도, 성취의 요소들을 평가해 줄 수 있는 절대평가가 되어야 한다.

하나님께서는 사람을 사회적 존재로 만드셨다. 사람의 사회성에 대한 교육적

함의는 학습 과정에서의 상호관계를 생각해 볼 수 있다. 학생들은 상호 간의 격려 속에서 자신의 소중함을 느끼게 되고 자신감을 형성해 나간다. 따라서 학생들 상호 간에 서로를 높여 주고 존중해 주는 협력적인 학습 분위기가 형성될 수 있는 교육방법이 되어야 한다. 수업에서 학생들이 주체적이고 적극적으로 참여하고 동료 학생들과 공동작업 즉, 협동학습, 프로젝트학습, 문제중심학습 등을 통하여 자신의 대인관계 의사소통 능력과 집단적 문제 해결 능력을 향상시킬 수 있는 교육방법을 고려할만하다.

기독교 학교에서의 수준별 수업

수준별 수업은 다양한 교육적 요구와 능력을 가진 학생들을 위해 내용과 방법에서 다양한 형태의 수업 조직으로 차별화된 맞춤식 수업을 제공하여 수월성을 함양하고자 하는 수업이다. 수준별 수업에서 '수준'의 의미에 대한 불일치에도 불구하고, '수준'을 고려해야 하는 변인이 무엇이든 간에 학교 수업에서의 '수준'의 의미는 학생들의 다양한 개인차를 고려해야 한다는 것이다. 이러한 수준별 수업을 통해서 교육의 획일화 현상을 해소하고 교육의 수월성을 추구해야 한다.

기독교 학교에서의 수준별 수업은 일반 학교의 능력별 학급 편성과는 다르게 운영되어야 한다. 저자의 학교 경험에 의하면, 능력별 동질 집단 학급 편성이 학생의 학업성취도 향상이나 교사들의 수업운영에 효율적이라는 주장은 피상적이다. 학생들에게도 교사들에게도 거의 도움이 되지 않는다는 많은 사례가 있다. 학습 능력이 취약한 학생들에게는 관찰학습이나 튜터의 역할을 해줄 동료 학생들을 찾을 수 없고, 학습능력이 우수한 학생들도 뚜렷한 발전을 보이지 않는다. 각 교과에서 시행착오를 거쳐 다다른 결과는 이질적인 능력집단으로 구성하고, 학생들의 수준을 고려한 수업운영을 해야 한다는 것이다.

■ 수준별 수업에서 개인차 고려

수준별 수업에서 주로 고려되어야 할 개인차 변인으로 여러 복합적인 요인(예: 선수학습, 지능, 언어능력, 운동능력 등)의 영향으로 결정되는 학습자의 학습능력 수준, 학습동기와 학습 집중력에 영향을 미칠 수 있는 학습자의 흥미, 그리고 학습자의 지각 또는 인지 방식의 선호로서 학습양식 변인을 들 수 있다. 개인차 변인들은 수준별 수업을 위한 집단편성, 수업내용과 방법 선정 그리고 전개를 계획할 때 고려할 수 있다. 기독교 학교의 수준별 수업운영은 과목별 이동수업, 무학년제, 개인별 맞춤식 시간표 등으로 이루어지고 있다.

학생들의 다양한 개인차를 복합적으로 고려하여 그에 적절한 수업을 다차원적으로 차별화하여 제공하는 것이 이상적이겠지만 학교의 여건, 교사의 능력과 의지 등에 따라 적합한 개인차를 고려한 수업을 구안할 수 있을 것이다. 개인차에 따른 수업방법 차별화 전략으로는 학습 내용 제시 전략, 학습 활동 제공 전략, 학습 과제 부과 전략 등을 들 수 있다.

■ 개인차를 고려한 수준별 수업모형

교수·학습과 평가를 연계한 개인차를 고려한 수준별 수업 모형 세 가지를 제시할 수 있다.

첫째, **학습능력 모형**은 학습자의 선수학습의 정도나 학습능력 수준에 적합한 수업을 제공하여 학습 효과를 높이려는 수업모형이다. 학습자가 자신의 능력에 따라 진도를 나가며 학습할 수 있다. 학습자의 수준별 학습능력 수준에 따라서 학습내용과 학습활동 수준을 달리하며 기본 학습을 제대로 따라오지 못하는 학생에게 보충 학습 등을 제공할 수 있다. 학습자의 능력 수준별 내용과 활동, 과제의 유형이 유사하더라도 복잡성과 추상성, 폭과 깊이의 정도를 차별화하여 제시한다.

둘째, **학습 흥미 모형**은 학습자가 다양한 학습 활동, 과제를 자신의 흥미와 관심에 따라 선택하여 학습하도록 하여 학습자의 자기 주도적 학습능력을 개발하는 데 일차적인 목적을 둔다. 이 모형은 학습자의 선택이 가능한 영역 또는 교사의 판단에 따라 추가적인 활동을 제시할 경우 적용할 수 있다. 활동 선택과

순서 선택의 두 가지 형태가 있다.

셋째, **학습양식 모형**은 학습 내용, 활동, 과제 등을 제시할 때 표상 양식 또는 사고 유형을 다양하게 또는 달리 제공해 줌으로써 학습자가 누구나 주어진 학습 목표에 도달할 수 있도록 하는 수업모형이다. 학습자가 활동과 과제 중 자신이 선호하는 방식(글쓰기, 그리기, 만들기, 듣기 등)의 활동을 선택하여 수행할 수 있도록 하는 방식이다. 이때 학습 매체를 포함한 학습 환경의 제공 면에서도 학습양식은 적극적으로 고려되어야 할 것이다.

개인차를 고려한 교수·학습 활동은 평가와의 연계에서 의미 있게 수행될 수 있다. 즉, 평가는 학습자의 개인차를 확인하고, 학습자의 학습 과정의 관찰을 통해 즉각적인 피드백을 제공하고, 학습자의 능력과 흥미에 맞는 다양한 과제를 수행하도록 유도하고, 그에 맞는 다양한 평가 방법으로 학습의 향상 정도와 태도 변화를 확인하는 기능을 수행하는 것으로 파악한다. 이렇게 수집된 정보는 다음 교수·학습의 개선 자료로 활용됨으로써 수업과 평가는 계속해서 순환하는 관계를 갖는다.

이러한 기능을 수행하기 위해, 학교 학습에서 강화되어야 할 평가의 방향으로 교수·학습 활동과 평가 활동의 일치, 수시평가, 결과 평가보다 과정 평가의 중시, 자기·동료 평가를 포함한 반성적 평가의 강조를 들 수 있다.

교육과정 평가

교육과정 평가는 교육과정의 질 관리를 위하여 필수사항이다. 기독교 학교는 개별 학교 단위에서의 자율통제 형식으로, 혹은 기독교 학교 연합 기관 차원에서든 교육과정 평가가 이루어져야 한다. 기독교 학교의 발전을 위해서는 체계적인 기독교 학교 교육수요자 만족도 조사 연구가 필요하다. 즉, 학생들의 학교에 대한 태도, 학생들의 학업성취, 학생과 학부모들의 교사, 교육과정, 수업 또는 교육활동, 학교운영, 교육환경, 교육결과, 진로지도에 대한 만족도를 조사하여야 한다.

이러한 결과를 근거로 각 기독교 학교에서는 교육과정의 개정을 위한 진단과 처방이 이루어져야 할 것이다.

    기독교 학교의 교육과정 평가에 있어서 학교가 과연 학습자들의 필요에 적합한 교육과정을 개발하여 운영하고 있는지, 또한 기독교 학교의 교육목표가 적절하게 설정되었는지, 교육내용은 교육목표를 성취할 수 있도록 선정되고 조직되었는지, 교육목표를 성취할 수 있도록 수업방법이 활용되었는지, 평가는 적절하게 이루어지는지 등 교육과정의 모든 구성 요소들이 일관성 있게 학교의 교육과정 목적과 비전에 일치하는지를 평가하여야 한다.

기독교 학교 교육과정 사례

    기독교 학교 교육과정의 사례로 실재하는 A 기독교 학교를 제시하고자 한다. A 기독교 학교는 기독교 세계관에 기초하여 영성, 인성, 지성이 통합된 글로벌 크리스천 인재를 양성하기 위해 세워진 기독교 국제화 학교이다. 학생들의 전 생활 영역에 걸친 전인적, 통전적 교육을 지향하며 하나님의 뜻과 진리에 근거하여 이루어지는 교육을 실천하고 있다. A 기독교 학교교육을 통하여 학생들이 하나님 나라의 백성이 되어 하나님 나라 확장을 위한 섬김의 삶을 살아갈 수 있도록 준비시키는 학교이다. A 기독교 학교 교육과정의 특징은 다음과 같다. 첫째, A 기독교 학교의 교육과정은 전 교과영역에서 기독교 세계관을 반영하여 하나님 창조세계에 대한 탐구의 기쁨과 모든 만물에 하나님의 능력과 임재를 경험하게 하는 교육을 강조하고 있다. 영성교육 프로그램도 활성화되어 있어서 학교생활과 생활관, 교회활동이 연결되어 있다. 둘째, 학생 개개인의 다양성과 개성을 인정하고, 학생 성장에 대한 적극적인 지원을 하며, 학생에 대한 믿음과 신뢰를 바탕으로 학생들의 다양한 은사와 특성을 개발하기 위한 교육과정을 운영한다. 셋째, 교과교육과정과 창의적 체험 활동에 통합된 국제화 지향 교육과정을 운영하고 있다. 글로벌 소통능력과 국제시민교육을 체계화하여 학교행사 및 동아리 활동, 봉사활동에서

국제기구와 연결된 활동을 지원하고, 진로활동에서도 진로기반 해외현장체험 및 국제자원봉사 등으로 학교 정체성과 일치된 진학지도를 실행하고 있다. 넷째, 교과교육 외에도 학교에서 이루어지는 다양한 창의적 체험 활동과 공동체 교육으로 신뢰의 인간관계를 경험하고 관계능력을 향상하도록 교육하고 있다. 순종하는 기독교인의 성품 교육과 더불어 사는 실천적 삶을 위한 공동체 교육으로 하나님과 바른 관계 안에서 이웃을 섬기고 배려하도록 교육한다. 다섯째, 민족 정체성 교육을 강조하여 아시아와 지구촌을 위한 우리 민족의 사명감을 고취하는 교육으로 통일 교육, 태권도 의무교육, 한국사 교육을 집중교육하고 있다. 마지막으로 학생들의 다양한 자치활동인 학생회, 생활관 자치위원회, 학생자치법정, 학생홍보대사, 방송국(GBS) 그리고 신문부(GVN)를 활성화하여 학생들이 자율적으로 학교문화를 창출해 나가도록 지원하고 있다.

생각해보기

➡ 기독교 학교의 교육과정 사례를 조사하여 보자.

➡ 개인차를 반영한 수준별 수업을 학생의 다양성을 포용하는 기독교 교육에서의 의미로 생각해보자.

2부

기독교 대안학교

5 ·· 기독교 대안학교 현황
6 ·· 기독교 대안학교 유형
7 ·· 기독교 대안학교 운영
8 ·· 기독교 대안학교의 교육성과
9 ·· 기독교 대안학교의 과제와 전망

기독교 대안학교 2부

5. 기독교 대안학교 현황

　교육수요자들이 자신의 교육적 요구와 관심에 따라 학교를 선택하고자 하는 열망은 최근 사회의 변화와 제도적 합법화 수용의 흐름에 따라 다양한 형태의 기독교 대안학교를 생성해내고 있다. 기독교 대안학교는 학생의 학교 선택권이 보장되지 않는 한국의 현행 공교육체제에서 기독교 세계관에 기초하여 영성과 인성, 지성을 함양하기를 원하는 기독교인 교육수요자들의 갈증을 풀어줄 대안으로서 폭넓은 관심을 불러일으키고 있다. 또한, 기독교 학교가 기독교인으로 학생을 선발하여 교육이념에 따라 교육과정을 구성하여 교육하기 위해서는 기독교 대안학교의 형태로 설립하고 운영하여 그 정체성과 자율성을 확립할 수밖에 없다.

　기독교 대안학교는 기독교 세계관에 근거하여 신앙과 삶이 통합되고 학교와 가정, 교회에 의한 기독교 공동체를 지향한다. 기독교 대안학교는 하나님 나라의 시민이 되도록 학생들에게 도전을 주고 이들을 준비시키는 기독교 인재를 양성하는 곳이다. 기독교 대안학교는 기독교 학교이면서 일반 학교가 지니는 문제점과 한계를 극복하고자 하는 교육을 추구하는 대안교육의 특성을 지닌다. 기독교 대안학교는 세상 속에서 하나님의 목적에 충실한 대안적 관점을 가지고 세속적인 기존 공교육의 문제를 극복하기 위한 노력과 학교로서의 교육역량을 갖추어야 한다.

기독교 대안학교 교사로 바로서기

대안학교의 정의와 법적 근거

- **대안학교의 정의**
  - 교육학 사전적 정의
    : 대안학교(Alternative School)는 "표준적인 공립학교들이 제공하는 '전통적인' 것과는 다른 경험을 추구하는 아이들과 학부모들을 위해 특별한 교수법과 프로그램, 활동, 여건을 제공할 수 있도록 고안된 학교"(Cooper, 1994, 20)

  - 대안학교의 법적 정의
    : 대안학교는 학업을 중단하거나 개인적 특성에 맞는 교육을 받고자 하는 학생을 대상으로 현장실습 등 체험 위주의 교육, 인성 위주의 교육 또는 개인의 소질 적성 개발 위주의 교육 등 다양한 교육을 실시하는 학교를 의미한다(초·중등교육법 제60조의 3).

- **대안학교 법적 근거**
  - 대안교육 특성화학교[2]의 법적 근거
    - 교육부가 1996년 12월 '중도탈락예방종합대책'의 일환으로 대안학교 설립계획을 발표함.
    - 1998년 2월 초·중등교육법시행령 제76조, 제91조에 '특정 분야의 인재 양성'(직업 분야) 또는 '체험 위주의 교육'(대안교육 분야)을 할 수 있는 특성화고등학교(또는 '교육과정 운영의 특성화'를 위한 특성화중학교)를 둘 수 있도록 규정함.

---

2   특성화고등학교는 초·중등교육법 시행령 제91조에 의해 두 종류로 나뉜다. 하나는 '소질과 적성 및 능력이 유사한 학생을 대상으로 특정 분야의인재 양성을 목적으로 하는 교육'을 하는 직업분야 특성화고등학교이고, 다른 하나는 '자연현장실습 등 체험 위주의 교육'을 전문적으로 실시하는 대안교육분야 특성화학교이다. 여기서는 후자를 대상으로 한다.

▫ 대안학교의 법적 근거
- 2005년 3월 24일 대안학교 합법화 조항(초·중등교육법 제60조의 3)이 국회를 통과함.
- 2006년 12월 5일 교육인적자원부는 대안학교 설립·운영 규정안(교육인적자원부 공고 제2006-116호)을 입법 예고함.
- 2007년 6월 28일 대안학교 설립·운영에 관한 규정(대통령령 제20116호)을 제정·공포함.
- 이로써 대안학교는 법적·제도적으로 그 다양성과 자율성이 인정됨.
- 2007년 규정 공포 이후 각 시·도 교육청에서 대안학교 설립인가(각종학교 대안학교)와 학력 인정, 교육과정에 대한 인정을 담당하게 되었다. 그러나 많은 기독교 대안학교가 여전히 제도권 교육의 밖에서 미인가 교육기관으로 남아 있다.

대안학교의 등장

■ 전통적인 교육의 한계

1990년대 초 한국 사회의 급격한 경제성장으로 생활 수준이 향상하고 외국의 대중문화가 급속히 유입되었다. 청소년들의 의식과 문화가 변화하는 데 학교 교육이 이에 부응하지 못하고 구태의연한 전통적인 체제로 학교붕괴, 교실붕괴 현상에서 청소년들의 자살과 방황이 크게 이슈화되었다. 해마다 많은 학생이 입시와 성적문제로 자살하고 중도탈락하는 등 학교교육의 병폐가 심각해졌다. 이에 교육 분야에서 기존의 전통적인 학교체제에 대한 한계를 직시하고 근본적인 전환이 필요하다는 각성이 제기되었다.

■ 공교육에 대한 문제 제기

기존 공교육이 개인의 요구와 다양성을 인정하지 못하는 획일주의, 과도한 경

기독교 대안학교 교사로 바로서기

쟁주의, 개인주의, 지식 전달 위주의 교육, 자연 파괴주의, 물질 위주, 현세주의, 권위주의, 학력주의 등의 한계를 가지고 있다고 문제를 제기하였다.

■ 대안교육을 지향

대안학교는 학습자의 개성과 다양성을 존중하고, 개별 학생의 성장에 관심이 있다. 교육의 다양성을 추구하며 현장체험 활동과 참여적인 공동체 교육을 강조한다. 학생 대 교사의 비율을 최소화하여 학생들에게 집중할 수 있는 교육 구조를 가져야 한다는 대안교육을 지향한다.

기독교 대안교육의 배경

■ 교회교육으로부터의 확산

기존의 기독교 교육이 교회교육에 머물러서는 자녀들에 대한 신앙교육이 제대로 되지 않는 문제를 직시하여 좁은 의미의 신앙교육에서 전인교육, 통전적 교육으로 기독교 교육의 의미를 확대하게 되었다. 기독교 교육은 학생의 전 생활영역에 관심을 가지고 이루어져야 하며 교회가 교인들의 자녀교육 문제를 교회적 문제로 인식하여 기독교 대안학교 설립에 관심을 가지게 되었다.

■ 미션스쿨에 대한 반성

기존의 미션스쿨이 현 교육체제 안에서 기독교 인재 양성의 어려움에 봉착하자 진정한 기독교 교육을 위한 학교 설립을 모색하게 되었다. 기존 일반 학교교육과정에 예배만 추가하는 것이 아니라 기독교 가치관에 기초하여 운영하는 기독교 대안학교를 설립하고자 하였다.

■ 기독교 세계관에 관한 관심

기독교 대안학교는 학교교육을 기독교적 관점에서 접근하여 모든 영역에서 하나님의 통치를 인정하고 교육의 전 영역을 하나님 창조세계의 질서 안에서 검토하고 해석하여 가르치는 학교이다. 하나님의 진리의 말씀을 세상적 지식과 분리하지 않고 재조직하여 통합하는 성경적 세계관에 기초하여 교육과정을 운영한다.

기독교 대안학교는 개별 학생의 삶과 영적 성장에 적극적인 관심을 가지고 지·정·의를 통합하는 통전적 교육을 하고자 한다.

 대안학교 현황

■ 인가 대안학교 vs 미인가 대안교육기관

인가 대안학교	미인가 대안교육기관

- 대안교육 특성화중학교 17교(공립5교/사립12교)
- 대안교육 특성화고등학교 25교(공립5교/사립20교)
  근거: 초중등교육법시행령 제76조, 제91조
- 각종학교 대안학교 45교(공립16교/사립29교)
  근거: 초중등교육법 제60조의3
- 대안교육 위탁교육기관
	- 평생교육기관
	- 학원인가 대안교육기관
	- 탈북청소년민간교육기관
	- 사회복지기관
	- 홈스쿨 등

■ 대안학교의 유형별 쟁점

	기존 공교육 학교	위탁형 대안학교	특성화 대안학교	각종학교 대안학교	미인가 대안교육기관
학교 설립	교육청 인가	위탁 프로그램	특성화학교 인가	대안학교인가	미인가
교육 과정	국가 교육과정	국가교육과정 및 학생 특성 반영	국가교육과정 및 특성화 프로그램	국어, 사회 (국사포함)의무 개별 학교 독자적 교육과정	독자적 교육과정
학력 인정	학력인정	학력인정	학력인정	학력인정	검정고시
교사 자격	국가 자격증 소지자	국가자격증 소지자	국가자격증 소지자	국가자격증 소지자 + 산합협력교사	제한 없음
정부 보조	전액	전액	전액	거의 없음	지방자치단체 '학교밖청소년' 학업지원비

기독교 대안학교 교사로 바로서기

- **인가 대안학교 현황**(교육부, '2020년 대안학교 및 대안교육 특성화중고등학교 현황')
  - 각종학교 대안학교 45교(공립16교/사립29교)
  - 대안교육 특성화중학교 17교(공립5교/사립12교)
  - 대안교육 특성화고등학교 25교(공립5교/사립20교)

학교유형	공립	사립	계
각종학교	16	29	45
특성화중학교	5	12	17
특성화고등학교	5	20	25
계	26	61	87

- **대안학교**(각종학교) **[45교 : 공립16교/사립29교]** (2020.03.현재)

시도	학교명(과정)	설립구분	설립연도	소재지
서울	서울실용음악고등학교(고)	사립	'09	중구 신당동
	여명학교(고)	사립	'10	중구 남산동
	지구촌학교(초)	사립	'12	구로 오류동
	서울다솜관광고등학교(고)	공립	'12	종로 숭인동
부산	송정중학교(중)	공립	'19	강서구 송정동
대구	대구해올중고등학교(중·고 통합)	공립	'18	대구 달서구
인천	인천청담고등학교(고)	사립	'11	연수 동춘동
	인천해밀학교(중·고 통합)	공립	'12	남동 구월동
	인천한누리학교(초·중·고 통합)	공립	'13	남동 논현동
광주	월광기독학교(초)	사립	'14	서구 화정동
대전	새소리음악고등학교(고)	사립	'12	서구 도마동
	새소리음악중학교(중)	사립	'17	서구 도마동
울산	울산두남중고등학교(중·고 통합)	공립	'17	울주군 두서면
경기	티엘비유글로벌학교(초·중 통합)	사립	'08	고양시 덕양구
	화요일아침예술학교(고)	사립	'11	연천군 전곡읍
	쉐마기독학교(초·중·고 통합)	사립	'11	양주시 은현면
	새나래학교(중·고 통합)	사립	'11	용인시(휴교중)
	경기새울학교(중)	공립	'13	이천시 율면
	광성드림학교(초·중·고 통합)	사립	'14	고양시 일산구
	하늘꿈중고등학교(중·고 통합)	사립	'16	성남시 수정구
	중앙예닮학교(중·고 통합)	사립	'18	용인시 수지구
	노비따스음악중고등학교(중·고 통합)	사립	'20	가평군 설악면
강원	해밀학교(중)	사립	'18	홍천군 남면
	노천초등학교(초)	공립	'19	홍천군 홍천읍
충북	글로벌선진학교(중·고 통합)	사립	'11	음성군 원남면
	한국폴리텍다솜고등학교(고)	사립	'12	제천시 강제동

	다다예술학교(초·중 통합)	사립	'17	청주시 상당구
	은여울중학교(중)	공립	'17	진천군 문백면
충남	여해학교(중)	공립	'13	아산시 염치읍
	드림학교(고)	사립	'18	천안시 충절로
	충남다사랑학교(고)	공립	'19	아산시 둔포면
전남	월광기독학교(중·고)	사립	'18	함평군 대동면
	성요셉상호문화고등학교(고)	사립	'18	강진군 강진읍
경북	한동글로벌학교(초·중·고 통합)	사립	'11	포항시 북구
	글로벌선진학교문경(중·고 통합)	사립	'13	문경시 영순면
	산자연중학교(중)	사립	'14	영천시 화북면
	나무와중학교(중)	사립	'14	영천시 대창면
	링컨중고등학교(중·고 통합)	사립	'17	김천시 대덕면
	대경문화예술고등학교(고)	사립	'18	경산시 자인면
경남	경남꿈키움중학교(중)	공립	'14	진주시 이반성면
	지리산중학교(중)	사립	'14	하동군(휴교중)
	경남고성음악고등학교(고)	공립	'17	고성군 하일면
	밀양영화고등학교(고)	공립	'17	밀양시 상남면
	금곡무지개고등학교(고)	공립	'20	김해시 한림면
	거창연극고등학교(고)	공립	'20	거창군 위천면

■ 대안교육 특성화중학교 [17교 : 공립5교/사립12교] (2020.03.현재)

시도	학교명(과정)	설립구분	설립연도	소재지
대구	한울안중학교	사립	'18	달성군
	가창중학교	사립	'18	달성군
광주	평동중학교	공립	'14	광주시
경기	두레자연중학교	사립	'03	화성시
	이우중학교	사립	'03	성남시
	헌산중학교	사립	'03	용인시
	중앙기독중학교	사립	'06	수원시
	한겨레중학교	사립	'06	안성시
강원	팔렬중학교	사립	'11	홍천군
	가정중학교	공립	'17	춘천시
전북	전북동화중학교	공립	'09	정읍시
	지평선중학교	사립	'02	김제시
전남	용정중학교	사립	'03	보성군
	성지송학중학교	사립	'02	영광군
	청람중학교	공립	'13	강진군
	나산실용예술중학교	공립	'18	함평군
경남	상주중학교	사립	'15	남해군

기독교 대안학교 교사로 바로서기

■ **대안교육 특성화고등학교 [25교 : 공립5교/사립20교]** (2020.03.현재)

시도	학교명(과정)	설립구분	설립연도	소재지
대구	달구벌고등학교	사립	'04	동구
인천	산마을고등학교	사립	'00	강화군
광주	동명고등학교	사립	'99	광산구
경기	두레자연고등학교	사립	'99	화성시
경기	경기대명고등학교	공립	'02	수원시
경기	이우고등학교	사립	'03	성남시
경기	한겨레고등학교	사립	'06	안성시
강원	전인고등학교	사립	'05	춘천시
강원	팔렬고등학교	사립	'06	홍천군
강원	현천고등학교	공립	'14	횡성군
충북	양업고등학교	사립	'98	청주시
충남	한마음고등학교	사립	'03	천안시
충남	공동체비전고등학교	사립	'03	서천군
전북	세인고등학교	사립	'99	완주군
전북	푸른꿈고등학교	사립	'99	무주군
전북	지평선고등학교	사립	'09	김제시
전북	고산고등학교	공립	'18	완주군
전남	영산성지고등학교	사립	'98	영광군
전남	한빛고등학교	사립	'98	담양군
전남	한울고등학교	공립	'12	곡성군
경북	경주화랑고등학교	사립	'98	경주시
경남	간디고등학교	사립	'98	산청군
경남	원경고등학교	사립	'98	합천군
경남	지리산고등학교	사립	'04	산청군
경남	태봉고등학교	공립	'10	창원시

기독교 대안학교 현황

 기독교 대안학교에 대한 관심은 우리나라에서 시기적으로 늦은 감이 있지만 90년대 후반 들어 본격적으로 시작되었다. 초기 기독교 대안학교들이 1998년에서 2003년 사이에 설립되었고, 이후 지속적으로 증가하고 있다. 기독교학교교육연구소의 조사에 의하면 2006년에는 43개 학교, 2011년에는 121개 학교, 2016년에는 265개 학교로 5년 주기의 조사에 의하면 5년마다 두배 이상으로 기독교 대안학교가 증가되었다(2017). 이후로도 기독교 대안학교가 계속 설립되어 운영되고 있다.

그러나 많은 기독교 대안학교가 법적으로 인가되지 못한 채 미인가 교육기관으로 운영되고 있다. 2020년 3월 기준으로 87개 인가 대안학교 중에서 기독교 대안학교는 24개교로 28% 비율이다. 기독교 대안학교 중에 인가학교의 비율은 10% 미만이다. 최근 타 종교(원불교) 대안학교의 증가와 이단 대안학교의 대두에 대한 기독교인의 각성이 요구된다.

■ 기독교 대안학교의 인가학교 현황

학교유형	공립	사립	기독교 학교	계
각종학교	16	29	14	45
특성화중학교	5	12	3	17
특성화고등학교	5	20	7	25
미인가교육기관	0	약 400	약 240	약 487

■ 대안학교(각종학교) 45교(공립16교/사립29교) 중 기독교 학교 14개교(2020.03.현재)

시도	학교명(과정)	설립구분	설립연도	소재지
서울	서울실용음악고등학교(고)	사립	'09	중구 신당동
	여명학교(고)	사립	'10	중구 남산동
	지구촌학교(초)	사립	'12	구로 오류동
광주	월광기독학교(초)	사립	'14	서구 화정동
경기	쉐마기독학교(초·중·고 통합)	사립	'11	양주시 은현면
	광성드림학교(초·중·고 통합)	사립	'14	고양시 일산구
	하늘꿈중고등학교(중·고 통합)	사립	'16	성남시 수정구
	중앙예닮학교(중·고 통합)	사립	'18	용인시 수지구
충북	글로벌선진학교(중·고 통합)	사립	'11	음성군 원남면
	다다예술학교(초·중 통합)	사립	'17	청주시 상당구
충남	드림학교(고)	사립	'18	천안시 충절로
전남	월광기독학교(중·고)	사립	'18	함평군 대동면
경남	한동글로벌학교(초·중·고 통합)	사립	'11	포항시 북구
	글로벌선진학교문경(중·고 통합)	사립	'13	문경시 영순면

기독교 대안학교 교사로 바로서기

■ 대안교육 특성화중학교 17교(공립5교/사립12교) 중 기독교 학교 3개교 (2020.03.현재)

시도	학교명(과정)	설립구분	설립연도	소재지
강원	팔렬중학교	사립	'11	홍천군
경기	두레자연중학교	사립	'03	화성시
	중앙기독중학교	사립	'06	수원시

■ 대안교육 특성화고등학교 25교(공립5교/사립20교) 중 기독교 학교 7개교 (2020.03.현재)

시도	학교명(과정)	설립구분	설립연도	소재지
대구	달구벌고등학교	사립	'04	동구
광주	동명고등학교	사립	'99	광산구
경기	두레자연고등학교	사립	'99	화성시
강원	팔렬고등학교	사립	'06	홍천군
충남	공동체비전고등학교	사립	'03	서천군
전북	세인고등학교	사립	'99	완주군
전남	한빛고등학교	사립	'98	담양군

■ 기독교 대안학교의 학생 및 시설 현황

　기독교 대안학교의 실태를 조사한 기독교학교교육연구소의 자료에 의하면, 2016년도에 265개 기독교 대안학교의 학생현황과 지역별 분포, 학생 구성, 시설 현황은 다음과 같다(2017).

　기독교 대안학교 중 학교급별 학생 수는 중고등학교 통합 학교에 가장 많은 학생이 재학하고 있고, 경기도에 전체 기독교 대안학교의 50%가 분포해 있다. 학생 구성은 기독교 교육을 원하는 기독교 가정의 학생들이 가장 많은 비율이고, 50명 이하의 학생 수로 운영되는 소규모 학교들이 48% 정도를 차지하고 있다. 도시에 있는 학교와 통학형으로 운영되는 학교, 자기 건물을 가지고 운영되는 학교들이 전체의 50% 정도이다. 이러한 자료는 기독교 대안학교의 현실을 잘 나타내주고 있으며, 기독교 대안학교의 과제를 제시하고 있다.

- 학교급별 학생현황 ('16년 1월 265개 기관 기준' 기독교학교교육연구소, 2017)

무학년	초	중	고	초,중	중,고	초,중,고	합계
13	24	11	26	22	71	98	265
4.9%	9.1%	4.1%	9.8%	8.3%	26.8%	37%	100%

- 지역별 분포 ('16년 1월 265개 기관 기준' 기독교학교교육연구소, 2017)

서울	경기	강원	충청	전라	경상	제주	합계
38	133	9	31	24	26	4	265
14.3%	50.2%	3.4%	11.7%	9.1%	9.8%	1.5%	100%

- 학생 구성(평균) ('16년 1월 265개 기관 기준' 기독교학교교육연구소, 2017)

기독교 가정	해외 유학경험	학교 부적응	새터민	장애 학생	다문화	학급당 학생수	학교당 학생수
84.5%	5.8%	13.3%	4.1%	0.8%	1.0%	12.1명	97.6명

- 학교당 학생 수(평균) ('16년 1월 265개 기관 기준' 기독교학교교육연구소, 2017)

50명 미만	50-100명 미만	100-150명 미만	150-200명 미만	200-250명 미만	250명 이상
48.4%	14.1%	10.9%	6.3%	9.4%	10.9%

- 시설 운영 현황 ('16년 1월 65개 응답 기관 기준' 기독교학교교육연구소, 2017)

자가·임대	수	(%)	도시형·전원형	수	(%)	기숙·통학	수	(%)
자가	32	49.2%	도시형	33	50.8%	기숙형	14	21.5%
임대	20	30.8%	전원형	17	26.1%	통학형	37	57%
혼합형	13	20%	혼합	15	23.1%	혼합형	14	21.5%
합계	65	100%	합계	65	100%	합계	65	100%

생각해보기

➡ 대안교육 특성화학교와 각종학교 대안학교, 미인가 대안교육기관 중 기독교 대안학교를 찾아서 개별 기독교 대안학교의 현황을 조사해보자.

➡ 기독교 대안학교 현황을 고찰하여 기독교 대안학교가 당면한 과제를 생각해보자.

기독교 대안학교 **2부**

6. 기독교 대안학교 유형

　오늘날 한국에는 기독교 대안학교라는 이름으로 설립된 많은 학교들이 존재한다. '기독교 대안학교'라는 용어는 너무나 포괄적이기 때문에 이 명칭만으로는 어떤 학교를 지칭하는지를 제대로 파악할 수 없다. 전혀 다른 정체성과 지향성을 지니는 학교들이 기독교 대안학교라는 범주 안에 포함되어 있다. 기독교학교교육연구소가 2006년에 조사한 통계에 의하면 43개교, 2008년도에 기독교대안학교연맹이 파악한 수는 66개교로서 2년 사이에 23개교가 증가했고, 2010년에는 약 100개교, 2014년 기독교학교교육연구소 통계에 의하면 약 230개교에 이르는 것으로 추정되고 있다. 그 이후로도 많은 수의 기독교 대안학교가 설립·운영되고 있다. 이들 기독교 대안학교 중에는 인가받은 학교들이 포함되어 있으나 현재 90% 이상의 기독교 대안학교는 미인가의 형태이다. 도시형과 전원형, 기숙형과 통학형, 초등과 중등, 해외 대학으로 진학하는 국제형과 국내대학 진학형, 기독교성을 강조하는 학교와 대안성을 강조하는 학교, 그리고 설립 주체에 따른 다양한 학교들이 존재하고 있다. '기독교 대안학교'라는 이름은 너무 광범위한 의미를 지니고 있고 이 이름을 해석하는 입장에 따라 다양한 성격을 지니기 때문에 '어떤' 기독교 대안학교인가의 질문을 던질 수밖에 없는 현실이다. 기독교 대안학교에 관한 연구나 평가를 하고자 하더라도 '기독교 대안학교'라는 한 가지 범주는 구체적인 분석을 하기

에는 지나치게 추상적이고 모호하다.

기독교 대안학교 유형을 분류한 박상진(2007, 81-83)은 성경에 근거한 기독교적 세계관에 입각한 '기독교성'을 강조하는 기독교 대안학교와 기존의 공교육에 대한 비판과 문제의식에서 '대안성'을 강조하는 기독교 대안학교로 나누었다. 물론 이 둘이 명확하게 구분되지 않는 경우도 있다. 박상진은 기독교가 궁극적인 대안이라고 믿기 때문에 기독교성은 대안성을 내포한다고 볼 수 있고, 대안성을 강조한다 하더라도 기독교적인 성격에 근거한 대안성 추구로 제한되기 때문에 '(대안적) 기독교성'과 '(기독교적) 대안성'으로 구분하였다. 여기에 '인가와 비인가'까지 네 가지 종류의 기독교 대안학교로 분류하였다.

'기독교 대안학교 유형화 연구'(박상진, 2010)에서는 한국 기독교 대안학교를 '기독교적 대안성'의 다양한 성격에 따라 기독교 미인가학교, 기독교 수월성학교, 기독교 국제학교, 기독교 긍휼학교, 대안기독교학교, 그리고 참대안학교 등으로 분류하였다.

기독교 미인가학교는 '기독교성'을 강조하는 학교로서 단지 인가를 받지 않았을 뿐이지 대안성보다는 기독교성에 관심이 있고 이를 추구하는 학교이다. 즉, 일반적인 대안교육이 지니는 '인본주의적' 입장을 배격하고 '신본주의적' 입장의 교육을 추구하기를 원하는 학교이다. 기독교 수월성학교는 '기독교성'을 강조하면서도 '수월성'을 강조하는 학교로서 기독교 인재 양성을 목적으로 설립된 학교를 일컫는다. 기독교 국제학교는 국제화 시대에 부응하는 기독교인을 양성하는 학교를 말하는데, 주로 해외의 대학교에 학생들을 입학시키는 학교이다. 기독교 긍휼학교는 앞에서 논의한 기독교 수월성학교와는 대비되는 학교로서 엘리트 양성보다는 소외된 학생들에 대한 기독교적 긍휼을 실천하는 학교이다. 대안기독교학교는 '기독교성'보다는 '대안성'을 보다 더 강조하는 입장의 학교로서 오늘날의 교육 현실, 특히 근대주의 교육의 한계에 대한 대안으로서의 교육을 추구하는 학교이다. 참대안학교는 대안기독교학교에 속하면서도 '기독교성'이 거의 학교 전반에 스며들어 굳이 '기독교 학교'로 구별되지 않는 듯이 보이는 학교로서 일반 대안학교와 연대하고 소통하는 데에 아무런 어려움을 느끼지 않는 학교이기도 하다.

이러한 기독교 대안학교의 유형 분류에 따라 한국의 기독교 대안학교 각 유형에 따른 특성을 분석하였다.[3] 위의 기독교 대안학교의 여섯 유형 중, 대안기독교학교와 참대안학교는 그 특성이 중첩되는 측면이 많아서 '대안기독교학교'로 통합하여 다섯 가지의 유형, 즉, 기독교 미인가학교, 기독교 수월성학교, 기독교 국제학교, 기독교 긍휼학교, 대안기독교학교로 분류하였다. 기독교 대안학교를 의미있게 유형화하고 범주화함으로써 기독교 대안학교들을 구분하는 기준을 제시하였다. 이러한 유형화, 범주화는 기독교 대안학교의 정체성 확립과 기독교 대안학교에 대한 평가 또는 연구에 의미있는 기준을 제시하는 데 공헌할 수 있을 것이다.

기독교 대안학교의 유형별 성격

기독교 대안학교의 유형을 국제성, 수월성, 긍휼성, 대안성, 기독교성 중 어떤 정체성을 더 강조하느냐에 따라 기독교 국제학교, 기독교 수월성학교, 기독교 긍휼학교, 대안기독교학교, 기독교 미인가학교 등으로 분류하고, 마지막 기독교 미인가학교는 기독교성과 함께 대안성을 강조하는 학교와 기독교성과 함께 수월성을 강조하는 학교는 성격이 상이하기 때문에 이 두 가지 유형을 구분하였다. 기독교 대안학교의 유형을 분류하여 최종적으로 확정된 문항에 따라 각 유형을 설명하면 다음과 같다.

■ 기독교 국제학교

기독교 국제학교는 졸업생의 상당수가 외국의 대학교 진학을 목표로 하는 학교로서, 교육과정은 외국 교육과정을 사용하거나 참고하며, 대부분의 수업을 외국어로 진행하고, 국제화 시대에 부응하기 위한 외국어 교육을 강조하는 학교이다. 기독교 국제학교는 국제성을 가장 강조하고, 그 다음으로 기독교성을 강조하

---

3 본 내용은 박상진·조인진(2011) 신앙과 학문, 제16권 3호의 일부를 수정한 것이다.

고 있다. 또한, 기독교 국제학교는 기독교 수월성도 함께 강조하는 경향을 지니고 있는데, 이는 기독교 국제학교가 기독교 학교이면서 국제성을 추구하는 분명한 정체성을 지니고 이는 '인재 양성'이라는 수월성 교육의 가치를 공유하고 있음을 알 수 있다. 이에 비해 상대적으로 대안성과 긍휼성은 낮게 나타나고 있는데, 이는 기독교 국제학교가 기독교 수월성학교나 기독교 미인가학교와는 유사한 성격을 지니는 반면, 대안기독교학교나 기독교 긍휼학교와는 다른 정체성을 지니고 있음을 보여주고 있다.

■ 기독교 수월성학교

기독교 수월성학교는 기독교 엘리트 인재 양성을 중요한 교육목표로 삼는 학교로서 학생 선발 시 성적을 중요하게 고려하며, 학생 선발 시 부모와 자녀의 신앙을 중요한 기준으로 고려할 뿐 아니라 부모 신앙교육 프로그램을 강조하는 학교이다. 기독교 수월성학교는 기독교 수월성, 기독교성, 대안성이 높게 나온 것에 비해 국제성과 긍휼성은 상대적으로 낮은 수치를 가지고 있다. 이는 기독교 수월성학교는 기독교 국제학교의 특성을 공유하고 있지는 않으며, 소외된 학생에 대한 긍휼의 교육을 강조하는 학교와는 거리가 있음을 보여주고 있다.

■ 기독교 긍휼학교

기독교 긍휼학교는 인재 양성보다는 기독교적 긍휼에 입각하여 사회에 적응하지 못한 학생들에 대한 사회적응 훈련을 중요하게 여기며, 학생 선발 시에 다른 학교에 적응할 수 없는 학생들을 주 대상으로 하는 학교이다. 기독교 긍휼학교의 경우는 긍휼성, 대안성, 기독교성이 높은 수치를 나타내고 있다. 즉, 기독교 긍휼학교는 대안기독교학교, 그리고 기독교 미인가학교의 정체성과는 공유하는 부분이 많음을 알 수 있다. 반면에 국제성과 기독교 수월성은 상대적으로 낮은 수치를 나타내 보이고 있는데, 이는 기독교 긍휼학교가 추구하는 가치가 기독교 국제학교나 기독교 수월성학교가 추구하는 그것과 차이가 있음을 보여준다.

■ 대안기독교학교

대안기독교학교는 정의와 평화를 기독교 교육의 중요한 가치로 인식하는 학교로서 학교의 의사결정에 있어서 학생자치회가 중요한 역할을 담당하며, 소외된 학생들을 돌보며, 학생들의 전인적 치유에 관심을 갖는 학교이다. [그림 Ⅱ. 1]에서 볼 수 있듯이, 대안기독교학교는 대안성, 기독교성, 긍휼성은 높게 나타났지만 그에 비해 국제성과 기독교 수월성은 상대적으로 낮게 나타났다. 이는 대안기독교학교의 정체성과 그 특성을 잘 보여주는데 대안성이 높을 뿐 아니라 기독교성과 긍휼성이 강하며, 기독교 미인가학교와 기독교 긍휼학교와 많은 유사성을 지니고 있음을 나타낸다. 그러나 기독교 국제학교나 기독교 수월성학교와는 오히려 상이성이 많은 특징을 지니고 있다고 할 수 있다.

■ 기독교 미인가학교(대안)

기독교 미인가학교는 현 학교교육의 진정한 대안은 기독교 교육이라고 확신하고 기독교적 교육을 추구하는 학교로서, 기독교적으로 재구성된 교과를 가르치는 것을 중요시하는 학교이다. 이러한 정체성과 함께 기독교 미인가학교 중 대안성을 보다 강조하는 학교이다. 기독교 미인가학교를 대안성을 강조하는 기독교 미인가학교와 수월성을 강조하는 기독교 미인가학교로 나누어 볼 때, 이런 학교들은 기독교성을 강조하면서 동시에 대안성을 강조하며, 기독교 수월성과 긍휼성, 그리고 국제성은 상대적으로 낮게 나타나고 있음을 알 수 있다. 이 유형의 성격을 방사형 표로 나타내면 [그림 Ⅱ. 1]과 같다. 대안성을 강조하는 기독교 미인가학교는 대안기독교학교만큼 대안성을 강조하는 것은 아니지만 기독교성 다음으로 대안성을 강조하고 있고, 대안기독교학교가 그러하듯이 기독교 수월성이나 국제성을 덜 강조하는 경향이 있다.

■ 기독교 미인가학교(수월성)

기독교 미인가학교 중 기독교 수월성을 강조하는 학교들은 기독교 미인가학교(대안)와 같이 기독교성을 가장 많이 강조하고 있지만, 대안성보다는 기독교 수월성을 보다 더 강조한다는 점에서 차이가 있다. 또한, 긍휼성이 가장 낮게 나타나는

 기독교 대안학교 교사로 바로서기

것은 수월성을 강조하는 기독교 미인가학교가 기독교 수월성학교와 공통적으로 지니는 특성이라고 할 수 있다.

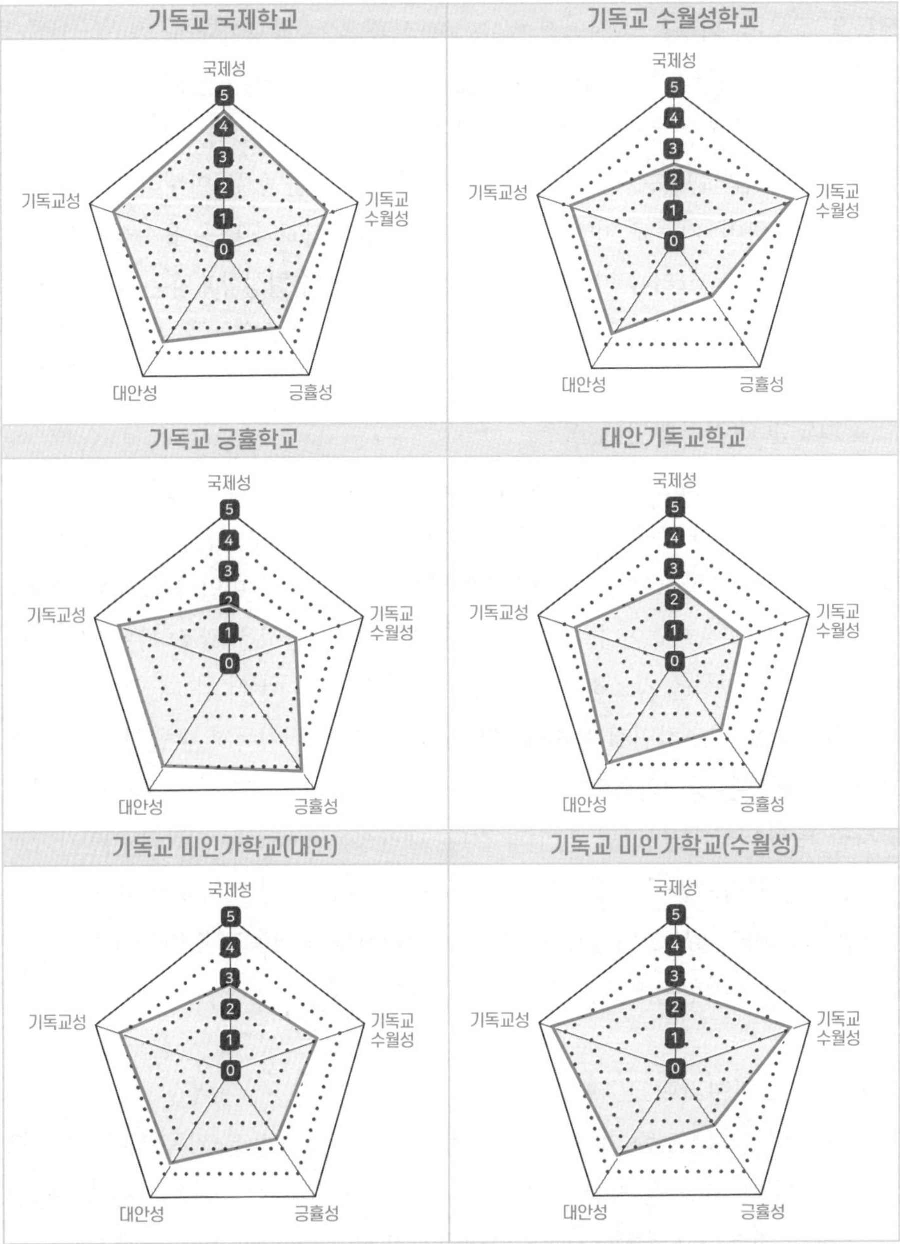

[그림 II. 1] 기독교 대안학교의 유형에 따른 성격

학교 유형에 따른 성격 차이

기독교 대안학교의 학교 유형에 따라 유형화 성격이 어떻게 다른지 즉, 국제성, 수월성, 긍휼성, 대안성, 그리고 기독교성이 각 유형별로 어떤 차이를 나타내는지를 살펴보면 다음과 같다.

국제성은 국제화 시대에 걸맞는 인재를 양성하려는 목적으로 외국어 교육을 강조하는 특징을 지니는데, 이러한 성격이 가장 강조되는 학교는 물론 기독교 국제학교이다. 그러나 많은 기독교 대안학교들이 영어, 중국어 등의 외국어 교육을 강조하고 있고 일정 기간 외국에 연수를 보내는 경향이 있다. 즉, 정도의 차이는 있지만 모든 기독교 대안학교들은 국제성을 지니고 있다고 볼 수 있는데, 대안성을 강조하는 기독교 미인가학교가 기독교 국제학교 다음으로 국제성을 강조하는 학교인 것으로 나타나고 있다. 대안성을 강조하는 기독교 미인가학교가 수월성을 강조하는 기독교 미인가학교보다 더 국제성을 강조하는 경향이 있는 것은 흥미로운 결과이다. 기독교 미인가학교(대안)가 외국의 대안학교와의 교류나 국내에서의 공부보다 해외 체험이나 연수를 강조하는 경향이 이러한 결과에 영향을 주었을 가능성이 있다. 국제성이 가장 낮은 학교는 기독교 긍휼학교로서 학생들의 사회 적응에 우선적인 목적이 있고 외국 유학이나 해외 연수를 부담할 수 있는 경제적인 조건이 되지 못하는 점 등을 참고할 수 있다.

긍휼성은 사회에 적응하기 어려운 학생들에게 긍휼을 실천하는 성격을 지니고 있는데, 이러한 성격이 가장 강조되는 학교는 기독교 긍휼학교이다. 이러한 긍휼성이 가장 낮은 학교는 기독교 수월성학교로서 기독교 인재 양성을 추구하는 것과 상치되는 면이 있다고 볼 수 있다. 수월성과 긍휼성 모두 기독교적 가치를 지닌다고 볼 수 있는데 어떤 가치를 우선적인 교육 가치로 여기느냐에 따라 전혀 다른 유형의 기독교 대안학교의 모습으로 나타날 수 있음을 보여준다. 기독교 긍휼학교 다음으로 긍휼성이 높은 유형의 학교로 드러난 학교가 기독교 국제학교이다. 이는 일반적으로 기독교 국제학교를 엘리트 학교로만 인식하고 있는 것과는 상치되는데, 기독교 국제학교가 기존의 학교나 사회에 적응하지 못한 학생들에 대해 긍휼의 교육을 실천하는 면이 있음을 보여주는 결과이다.

 기독교 대안학교 교사로 바로서기

기독교성은 기독교 교육이 기존의 교육에 대한 진정한 대안임을 확신하고 기독교적인 교과와 가르침을 강조하는 성격을 의미하는데, 유의미한 차이는 기독교 미인가학교(수월성)와 대안기독교학교의 차이이다. 기독교성이 가장 높은 학교 유형이 수월성을 강조하는 기독교 미인가학교인데, 교과에 대한 기독교적 재구성을 중요시하고 모든 교육에서 기독교적 가르침을 실천하려는 경향이 강함을 알 수 있다. 이에 비해 대안기독교학교는 기독교성보다 대안성을 강조하는 특성을 지니기 때문에 오히려 일반 대안학교의 성격을 강하게 지니는 학교인 셈이다. 이러한 대조는 기독교성과 대안성의 차이, 그리고 기독교 학교와 대안학교의 차이를 보여준다고 할 수 있다.

기독교 대안학교의 자기 유형 인식

기독교 대안학교의 구성원들이 자신의 학교를 어떤 유형으로 인식하고 있는가? 기독교 대안학교의 학교장과 교사가 자신이 속해 있는 학교에 대해 각자 인식하는 기독교 학교 유형은 다음과 같다.

자신이 속한 학교를 기독교 국제학교라고 응답한 경우를 살펴보면, 기독교 국제학교가 가장 높았는데 88.5%였으며, 기독교 미인가학교(대안)가 자신의 학교 유형을 기독교 국제학교라고 응답한 경우가 21.3%, 기독교 미인가학교(수월성)가 11.5%의 순으로 나타났다.

자신이 속한 학교를 기독교 수월성학교라고 응답한 경우를 살펴보면, 기독교 미인가학교(수월성)에서 6.9%가 응답했으며, 기독교 국제학교(3.8%), 기독교 긍휼학교(3.7%), 기독교 미인가학교(대안)(2.1%)의 순으로 뒤를 이었다.

자신이 속한 학교를 기독교 긍휼학교라고 응답한 경우는 기독교 긍휼학교에서 7.4%의 비율로 응답했으며, 자신이 속한 학교를 대안기독교학교라고 응답한 경우는 기독교 긍휼학교에서 63.0%로 가장 높게 응답하였고, 대안기독교학교(47.4%), 그리고 기독교 미인가학교(수월성)와 기독교 미인가학교(대안)이 각각 44.8%,

44.7%의 비율로 응답하였다.

자신이 속한 학교를 기독교 미인가학교로 응답한 경우를 살펴보면 기독교 수월성학교에서 53.8%가 응답했으며, 대안기독교학교에서 52.6%가 응답하였고, 기독교 미인가학교(수월성)와 기독교 미인가학교(대안)가 각각 36.8%, 31.9%의 비율로 응답하였다.

전체적으로 기독교 대안학교들의 자기 인식은 기독교 미인가학교 또는 대안기독교학교였으며, 기독교 국제학교의 경우는 선명하게 기독교 국제학교로 자신을 인식하는 경향이 있다.

기독교 대안학교 유형 분류의 의미

기독교 대안학교를 기독교 국제학교, 기독교 수월성학교, 기독교 긍휼학교, 대안기독교학교, 기독교 미인가학교 등으로 유형화할 때의 의미는 다음과 같다.

첫째, 각각은 국제성, 수월성, 긍휼성, 대안성, 기독교성을 가장 강조하는 유형임과 동시에 다른 정체성을 어느 정도 공유하고 있음을 알 수 있다. 기독교 국제학교의 경우는 국제성 외에 기독교성과 수월성을 공유하는 경향이 있으며, 기독교 수월성학교는 수월성 외에 기독교성을, 기독교 긍휼학교의 경우는 긍휼성 외에 대안성을, 대안기독교학교는 대안성 외에 기독교성을, 기독교 미인가학교은 대안성 또는 수월성을 각각 공유하는 경향이 있다.

둘째, 각 유형 안에는 그 정체성과 대치적 성격을 지니는 특성이 약하게 나타남으로써 그 유형의 성격을 분명히 하고 있음을 알 수 있다. 기독교 국제학교의 경우는 국제성이 강한 반면 긍휼성이 가장 약하고, 기독교 수월성학교도 수월성이 강한 반면 긍휼성이 약하다. 반대로 기독교 긍휼학교는 긍휼성이 강한 반면 국제성이 약하고, 대안기독교학교도 대안성이 강한 반면 국제성이 약하다. 기독교 미인가학교(대안)는 기독교성과 대안성이 강한 반면 국제

성이 약하며, 기독교 미인가학교(수월성)는 기독교성과 수월성이 강한 반면 긍휼성이 약하다.

셋째, 기독교 대안학교들의 자기 인식에 있어서는 전체적으로 자신의 학교를 기독교 미인가학교 또는 대안기독교학교로 인식하는 경향이 있다. 그러나 기독교 국제학교의 경우는 상대적으로 분명하게 자신을 기독교 국제학교로 인식하는 경향이 있음을 알 수 있다. 그리고 자기 인식에 있어서 '수월성'이나 '긍휼'과 같은 가치가 분명히 드러난 용어에 대해서는 이를 회피하는 경향이 있다.

넷째, 기독교 대안학교의 유형화는 그 학교가 지니는 정체성과 특성을 드러내주는 것이기 때문에 때로는 명칭과 일치하지 않는 경우가 있을 수 있다. 예컨대 몇몇 국제학교라는 명칭을 지니고 있는 학교들이 기독교 국제학교로 유형화되지 않고 기독교 수월성학교, 대안기독교학교, 또는 기독교 미인가학교로 분류된 경우도 있는데, 이는 국제학교라는 이름을 갖고 있지만 그 학교의 실제적인 정체성과 특성이 국제성보다는 다른 성격을 강조하고 있기 때문이다. 이 점에서 이러한 유형화는 그 학교의 실제적인 정체성을 드러내 준다는 점에서 의미있는 작업이라고 할 수 있다.

다섯째, 기독교 대안학교들에 대한 이러한 유형화는 동일 유형 간에 보다 밀접한 교류가 필요함을 보여준다. 동일한 정체성을 추구하고 유사한 성격을 지니기 때문에 교육과정과 교육활동에 있어서 이들 학교 간의 상호교류가 서로에게 도움을 줄 수 있다. 동시에 상이한 성격을 지니는 학교 간에도 서로에 관한 관심을 가지고 상이점을 배우고 서로에게 영향을 줄 수 있다면 더욱 균형 있고 통합적인 기독교 대안교육을 추구할 수 있는 가능성이 있다. 이 점에서 유형 분류는 기독교 대안학교들이 지니는 공통점과 상이점이 무엇인지를 보여주고, 원활한 교류를 촉진하는 지도의 역할을 할 수 있다.

여섯째, 기독교 대안학교의 유형 분류는 유사 성격에 대한 더 분명한 구분을 위한 연구를 요청한다. 기독교 국제학교와 기독교 수월성학교는 둘 다 '국제성'을 추구하는 것은 아니지만 '수월성'을 추구하는 경향이 있다. 대안기독교학교와 기독교 긍휼학교는 그 경계가 명확하지 않은데 이는 '대안성'과 '긍훌성'이 중복될 수 있는 경향이 있기 때문이다. 이러한 유형 간의 차이를 보다 선명하게 구분할 수 있는 기준과 경계를 명확히 할 수 있는 요소가 무엇인지를 규명하고 이를 반영하는 추후 연구가 필요하다.

| 생각해보기 | ➡ 하나의 기독교 대안학교 사례를 들어서 기독교 대안학교 유형으로 분류하여 보자.

기독교 대안학교 2부

7. 기독교 대안학교 운영

본 장에서는 기독교 대안학교의 운영 전반에 대하여 개괄하여 보고자 한다. 본 내용은 저자가 기독교 대안학교를 운영하면서 경험한 것으로 교육현장의 실제 모습을 담고 있다. 그러나 학교의 특성과 규모, 학교구성원에 따라 학교운영의 차이가 있을 수 있다.

[학교의 Vision, Mission Statement, Core Value]

- Vision:
- Mission:
- Core Value:
- 학교의 비전, 미션, 핵심가치가 명확하게 설정되고 진술될 필요가 있다. 이는 학교의 정체성을 명확하게 드러내고 기독교 학교를 일반 학교와 구분할 수 있도록 한다. 학교의 비전과 미션은 공동체 구성원 모두가 함께 공유해야 한다.
- 비전은 한 문장으로 간결하게, 미션은 구체적으로 진술하고, 핵심가치는 비

전과 미션을 구체적으로 실천할 행동강령으로 진술한다.
- 학교의 비전과 미션, 핵심가치는 학교운영의 전반 즉, 교육과정과 교사들의 수업에 적용되어야 한다.

[전략적 기획]

- 학교의 비전과 미션을 달성하기 위해 장기적인 전략적 기획이 필요하다. 그리고 이것을 달성하기 위해서 모든 가능한 자원이 동원되어야 한다.
- 비전과 미션을 반영한 본교의 특성있는 교육과정을 개발하고, 교육과정을 교실에서 실현해 줄 우수한 역량의 교사를 선발하기 위한 전략을 준비한다.
- 전략적 기획은 미션과 일치해야 하고 미래에 대한 정보와 시장조사 정보를 구성원들과 공유한다. 측정지표를 활용하여 과학적 근거와 자료를 기반으로 계획해야 한다.
- 전략적 기획의 가장 중요한 것은 향후 10~20년 후에 살아남는 학교로 준비하는 것이다. 전략적 기획은 5년마다 수정한다. 매년 전략적 기획이 잘 실행되고 있는지 이사회 또는 구성원들에게 보고한다.
- 전략적 기획을 실행하기 위해서 각 부서의 책임자들과 협약을 한다. 그 책임자가 각 부서의 실행 상황을 늘 보고하고 구체적으로 진행되도록 한다.

[조직]

- 교장은 학교의 교육행정가로서 분명한 소명의식이 있어야 한다. 기독교 세계관에 기초한 교육과정을 개발하고 운영할 수 있는 전문성을 갖추고, 교직원들을 채용하고 교육하며, 학생을 지도하고 관리하는 등 학교운영 전반의

책임을 맡는다. 교장은 교사들의 전문적인 장학을 담당하고 구성원들 간의 업무를 조정하며, 학부모와 소통하면서 대내외적으로 학교를 대표한다.
- 이사장은 학교 경영자로서 5~10년 비전을 제시하며, 재정 및 후원을 포함한 학교의 전략적 기획과 리더십을 관리하는 최고 경영자이다. 학교를 외부 공동체에 소개하는 역할을 담당한다.
- 이사회는 이사장과 이사회가 있고, 이사회가 이사장과 교장을 임명한다. 이사회는 과거와 현재의 학부모로 구성한다. 이사회의 구성은 학교의 비전과 미션에 헌신된 자로서 학교를 이해하고 지지한다.
- 교직원은 기독교인으로서 분명한 소명의식을 가지고 학교의 비전에 동의하고 헌신하는 자로서 기독교 가치관에 기초하여 학교 업무를 실행한다. 교육 행정가와 교사, 행정 직원 간에 관계가 원만하게 대화로 소통하고 학생에게 유익이 되는 일에 우선순위를 둔다.

[교육과정]

- 학교의 비전과 목적이 교육과정 편성과 운영에 반영되어야 한다. 기독교 세계관에 기초한 교육과정을 개발하여 운영한다. 모든 교과에 기독교 세계관 통합교육을 실천한다.
- 학생들은 하나님의 형상으로 창조된 존귀한 존재이면서 개별적으로 다양한 은사를 부여받아 개성과 다양성을 지니고 있다. 따라서 학생의 성장 잠재력을 충분히 개발할 수 있도록 교육과정이 제공되어야 한다. 이러한 학습자관은 수업방법이나 평가에도 동일하게 적용한다. 평가는 절대평가, 과정평가, 수행평가로 진행한다.
- 학생들의 성장을 위해 학년 내에서는 균형있게, 학년 간은 연계성을 고려하여 체계적으로 설계되어야 한다. 교육과정은 교사들이 협력하여 공동의 노력으로 개발하고 운영한다.

- 교육과정에는 학생들이 다양한 활동을 할 수 있도록 교과 활동뿐만 아니라 비교과 활동(창의적 체험활동)도 충분히 편성하여 운영한다. 즉, STEAM 프로그램, 스포츠활동, 동아리 활동, 봉사활동, 진로활동, 자율활동(학교행사, 학생자치활동), 독서활동 등을 편성 운영한다.
- 독서교육은 기초기반 학습능력을 강화하기 위해 강조되어야 한다. 교과별 필독도서와 추천도서를 선정하여 교과별로 수업에서 독서지도를 하고, 추가로 학년별로 추천도서를 선정하여 국어과 교사 또는 도서관 사서 교사가 독서교육을 운영하도록 하여 기초 역량을 함양한다.
- 영성 훈련과 더불어 세계 시민 교육, 민족 주체성 교육, 공동체 훈련, 수월성 교육 등을 제공한다.
- 주기적으로 교육과정 편성과 운영을 평가한다.

[예체능 활동의 중요성]

- 삶을 풍요롭게 하고 자신을 표현하는 방법의 하나로 예체능 활동이 학교 안에서 충분히 제공되어야 한다. 예체능 활동은 청소년기의 학생들에게 정서적인 만족감과 안정감을 주고 영성 훈련과 연결될 수 있다.
- 스포츠 활동과 체육 교과는 구분한다. 체육은 교과 활동 영역이고 스포츠 활동은 비교과 활동(창의적 체험활동) 영역 또는 방과후 활동이다. 예능 활동도 음악, 미술 교과와 비교과 활동, 방과후 활동으로 구분할 수 있다.
- 예체능 교과와 활동을 통해서도 학교의 가치를 달성하기 위해서 노력해야 한다. 예체능 담당 교사나 방과후 활동 담당 외부 강사들도 학교의 비전과 미션, 가치를 공유하도록 한다. 그래야 학생들에게 일관성 있는 교육을 할 수 있다. 학생들이 활동에 참여할 때 이것에 대한 동의서를 받는다.
- 예체능 활동에서 결과에 대한 것이 아니라, 노력에 대한 성취감을 맛보게 해야 한다.

[영성 훈련]

- 다양한 영성 프로그램을 마련하여 청소년기에 창조주에 대한 믿음과 영적인 자아 발견, 공동체 안에서 헌신적인 삶을 살아가는 훈련을 한다.
- 학생 스스로 서로를 위하여 기도하는 가운데 영적 교감과 정서적 일체감을 통하여 진정한 형제애와 선후배 간의 영적 후원자가 되도록 지도한다.
- 주일을 성수하도록 가르치고, 기독교 세계관을 통합한 교육과정으로 세상 속에서 기독교인으로서의 삶을 실천할 수 있도록 영성 교육을 감당해야 한다.
- 학생들이 졸업하기 전에는 하나님을 인격적으로 만나서 기독교인으로서의 신앙고백을 할 수 있도록 한다.

[교사 채용]

- 좋은 교사를 선발하고, 잘 훈련하는 일은 기독교 학교에서 매우 중요하다.
- 교사를 임용할 때 학교의 비전과 미션에 동의하는 교사, 직업으로서가 아니라 사역자로서 헌신할 수 있는 교사, 학생들을 인격적으로 대하고 학부모와 소통할 수 있는 교사, 동료 교사들과 협력할 수 있는 교사를 임용한다.
- 교사로서 전문적인 역량을 향상하고자 하는 성장 욕구를 지닌 교사가 바람직하다.

[교사교육]

- 교사교육을 통해서 기독교 세계관을 갖춘 기독교 대안학교 교사로서의 전문

성을 함양한다.
- 교사교육은 주기적으로 주제를 가지고 진행한다. 1년에 2번은 개학을 앞두고 최소 3일에서 1주일 동안 학기 준비교육, 1년에 4번은 1일 교육, 1주일에 1번은 1시간 교육한다.
- 신입 교사와 재교육이 필요한 교사 등을 대상으로 1년 동안 프로그램을 정해서 교사교육을 한다. 신입 교사는 1년은 의무로, 2년 차까지는 선택으로 교사교육을 한다.
- 신입 교사교육은 멘토링 형태로, 한 교사당 학과장, 동료 교사, 선배 교사 등의 멘토를 배정한다.
- 교사평가는 교장, 교감, 학과장 등이 수업 장학과 함께 계속 평가를 한다. 교사는 장학을 통해서 평가보다는 도움을 받는다고 인정할 때 성장한다.
- 전문적 학습공동체(Professional Learning Community : PLC)를 구성하여 교사들이 자발적으로 성장할 기회를 갖는 것이 바람직하다.
- 교수학습지원센터CTL(center for teaching and learning)를 운영하여 교사교육을 담당할 수도 있다.

[학생모집(입학)]

- 학생들이 자동으로 배정되는 것이 아니라 학생모집을 해야 하는 기독 대안학교는 학생모집에 대한 전략을 세우고 학교홍보를 연결하여야 한다.
- 재학생과 학부모의 교육만족도를 높여서 졸업생, 재학생 학부모들 자체가 홍보 효과를 높일 수 있도록 한다.
- 신입생 입학 시에 학부모들에게 학교의 비전과 미션에 대한 동의 여부를 철저하게 물어야 한다. 이 부분이 선명하지 않으면, 학부모들이 입학 후에 학교에 대해 세속적인 가치와 요구를 할 수 있다. 그렇게 되면 학교는 비전과 사명에 집중할 수 없고 달성할 수도 없다.

- 공교육이나 다른 학교들에 경쟁력을 갖출 수 있도록 수요자 중심 교육을 실천하고 이를 입학홍보에서 활용한다. 기독교 학교의 차별화된 교육과정 운영이 학생들의 열매로 귀결되어 탁월성을 인정받으면 학생모집으로 순조롭게 이어진다.

[학생 생활지도]

- 생활지도는 가정에서 부모와 함께 하는 것이다. 학교는 규칙을 알려주고, 그것을 가정에서도 같이 지키도록 한다. 학생들의 생활지도는 스스로 정리정돈과 청결 등 자기관리, 타인을 배려하고 함께 살아가는 데 필요한 언어와 행동 등 관계능력에 대해 교육한다.
- 문제 있는 학생은 전문적으로 상담하고, 부모와도 상담한다. 부모는 교장, 교감이 상담하고, 상담이 필요한 학생은 상담교사와 연결한다.
- 학기 초에 학생들에게 학교 생활에 대한 핸드북을 주고 학교규정에 대해 교육한다. 부모들에게도 동일하다.
- 공동체가 함께 지켜야 할 규정을 엄격하게 적용하는 것은 앞으로 세상 속에서 기독교인으로서 책임을 다하게 하는 훈련이다.
- 전자 기기의 사용규정과 오용에 대한 예방 교육, 성인지교육, 안전교육, 학교폭력 예방교육 등을 진행한다.
- 세상적인 인본주의, 물질주의, 향락주의, 폭력적이고 자극적인 문화를 초월하여 기독교인으로서 분별력을 가지도록 교육한다.

기독교 대안학교 교사로 바로서기

[학생 자치활동]

- 학생들이 자율적으로 건전한 학생문화를 창출해 나갈 수 있도록 다양한 학생자치활동을 지원한다.
- 학생회를 구성하여 학생 대표를 통한 의견 수렴과 학생 대표로서의 책임감을 함양한다.
- 학생자치법정을 운영하여 학생들이 자율적으로 공동 생활에 대한 규정과 규율을 스스로 만들어 지키고 이에 대한 위반에 대해 자치적으로 판단능력을 기른다.
- 학교 홍보대사를 선발하여 학생들 스스로 학교에 대한 긍정적인 태도와 자존감을 가지고 학교를 외부에 홍보하고 설명하게 한다.
- 방송국, 신문부 등의 언론매체를 운영, 지원하여 학생들 스스로 매체제작을 경험하게 하고, 학교 소식 알리미로서의 역할을 담당하게 한다.

[진로·진학지도]

- 진로·진학지도는 학생들을 명문 대학에 진학시키는 것이 아니라 학생의 학습능력을 강화하여 실력 있는 학생으로 성장하도록 돕는 것이다. 진로 진학 상담을 통하여 학생들의 비전과 목표를 분명하게 확인시켜주고, 그 목표를 달성하려는 방법을 정확하고 상세하게 제시한다.
- 진로지도를 통하여 학생들에게 자신감을 키워줌으로써 학생들 스스로 자신의 은사와 잠재력을 발견하고 자신의 재능을 끊임없이 발전시킬 수 있도록 격려한다.
- 학년별로 각각 핵심적인 진로지도 목표를 가지고 학년별 전문담당교사가 지속적인 심층 상담을 통해 진로에 따른 로드맵을 설정하여 중·장기적인 학업

계획을 실행하도록 지도한다.
- 중학교 학생들에게는 진로캠프를 통하여 학생들이 다양한 직업군에 대한 정보를 얻게 하고 교내외 동아리 및 봉사활동 경험과 진로설계를 통하여 개인의 구체적인 직업군 경험을 하게 한다.
- 고등학교 학생들은 진학캠프를 통해 대륙별, 국가별 대학진학에 대한 정보를 얻도록 한다. 매년 컬리지페어를 통해 동문과 만남을 주선하고, 국내외대학 방문설명회를 열어 학생들의 진학을 돕는다.
- 학생들에게 진로·진학상담을 통해서 교과학습뿐만 아니라 삶에 있어서 인성발달이 얼마나 중요한 영향을 미치는지 알려준다. 영성, 인성, 지성이 조화롭게 성장하도록 지도한다. 진학지도에서 중요한 것은 학교교육의 열매가 자연스럽게 진학의 결과로 귀결될 수 있도록 하는 것이다.

[학교 행정]

- 학교 행정은 교육목적을 효율적으로 달성하기 위한 행정 전담 직원을 두고 전문분야별로 나누어 효율적으로 운영한다.
- 학교 행정 직원들을 위한 훈련, 업무 규정, 업무 메뉴얼을 마련하고, 학생 기록에 관한 정보의 수집, 보존, 활용에 대한 일정한 지침을 가지고 적법한 절차를 거쳐 처리한다.
- 학교 행정을 위한 인사관리, 시설 설비, 비소모품 관리는 적절하고 효율적으로 실행한다.

기독교 대안학교 교사로 바로서기

[학교재정]

- 학교재정은 법인예산과 학교예산으로 나누고, 학교수입과 지출이 상계될 수 있도록 하는 것이 바람직하다. 수입은 입학금, 수업료 등의 교육 수입, 각종 수익자부담경비(방과후 활동비, 체험학습비 등), 시설사용료, 수수료 등의 행정활동 수입, 법인 이전수입, 지방자치단체 이전수입 등의 이전수입 등이 있다. 지출은 교직원 보수, 교직원 복지 등의 인적 자원 운용비, 학생복지비, 교육활동비, 교육활동지원비, 학교 일반운영비, 시설확충비, 예비비 등이 있다.
- 대체로 수입에서는 교육수입, 법인 이전수입 순으로, 지출에서는 인적자원운용비, 교육활동비, 학교 일반운영비 순으로 비율이 높다.
- 교육비는 제공하는 교육서비스(탁월한 교육과정과 교육환경)의 질에 대비하여 고려할 수 있다. 교육의 질이 높지 않으면 교육비가 높은 것은 문제될 수 있다.
- 저소득층 학생들이나 목회자·선교사 자녀의 경우, 후원을 통해서 장학금을 마련한다.
- 학교재정은 적절하고 공정한 절차에 의해 정확하게 운영되고, 이사회의 승인 절차와 정기적으로 집행을 평가받는다.

[후원 모금]

- 후원 모금은 비전을 공유할 수 있는 개인, 기관, 교회들과 관계를 맺고, 비전을 함께 나눌 기회를 주는 것이다. 후원에 참여함으로써 기독교인으로서의 소명을 회복하도록 한다. 후원자들과 끊임없이 연결하여 소식을 전하고 주기적으로 비전을 나눌 기회를 갖는다. 이러한 모임에서는 모금에 관한 이야기보다 학교나 학생들의 감동적인 스토리텔링을 한다.
- 후원담당자들은 학교의 비전, 미션, 핵심가치, 전략적 기획에 대한 높은 기대

감을 지니고 있어야 한다. 이는 후원 모금에 대한 동기유발이 되는 것이다. 전략적 기획이 있어야 모금을 잘할 수 있다. 후원자들에게 비전을 제시하고, 그들에게 믿음과 희망을 갖도록 한다.
- 장기적인 목표를 가지고 기금을 마련해야 한다. 졸업생 학부모, 조부모들과도 계속 관계를 맺고 모금을 연결한다.
- 기부하신 분들을 대상으로 전화를 드리고, 어떻게 사용하고 있는지를 이야기하며 관계를 유지한다. 기부자의 날 행사를 정해서 점심이나 저녁 식사를 함께하면서 기부금 사용에 대해 보고한다.

[학부모와의 소통]

- 기독교 학교는 학부모와 소통이 중요하다. 자녀교육에 대한 적극적인 태도를 가지고 교육에 관심이 많은 학부모가 기독교 학교에 자녀를 보내기 때문이다. 또한, 학교운영 예산 중 학부모가 부담하는 교육비 비율이 높으므로 학부모에 대한 정보공유와 수요자 서비스를 강화해야 한다.
- 학교안내자료를 정기적으로 발행하거나 학교 홈페이지에 올려서 학교운영의 주요 내용 및 정책, 절차, 자료들을 안내한다.
- 학부모와 소통할 수 있는 통로를 다양하게 구성한다. 홈페이지의 학부모의견란으로 쌍방향 소통을 하는 방법, 교직원의 연락처(업무 전화번호, 이메일)를 학부모들에게 오픈하여 학교운영에 대한 의견을 받거나 자녀의 학교생활에 대해 상담하는 방법, 학부모대표회와 학교의 다양한 위원회(학교운영위원회, 급식위원회, 학교폭력대책위원회, 도서관운영위원회 등)의 위원으로 참여시키는 방법이 있다.
- 자원봉사로서 학부모 진로캠프 강사, 학부모 특강, 입학 홍보 등 재능기부를 통하여 학교와 학생들에게 도움을 주고, 학생들의 학교생활을 이해시키는 방법을 활용한다.
- 자녀의 문제를 교직원들과 상담하면서 가정과 학교가 함께 문제 해결을 하

는 방법 등이 있다.
- 교장, 교감, 담임교사, 상담교사, 행정 직원 누구든지 학부모와의 소통에 적극적으로 임한다.

[교육환경]

- 학교의 모든 시설과 환경은 안전하게 법적 사항을 준수하여 청결하게 관리한다. 학교 건물을 잘 구조화하여 학생들의 동선이 효율적으로 이루어지도록 한다.
- 대·중·소규모의 교실이 충분히 있고, 채플, 도서관, 식당, 체육관이 있는 건물이 필요하다.
- 실내 체육관은 강당 또는 예배공간으로 사용할 수 있다.
- 학년별 공간, 소그룹 모임 공간, 교사연구 공간, 학생활동 공간, 특별활동실(음악실, 미술실, 과학실, 랩실), 보건실, 상담실, 방송실, 휴게실, 행정실 등을 갖추는 것이 좋다.
- 건물의 중요한 곳에는 비전, 미션, 핵심가치를 게시한다.

[학교 평가]

기독교 대안학교가 정체성을 유지하고 그 본질에 충실하게 운영되기 위해서는 학교운영 전반에 대해 평가하여 교육의 질을 관리하여야 한다. 또한, 학교평가는 기독교 대안학교에 관심이 있는 교육수요자들인 학생과 학부모들에게 기독교 대안학교에 대한 보다 정확한 정보를 줄 수 있다. 더불어 기독교 대안학교의 운영자와 교직원들에게 학교의 비전과 목표설정, 학교운영과 교육활동에 대한 반성과 성찰의 기회를 제공하여 기독교 대안학교 교육의 전문성과 책무성을 강화할 방안을 모색하게 할 것이다.

저자는 앞선 연구에서 기독교 대안학교 평가지표를 다음과 같이 제시하였다(2010). 평가지표 구성 영역으로 교육여건(투입), 교육프로그램(과정), 교육성과(산출) 등으로 확정하여 각 영역에서 필요로 하는 요인들을 구성하였다. 각 영역에서 기독교성과 대안성, 학교성의 요인에 해당하는 내용들을 학교 수준과 학생 수준에서 평가항목, 평가 준거, 평가지표의 차례로 세분화하여 평가지표로 설정하였다. 기독교 대안학교 평가지표를 평가영역, 평가항목, 평가 준거로 구분한 내용은 다음과 같다.

〈표 II. 1〉 기독교 대안학교 평가지표 구성

평가영역	평가항목	평가준거
A. 교육여건	1.1 학교경영 및 재정	1. 학교 비전과 목표설정의 적절성 2. 학교발전계획의 적절성
	1.2 시설(공간)	3. 대안적 학교규모 4. 교육공간의 안정성
	1.3 학부모	5. 학부모의 학교 참여
	1.4 학교장	6. 학교장 리더쉽
	1.5 교사	7. 교직원 신앙 헌신도 8. 교원 확보 9. 교사의 업무 10. 교사역량 개발
	1.6 학생	11. 학생교육여건 12. 저소득층 자녀들의 학교 접근성 13. 학생의 다양성 14. 학생선발의 적절성 15. 학생 보유력
B. 교육프로그램	2.1 교육과정	1. 교육과정 편성과 운영
	2.2 수업	2. 수업운영 3. 수업평가 결과 활용
	2.3 학교문화	4. 학교 문화
	2.4 학생활동	5. 학생활동
	2.5 학생지원	6. 학생지원프로그램 7. 학생 상담
C. 교육성과	3.1 교사	1. 교사 만족도 2. 교사의 교직 안정성 3. 교사와 학생의 관계
	3.2 학부모	4. 학부모 만족도 5. 부모와 자녀 관계
	3.3 졸업생	6. 졸업생과 학교 관계 7. 졸업생 진로
	3.4 재학생	8. 학생 만족도 9. 학생의 영성 성숙도 10. 부적응 학생 11. 기초 학업 보장성 12. 사고력 13. 자아 성숙

➡ 기독교 대안학교 운영에서 중요하다고 생각하는 한 가지를 들어 구체적인 계획을 세워보자.

기독교 대안학교 2부

8. 기독교 대안학교의 교육성과

기독교 대안학교는 기독교 학교일 뿐만 아니라 대안교육의 성격을 지닌다. 물론 일반 대안학교와는 달리 기독교적 특성을 지니지만 일반 학교가 지니는 문제점과 한계성을 극복하는 교육의 추구라는 점에서 대안교육이라는 공통성을 지닌다(박상진, 2006, 49-50). 기독교 대안학교는 기존의 학교에 대하여 '대안'이 되어야 한다는 점에서 대안학교이어야 하지만, 그 대안이 '기독교적'이어야 한다. 따라서 기독교 대안학교는 그 대안성에 대한 기독교적인 확신이 있어야 하며, 이러한 기독교적 일관성은 대안성을 강화하며 동시에 기독교적 기초 위에 있는 대안성이 기독교성을 강화할 수 있는 것이다. 거기에 더하여 기독교 대안학교 역시 학교라는 면에서는 학교로서의 전문성을 지녀야 한다. 기독교 대안학교는 일반 학교와는 달리 기독교 세계관을 가지고 교육을 실천하기 때문에 일반 학교와는 차별화된 관점에서 기독교 학교에 대한 성과가 논의되어야 한다. 기독교 대안학교는 현대 공교육의 문제점과 한계성을 극복하기 위한 교육을 추구한다는 점에서 대안교육의 관점에서도 평가되어야 할 것이다. 더불어 학교로서의 기준에 대한 성과도 평가되어야 한다.

첫째, 기독교 대안학교는 각 기독교 대안학교들이 지향하는 교육관과 교육이

념, 교육과정에 기독교 세계관이 구체적으로 명료하게 체계화되어 운영되고 있는가를 검토하여야 한다. 기독교 대안학교는 성경적 세계관에 따라 지성, 영성, 인성을 갖춘 기독교 인재를 양성하는 곳이다. 일반 학교의 인본주의와는 구분되는 신본주의 즉, 하나님 중심의 교육목표, 내용, 방법으로 하나님의 뜻과 진리에 근거하여 이루어지는 교육이다. 이러한 교육관은 학생들의 삶의 전 영역에 걸쳐 영향을 미칠 수 있도록 학교 교육목적과 교육과정, 학교운영 등 전체 영역에 제시되어야 한다.

둘째, 기독교 대안학교는 기존의 공교육 체제의 획일화된 기준과 내용, 방법에 의존하는 형식적이고 권위적인 학교교육에 문제를 제기하고, 학생 개개인의 다양성과 개성을 인정하고 참여적이며 삶의 가치를 중요시하는 대안적 교육이념을 추구하는지를 검토하여야 한다. 기본적으로 학습자에 대한 학습의 주체로서의 존중과 참여, 학습자에 대한 믿음과 신뢰, 학생 성장에 대한 적극적인 지원, 학생과의 긍정적 관계 유지 등에 관한 준거를 고려한다.

셋째, 기독교 대안학교는 일반적인 학교평가 연구에서 이루어지는 평가지표 중에서 기독교 대안학교에도 적용될 수 있는 기본적으로 학교를 운영하는 데 필요한 항목과 준거들을 고려하여야 한다. 이러한 점에서 기독교 대안학교는 기독교성에 대한 분명한 비전과 목표를 제시하고, 대안학교가 갖는 기존 공교육의 문제 극복을 위한 노력과 학교로서 학생들에 대한 교육역량을 갖추어야 한다.

'기독교 대안학교 교육 성과 분석 연구'[4]에서 제시된 내용을 소개하면서 기독교 대안학교의 교육 성과를 분석하기 위한 평가틀과 기독교 대안학교 구성원들 즉, 학교장, 교사, 학부모, 학생들이 기독교 대안학교의 교육 성과를 어떻게 인식하고 있는지를 살펴보고자 한다. 기독교 대안학교의 교육 성과를 분석하기 위한 평가

---

4   본 내용은 박상진·조인진(2011). 장신논단 제41집, 조인진(2010). 신앙과 학문 제15권 1호의 일부를 수정한 것이다.

영역들로는 학교경영, 교육과정, 교육결과 등으로 확정하여 각 영역에서 대상자별로 평가지표들을 토대로 설문 문항을 구성하여 우리나라 전국에 위치한 정규 전일제 기독교 대안학교 중 32개의 다양한 기독교 대안학교들을 대상으로 설문조사를 실시하고 결과를 분석하였다.

기독교 대안학교의 교육성과 분석에 있어서 기독교 대안학교들이 학교의 비전과 목표를 명료하게 제시하고 실행하였는지, 이를 교육과정에 적용하여 운영하였는지, 그에 따른 교육결과와 만족도는 어떠한지에 대해 평가하였다. 이는 기독교 대안학교들이 학교의 정체성을 더욱 분명하게 할 뿐 아니라 학교로서의 전문성을 신장시킬 수 있는 계기가 될 수 있으리라 기대하였다. 또한, 기독교 대안학교에 관해 관심이 있는 교육 수요자들이나 기독교 대안학교 예비교사들, 정책결정자들에게 기독교 대안학교가 다른 일반 학교와 어떻게 차별화되어야 하는지에 대한 안목을 제공할 수 있을 것이다. 기독교 대안학교가 이루어야 할 교육성과는 무엇이어야 하며, 그러한 교육 성과를 위해 갖추어야 할 교육여건과 교육프로그램은 어떠하여야 하는지에 대해 더 많은 고민이 필요하다.

기독교 대안학교의 교육성과 분석을 위해서 학교장, 교사, 학부모, 학생 등 4개 집단을 대상으로 기초 질문을 포함하여 학교경영, 교육과정, 교육결과 등 3개 영역으로 나누어 설문을 구성하였다. 대상별로 문항은 달리 구성되었으며, 설문지 문항 구성 내용은 〈표 II. 2〉와 같다.

<표 Ⅱ. 2> 설문지 문항구성

	문항 내용	학교장	교사	학부모	학생
학교경영	기독교 학교 비전과 목표의 명료성	2-1	2-1	2-1	
	학교 목표의 공유	2-2	2-2	2-2	
	학교 목표 인식	2-5	2-3	2-4	2-1
	기독교 학교의 비전과 목표 실현	2-9	2-10	2-8	
	학교장의 대안교육에 대한 확신과 실행의지	2-4, 6	2-5	2-5	
	교사의 대안교육에 대한 확신과 실행의지	2-3	2-4, 7		
	학부모와 학생의 대안교육에 대한 확신과 실행의지			2-3	2-2
	학교장의 경영능력(리더십)		2-6	2-6	
	교직원 신앙 헌신도		2-8		
	학부모의 학교운영 참여			2-7	
	학생선발의 다양성	2-7			
	학습자 구성의 다양성	2-8			
	대안적 학교 규모(교사 대 학생 비율)		2-9		
교육과정	학교의 목표와 비전에 따른 교육과정 구성	3-1	3-1	3-1	
	은사/진로지도 프로그램	3-2	3-2	3-2	4-10
	기독교적 교육과정 개발	3-3	3-3, 7	3-3	
	영성 교육 프로그램 운영	3-4	3-4	3-4	
	수업 내 다양한 의사소통 활용	3-5	3-5	3-5	3-1
	공동체적 교육과정 운영	3-6	3-6	3-6	3-2
	학생 참여수업		3-8		
	학생지도활동(상담 등)		3-9, 10		
	부모교육 프로그램 참석			3-7	
교육결과 (만족도)	학교의 비전과 교육목표			4-1	4-6
	학교의 리더십			4-2	4-7
	행정지원			4-3	4-8
	업무분담		4-4		
	교사-학생 관계		4-5	4-5	4-3
	교사의 전문성		4-6		4-14
	부모-자녀 관계			4-1	4-4
	학생(자녀)의 영성			4-2	4-6
	학생(자녀)의 인성			4-3	4-2
	기독교적 비교과활동			4-9	4-9
	기독교적 수업방법			4-10	4-11
	교사의 생활지도			4-11	4-13
	교사 헌신도			4-12	4-12
	기독교적 교육내용				4-1
	기독교적 교육평가				4-7
	은사 및 진로지도				4-8
	자녀의 학업 만족도			4-4	
	학생의 학교 만족도				4-5

🌱 학교경영

기독교 대안학교의 학교경영 영역에 대하여 학교장, 교사, 학부모, 학생들은 다음의 〈표 II. 3〉과 같이 평가하였다.

〈표 II. 3〉 학교경영 영역에 대한 평가

문항	평균(표준편차)				평균
	학교장 (n=19)	교사 (n=219)	학부모 (n=516)	학생 (n=1244)	
기독교 학교 비전과 목표의 명료성	4.95 (.229)	4.25 (.815)	4.46 (.710)	- (-)	4.55
학교목표의 공유	4.47 (.612)	4.00 (.888)	4.26 (.779)	- (-)	4.24
학교목표 인식	4.84 (.375)	4.20 (.758)	4.16 (.732)	3.63 (.968)	4.20
학교장의 대안교육에 대한 확신과 실행 의지	4.13 (.574)	4.42 (.746)	4.42 (.717)	- (-)	4.32
교사의 대안교육에 대한 확신과 실행 의지	4.53 (.513)	3.91 (.691)	- (-)	- (-)	4.22
학부모의 대안교육에 대한 확신과 실행 의지 (학부모 학교목표 동의)	- (-)	- (-)	4.43 (.030)	- (-)	4.43
학생의 대안교육에 대한 확신과 실행 의지	- (-)	- (-)	- (-)	3.52 (.024)	3.52
학교장의 학교경영능력(리더쉽)	- (-)	4.10 (.893)	4.05 (.893)	- (-)	4.07
교직원 신앙 헌신도	- (-)	4.32 (.046)	- (-)	- (-)	4.32
학부모의 학교운영 참여	- (-)	- (-)	3.18 (.047)	- (-)	3.18
학생선발의 다양성	3.42 (.961)	- (-)	- (-)	- (-)	3.42
학습자 구성의 다양	3.74 (1.147)	- (-)	- (-)	- (-)	3.74
대안적 학교 규모(교사 대 학생 비율)	- (-)	4.32 (.048)	- (-)	- (-)	4.32
전체	4.29 (.360)	4.19 (.560)	4.13 (.591)	3.57 (.775)	

학교경영에 대한 평가에서 학교구성원별로 학교장은 4.29, 교사는 4.19, 학부모는 4.13으로 매우 높았다. 학생은 평가능력을 감안하여 학교경영 영역에 대한 설문 문항은 최소화하여 '기독교 대안학교로서의 학교목표 인식' 여부와 '대안교육에 대한 확신과 실행 의지'에 대한 평가에서 학생은 3.57로 중간 이상이다. 학교장의 경우 학교경영 영역 평가에 있어 '우리 학교는 기독교 대안학교로서의 비전과 목표를 명료하게 제시하고 있다'라는 기독교 학교 비전과 목표의 명료성 문항이 평균 4.95로 가장 높았고, 그 다음 '나는 학교가 가지는 비전과 목표를 다른 사람에게 설명해 줄 수 있다'라는 학교목표 인식 문항은 4.84이었다. 교사의 경우 '우리 학교장은 학교가 추구하는 비전과 목표에 대한 확신을 가지고 실행하고 있다'라는 학교장의 대안교육에 대한 확신과 실행 의지 문항이 평균 4.42로 가장 높았고, '나는 기독교 대안학교 교사로서의 소명의식을 가지고 헌신하고 있다'의 교직원 신앙 헌신도와 '우리 학교의 학급당 학생 수는 학생들과 원활히 소통하기 적합하다'의 대안적 학교 규모에 대한 평가가 평균 4.32로 높게 평가되었다. 학부모는 '자녀의 학교는 기독교 대안학교로서의 비전과 목표를 명료하게 제시하고 있다'라는 기독교 학교 비전의 명료성에 대한 평가가 평균 4.46으로 가장 높았고, '자녀의 학교장은 학교가 추구하는 비전과 목표에 대한 확신을 가지고 실행하고 있다'라는 학교장의 대안교육에 대한 확신과 실행 의지도 평균 4.42로 높게 평가되었다.

학교경영 영역에서 학교구성원들 사이에 가장 높게 평가된 문항은 '학교장의 대안교육에 대한 확신과 실행 의지'였고, 그다음으로 '기독교 학교 비전과 목표의 명료성'이다. 이러한 결과로 볼 때, 기독교 대안학교들이 구성원들에게 학교목표를 명료하게 제시하고, 학교장은 대안교육에 대한 확신과 실행 의지를 보여주고 있다고 평가되었다는 점에서 매우 긍정적인 결과이다.

반면에 학부모 설문 문항 중 '나는 학교 발전을 위한 운영모임에 참여하고 있다'라는 학부모의 학교운영 참여와 학교장의 설문 문항 중 '우리 학교는 학생 선발시 학생들의 다양한 측면(영성, 인성, 체력, 감성, 지성)을 평가하는 기준을 가지고 있다'라는 학생 선발에 있어서 다양성 문항 등은 낮게 나타났다. 이는 기독교 대안학교들이 학부모들에게 학교교육에 대한 참여를 독려하고 또한 기독교 대안학교의 학부모들도 학교교육에 대해 참여의식을 높여 함께 만들어가는 학교로 발전되어야 할 것이다. 또한 기독교 대안학교들이 대안학교로서 학습자의 다양성을 지향해 나가는데 있어서 더욱 대안을 모색해 보아야 할 것도 시사하고 있다.

학교경영 영역에서 학교장, 교사, 학부모에게 4가지의 공통 질문을 하였다. 즉, 학교목표의 명료성, 학교목표 공유, 학교목표 인식, 학교장의 대안교육에 대한 확신과 실행 의지 등이다. 그중 학교목표의 명료성에 대한 질문에 학교장은 4.95, 교사는 4.25, 학부모는 4.46으로 학부모가 교사보다는 학교가 교육목표를 더 명료하게 제시하고 있다고 평가하고 있는 것으로 나타났다. 학교목표 공유에 대한 문항에는 학교장 4.47, 교사 4.00, 학부모 4.26으로 역시 학부모가 교사보다는 학교의 교육목표를 더 잘 공유하는 것으로 나타났다. 학교목표 인식에서는 학교장 4.84, 교사 4.20, 학부모 4.16으로 학교장은 매우 높게 인식하고 교사와 학부모도 높게 나타났다. 학교장의 대안교육에 대한 확신과 실행 의지에 대해서는 학교장은 4.13인 반면, 교사는 4.42, 학부모는 4.42로 교사와 학부모가 학교장 본인보다 더 높게 평가하였다. 흥미로운 것은 학교장은 교사들의 대안교육에 대한 확신과 실행 의지가 높다고 평가하였고, 교사는 학교장의 대안교육에 대한 확신과 실행 의지가 높다고 평가하였다.

학교경영 영역에 대한 평가는 전체적으로 매우 높았다. 특히 학교목표에 대한 명료성이나 공유, 인식 등에 대한 학교구성원들의 평가가 높았다. 또한 대안교육에 대한 확신과 실행 의지 또한 높은 것으로 나타났다.

교육과정

기독교 대안학교의 교육과정 영역에 대하여 학교장, 교사, 학부모, 학생들은 다음의 〈표 II. 4〉와 같이 평가하였다.

〈표 II. 4〉 교육과정 영역에 대한 평가

문항	평균(표준편차)				평균
	학교장 (n=19)	교사 (n=219)	학부모 (n=516)	학생 (n=1244)	
학교의 목표와 비전에 따른 교육과정 구성	4.63 (.496)	4.00 (.760)	4.10 (.743)	- (-)	4.24
은사/진로지도 프로그램	4.11 (.658)	3.76 (.796)	3.42 (.986)	3.31 (1.162)	3.65
기독교적 교육과정 개발	4.42 (.607)	3.95 (.662)	4.33 (.728)	- (-)	4.23
영성 교육 프로그램 운영	4.32 (.749)	3.92 (.817)	3.92 (.892)	- (-)	4.05
수업 내 다양한 의사소통 활용	4.21 (.631)	4.11 (.668)	4.12 (.735)	3.88 (.942)	4.08
공동체적 교육과정 운영	3.95 (.848)	3.62 (.828)	3.68 (.894)	3.79 (1.060)	3.76
학습자 참여수업	- (-)	3.99 (.697)	- (-)	- (-)	3.99
학생지도활동	- (-)	3.78 (.707)	- (-)	- (-)	3.78
부모교육 프로그램 참석	- (-)	- (-)	3.62 (.902)	- (-)	3.62
전체	4.27 (.382)	3.89 (.495)	3.88 (.609)	3.66 (.828)	

교육과정에 대한 평가에서 학교장은 4.27, 교사는 3.89, 학부모는 3.88, 학생은 3.66이다. 교육과정 영역에 대한 평가의 경우, 학교장은 '우리 학교의 교육과정은 학교의 비전과 목표를 분명히 반영하고 있다'라는 학교의 목표와 비전에 따른 교육과정 구성 문항이 평균 4.63로 가장 높게 평가하였고, '우리 학교 교육과정 운영은 구성원들(교장, 교사, 학생, 학부모) 간의 원활한 의사소통에 의해 이루어지고 있다'가 가장 낮은 3.95였다. 교사와 학생은 '우리 학교 수업에서는 교사와 학생 간, 학생들 간에 다양한 의사소통 방법이 활용된다'라는 수업 내 다양한 의사소통 활용 문항이 교사 평균 4.11, 학생 3.88로 가장 높게 평가되었다. 학부모는 '자녀 학교는 기독교 세계관에 따라서 교육과정을 운영하고 있다'라는 기독교적 교육과정 개발이 평균 4.33로 가장 높았고, '나는 학교의 부모교육 프로그램에 적극적으로 참여

하는 편이다'라는 부모교육 프로그램 참여가 3.62로 가장 낮았다. 모든 구성원이 대체로 낮게 평가한 문항은 '우리 학교는 학생의 다양한 능력계발을 위한 은사 교육/진로지도 프로그램을 실행하고 있다'였다.

기독교 대안학교의 교육과정 영역에서 모든 구성원이 '학교의 교육과정은 학교의 비전과 목표를 분명히 반영하고 있고', '기독교 세계관에 따라서 교육과정을 운영하고 있으며', '영성 교육프로그램이 활성화되어 있다'라고 평가하여 기독교 학교로서의 목표 실현에 대해 상당히 높게 평가하고 있다. 또한, 교사들은 '기독교 세계관에 따라서 수업을 계획하여 실행하고 있다'라고 자신을 평가하였고, '수업에서는 교사와 학생 간, 학생들 간에 다양한 의사소통 방법이 활용되고 있다'라고 평가하였다. 그러나 은사/진로지도 프로그램은 잘 운영되고 있지 않은 것으로 평가되었고, '교육과정 운영은 구성원들(교장, 교사, 학생, 학부모) 간의 원활한 의사소통에 의해 이루어지고 있다'에도 비교적 낮게 평가되었다. 이러한 평가 결과로 볼 때, 기독교 대안학교는 교육과정에 학교의 목표를 잘 반영하여 운영하고 있지만, 그중에서 학생들의 다양한 적성과 재능을 탐색하고 계발하기 위한 은사 교육, 진로교육은 소홀히 하고 있지 않은지 반성해 보아야 할 것이다. 또한, 교육과정 운영에서도 구성원들의 의사소통이 원활하지 않은 것도 대안학교로서 지양해 나가야 할 것이다. 대신 수업 내에서 교사와 학생들은 다양한 방법으로 의사소통을 하고 있는 것으로 평가되어 긍정적이다.

교육과정 영역에서 학교장, 교사, 학부모에게 6가지의 공통 질문을 하였다. 공통질문은 '학교의 목표에 따른 교육과정 구성', '은사 진로지도 프로그램 운영', '기독교적 교육과정 개발', '영성 교육프로그램 운영', '수업 내 다양한 의사소통 활용', '공동체적 교육과정 운영' 등이다.

 교육결과(만족도)

기독교 대안학교의 교육결과(만족도) 조사에서 학교장, 교사, 학부모, 학생들은

다음의 〈표 II. 5〉와 같이 평가하였다.

〈표 II. 5〉 교육결과 영역에 대한 평가(만족도)

문항	평균(표준편차)				평균
	학교장 (n=19)	교사 (n=219)	학부모 (n=516)	학생 (n=1244)	
학교의 비전과 교육목표	- (-)	4.13 (.757)	4.18 (.728)	- (-)	4.16
학교의 리더십	- (-)	3.80 (.932)	3.81 (.858)	- (-)	3.81
행정지원	- (-)	3.32 (.944)	3.47 (.836)	- (-)	3.43
업무분담	- (-)	3.30 (.961)	- (-)	- (-)	3.30
교사와 학생 관계	- (-)	4.28 (.598)	4.32 (.668)	3.57 (1.158)	4.05
교사의 전문성	- (-)	3.50 (.966)	- (-)	3.77 (1.000)	3.73
부모와 자녀 관계	- (-)	- (-)	3.94 (.667)	3.58 (1.098)	3.76
학생(자녀)의 영성	- (-)	- (-)	4.04 (.700)	3.99 (.980)	4.01
학생(자녀)의 인성	- (-)	- (-)	3.84 (.689)	3.68 (.963)	3.76
기독교적 비교과 활동	- (-)	- (-)	3.61 (.898)	3.65 (1.047)	3.64
기독교적 수업방법	- (-)	- (-)	3.81 (.716)	3.48 (1.003)	3.64
생활지도	- (-)	- (-)	4.19 (.684)	3.85 (.940)	4.02
교사 헌신도	- (-)	- (-)	4.47 (.643)	3.91 (.944)	4.19
기독교적 교과내용	- (-)	- (-)	- (-)	3.97 (.028)	3.97
기독교적 교육평가	- (-)	- (-)	- (-)	3.46 (.029)	3.46
은사 및 진로지도	- (-)	- (-)	- (-)	3.43 (.032)	3.43
자녀의 학업 만족도	- (-)	- (-)	3.62 (.813)	- (-)	3.62
학생의 학교 만족도	- (-)	- (-)	- (-)	3.71 (1.183)	3.71
전체	- (-)	3.72 (.655)	3.94 (.503)	3.69 (.673)	

교육결과에 대한 평가(만족도)에서 교사는 평균 3.72, 학부모는 3.94, 학생은 3.69이다. 교육결과 영역에 대한 평가에 있어 교사의 경우 '교사와 학생 간의 관계가 원만하다'라는 교사와 학생 관계가 평균 4.28, 학부모는 '교사들은 소명의식을 가지고 헌신하고 있다'라는 교사 헌신도가 평균 4.47, 학생은 '나는 학교에 다니면서 하나님과 더 친밀하게 교제하게 되었다'라는 학생의 영성에 대한 문항이 평균 3.99로 가장 높게 나타났다.

교육결과(만족도) 평가에서 학교구성원들은 학교의 비전과 목표, 교사와 학생 관계, 학생(자녀)의 영성, 교사의 생활지도와 헌신도, 기독교적 교육내용 등에는 만족도가 높았다. 흥미로운 결과는 관계성에서 교사와 학부모는 학생, 자녀와의 관계에 대해 만족도가 높지만, 학생, 자녀의 만족도는 상대적으로 낮았다. 그러나 교사의 전문성에 대한 만족도에서는 교사들 자신보다 학생들이 교사의 전문성에 대한 만족도가 더 높았다. 반면에 교사들은 '우리 학교는 행정지원이 잘 이루어지고 있다'와 '우리 학교의 업무분담 정도는 적절하다'에서 만족도가 낮았으며, 학부모도 '행정지원'에 대한 평가가 낮았다. 학생은 '은사 및 진로지도'에 대한 만족도가 가장 낮았다. 이러한 결과는 기독교 대안학교들이 학교의 행정 능력 보강에 좀 더 관심을 가져야 한다는 것을 시사하고 있다. 기독교 대안학교들이 애써 쌓은 긍정적인 교육적 성과를 행정 능력 미비로 인해 교사와 학부모들에게 상처를 주는 일이 없어야 할 것이다. 또한, 앞서 교육과정 영역에서 지적된 은사 교육, 진로지도 프로그램의 문제는 이에 대한 만족도가 낮은 것으로도 나타났다.

각 영역에 대한 학교구성원별 평가

학교구성원별로 기독교 대안학교의 교육 성과에 대하여 학교장은 4.28, 교사는 3.92, 학부모는 3.98, 학생은 3.64로 학교장이 가장 높게 평가했으며, 학부모, 교사, 학생 순으로 학생이 가장 낮았다. 평가 결과를 영역별로 보았을 때, 학교장, 교사, 학부모는 학교경영 영역을 가장 높게 평가했고, 학생은 교육결과에 대하여

비교적 높게 평가하였다. 전체적으로 한국 기독교 대안학교의 교육 성과에 대해 영역별로는 학교경영 4.05, 교육과정 3.93, 교육결과 3.78 순으로 높게 평가되었다.

〈표 II. 6〉 학교구성원별 영역별 평가

영역		학교장	교사	학부모	학생	평균
학교경영	평균	4.29	4.19	4.13	3.57	4.05
	표준편차	.360	.560	.591	.775	
	사례 수	19	219	516	1248	2002
교육과정	평균	4.27	3.89	3.88	3.66	3.93
	표준편차	.382	.495	.609	.828	
	사례 수	19	219	516	1248	2002
교육결과	평균		3.72	3.94	3.69	3.78
	표준편차		.360	.360	.360	
	사례 수		219	516	1248	2002
전체	평균	4.28	3.92	3.98	3.64	
	표준편차	.371	.472	.520	.654	
	사례 수	19	219	516	1248	

기독교 대안학교의 교육 성과에 대하여 학교구성원별로 학교장은 평균 4.28, 교사는 3.92, 학부모는 3.98, 학생은 3.64로 학교장이 가장 높게 평가했으며, 학부모, 교사, 학생 순으로 학생이 가장 낮았다. 평가 결과를 영역별로 보았을 때, 학교장, 교사, 학부모는 학교경영 영역을 가장 높게 평가했고, 학생은 교육결과에 대하여 비교적 높게 평가하였다. 전체적으로 한국 기독교 대안학교의 교육 성과에 대해 영역별로는 학교경영 4.05, 교육과정 3.93, 교육결과 3.78 순으로 높게 평가되었다.

학교경영 영역에 대한 평가는 전체적으로 매우 높았다. 학교경영 영역에서 학교구성원들은 기독교 대안학교가 구성원들에게 학교목표를 명료하게 제시하고, 학교장은 대안교육에 대한 확신과 실행 의지를 보여주고 있다고 평가하였다는 점에서 매우 긍정적인 결과이다. 반면에 '학부모의 학교운영 참여'와 '학생 선발에 있어서 다양성' 문항 등은 낮게 나타났다. 이는 향후 기독교 대안학교들이 학부모들에게 학교교육에 대한 참여를 독려하고, 학부모들도 학교교육에 대해 참여의식을 높여 나갈 때 함께 만들어가는 대안학교로 발전할 수 있을 것이다. 또한, 학습자의 다양성을 존중한다는 대안적 교육이념을 지향해 나가기 위해서는 학생 선발에 있어서 학생들의 다양성을 고려하는 대안들을 적극적으로 모색해 보아야 할 것이다.

교육과정 영역에서 모든 구성원이 학교의 교육과정은 학교의 비전과 목표를 분명히 반영하고 있고, 기독교 세계관에 따라서 교육과정을 운영하고 있으며, 영성 교육프로그램이 활성화되어 있는 것으로 평가하여 기독교 학교로서의 목표 실현에 대해 상당히 높게 평가하고 있다. 또한, 교사들은 기독교 세계관에 따라서 수업을 계획하여 실행하고 있다고 자신을 평가하였다. 교사와 학생은 수업에서 교사와 학생 간, 학생들 간에 다양한 의사소통 방법이 활용되고 있다고 평가하였다. 그러나 은사 교육/진로지도 프로그램 운영과 교육과정 운영 시 구성원들(교장, 교사, 학생, 학부모) 간의 원활한 의사소통에는 비교적 낮게 평가되었다. 이러한 평가 결과로 볼 때, 기독교 대안학교는 교육과정에 학교의 목표를 잘 반영하여 운영하고 있지만, 그중에서 학생들의 다양한 적성과 재능을 탐색하고 계발하기 위한 은사 교육, 진로교육은 소홀히 하고 있지 않은지 반성해 보아야 할 것이다. 또한, 교육과정 운영에서도 구성원들의 의사소통이 원활하지 않은 것도 대안학교로서 지양해 나가야 할 점이다. 대신 수업 내에서 교사와 학생들은 다양한 방법으로 의사소통을 하는 것으로 평가되어 상당히 긍정적인 결과이다.

교육결과(만족도) 평가에서 학교구성원들은 학교의 비전과 목표, 교사와 학생 관계, 학생(자녀)의 영성, 교사의 생활지도와 헌신도, 기독교적 교육내용 등에는 만족도가 높았다. 반면에 교사와 학부모의 행정지원, 교사의 업무분담 정도에서 만족도가 낮았으며, 학생은 '은사 및 진로지도'에 대한 만족도가 가장 낮았다. 이러한 결과는 기독교 대안학교들이 학교의 행정 능력 보강에 좀 더 관심을 가져야 한다는 것을 시사하고 있다. 기독교 대안학교들이 애써 쌓은 긍정적인 교육적 성과를 행정 능력 미비로 인해 교사와 학부모들에게 상처를 주는 일이 없어야 할 것이다. 또한, 앞서 교육과정 영역에서 지적된 은사 교육, 진로지도 프로그램의 문제는 이에 대한 만족도에서도 낮은 것으로도 나타났다.

이상의 기독교 대안학교 교육 성과를 분석한 결과 제시된 시사점으로부터 기독교 대안학교에 대해 다음과 같이 제언하고자 한다.

첫째, 기독교 대안학교의 학교경영에서 학부모들의 대안교육에 대한 확신과 실행 의지는 높지만, 학교에 참여적인 태도는 부족한 것으로 나타났다. 학부모의 학교 교육에 대한 참여적인 태도 진작과 학생 선발에 있어서 학생의 다양성을 존중하기 위한 대책을 적극적으로 모색해 보아야 한다. 둘째, 교육과정에서 학생들의 다양한 적성과 재능을 탐색하고 계발하기 위한 은사 교육, 진로교육에 관심을 가져야 한다. 또한, 교육과정 운영에서 구성원들 간의 원활한 의사소통이 필요하다. 셋째, 기독교 대안학교들이 학교의 행정 능력을 보강하여야 한다. 넷째, 기독교 대안학교 학교장과 학부모들이 교육현장에서 교사와 학생들에게 일어나는 경험들에 더욱 관심을 가지고 그들의 학교에 대한 요구가 무엇인지를 세심하게 경청할 필요가 있다.

여기서 제시된 내용은 개별 기독교 대안학교들이 스스로 학교교육에 관한 자체평가를 할 경우, 하나의 예시 자료를 제공해 줄 수 있을 것이다. 기독교 대안학교들이 자체평가를 통하여 학교의 정체성을 규명하고, 학교의 구성원들이 학교의 비전과 목표설정, 교육과정 운영, 교육활동에 대한 반성과 성찰을 통하여 기독교 대안학교 교육의 전문성과 책무성을 강화할 방안을 모색할 수 있기를 기대한다.

➡ 기독교 대안학교의 교육 성과를 분석할 때 고려해야 할 영역과 내용은 무엇인가?

➡ 하나의 기독교 대안학교를 대상으로 본 평가지표를 활용하여 교육성과를 분석하여 보자.

2부 기독교 대안학교

9. 기독교 대안학교의 과제와 전망

    기독교 대안학교는 학생의 학교 선택권이 보장되지 않는 한국의 현행 공교육체제에서 기독교 세계관에 기초하여 영성, 인성, 지성을 함양하기 원하는 기독교인 교육수요자들의 갈증을 풀어줄 대안으로써 폭넓은 관심을 불러일으키고 있다. 또한, 기독교 학교가 기독교인으로 학생을 선발하여 기독교 세계관에 따라 교육과정을 구성하여 교육하기 위해서는 기독교 대안학교의 형태로 설립·운영하여 그 정체성과 자율성을 확립할 수밖에 없다. 기독교 대안학교에 관한 관심과 확산은 기독교 교육이 교회교육이라는 좁은 의미의 신앙교육에 머무를 것이 아니라 학생들의 전 생활영역에 걸친 전인적, 통전적 교육을 지향해야 한다는 것과 미션스쿨의 소극적인 기독교 교육에 대한 반성으로부터 제안되었다. 진정한 기독교 학교는 단지 예배만 드리는 것이 아니라 전체 학교교육과정이 기독교 세계관에 기초한 기독교 인재 양성을 목표로 하여야 한다는 것이다.

    오늘날 한국에는 기독교 대안학교라는 이름으로 설립된 많은 학교가 존재한다. '기독교 대안학교'라는 용어는 너무나 포괄적이기 때문에 이 명칭만으로는 어떤 학교를 지칭하는지를 제대로 파악할 수 없다. 전혀 다른 정체성과 지향성을 지니는 학교들이 기독교 대안학교라는 범주 안에 포함되어 있다. 그러나 다양한 기독교 대안학교의 유형에도 불구하고 기독교 대안학교는 교육관과 교육이념, 교육과정에 창조, 타락, 구속이라는 기독교 세계관의 구조가 구체적으로 명료하게 체계화되어 있어야 한다. 일반 학교의 인본주의와는 구분되는 신본주의 즉, 하나님 중심의 교육목표, 내용, 방법으로 하나님의 뜻과 진리에 근거하여 이루어지는 교육이다. 교육을 통하여 학생으로 하여금 하나님 나라의 백성이 되게 하는 교육, 하나님 나라를 확장하는 삶을 살아갈 수 있도록 학생들의 삶의 전 영역에 걸쳐 영향을 미칠 수 있도록 교육하는 것을 의미한다. 또한, 기독교 대안학교는 기존의 공교육체제의 획일화된 기준과 내용, 방법에 의존하는 형식적이고 권위적인 학교교육에 문제를 제기하고, 학생 개개인의 다양성과 개성을 인정하고 참여적이며 삶의 가치를 중요시하는 대안적 교육이념을 추구하여야 한다. 기본적으로 학습자에 대한 학습의 주체로서의 존중과 참여, 학습자에 대한 믿음과 신뢰, 학생 성장에 대한 적극적인 지원, 학생과의 긍정적 관계 유지 등을 실천하여야 한다. 기본적으로는 기독교 대안학교도 학교를 운영하는데 필수적인 교육역량을 갖추어야 함은 물론이다.

기독교 대안학교의 과제

기독교 대안학교의 성과는 상당히 긍정적이다. 기독교학교교육연구소에서 제시한 한국 기독교 대안학교의 교육적 성과에 관한 결과는 다음과 같다(박상진 외, 2012). 기독교 대안학교가 구성원들에게 학교목표를 명료하게 제시하고, 학교장은 대안교육에 대한 확신과 실행 의지를 보여주고 있다. 학교의 교육과정은 학교의 비전과 목표를 분명히 반영하고 있고, 기독교 세계관에 따라서 교육과정을 운영하고 있으며, 영성 교육 프로그램이 활성화되어 있다고 매우 긍정적으로 평가하였다. 또한, 수업에서 다양한 의사소통 방법이 활용되고 있고, 교사와 학생 관계, 학생(자녀)의 영성, 교사의 생활지도와 헌신도, 기독교적 교육내용 등에 만족도가 높았다. 그러나 학부모의 학교운영 참여와 학생 선발에 있어서 다양성 등에 대해서는 낮게 평가되었으며, 학생들의 다양한 적성과 재능을 탐색하고 계발하기 위한

은사 교육, 진로교육에 대한 만족도는 낮았다. 교육과정 운영에서 구성원들의 의사소통이 원활하지 않은 것, 교사와 학부모의 행정지원, 교사의 업무분담 정도에서 만족도가 낮은 것 등을 기독교 대안학교들이 개선되어야 할 점으로 지적하였다.

　기독교 대안학교 졸업생들이 대안학교 교육을 통해 얻었다고 인식하는 성과는 삶을 보는 시각의 변화, 상호신뢰의 인간관계 경험, 그리고 자기 주도적 학습 능력이라고 보았다. 이어서 기독교 대안학교가 앞으로 더욱 발전하기 위하여 참고해야 할 시사점을 다음과 같이 제시하였다. 첫째, 기독교 대안학교 졸업생들이 학교에서 신앙적 성격이 강한 공동체의 경험을 통해 좋은 인간관계를 경험한 것은 중요한 학교교육의 성과라 할 수 있다. 그러나 신앙을 강조하는 대안학교 졸업생일수록 자신과 다른 사람들과의 관계 맺기에 어려움을 느끼는 경향이 있다. 이는 기독교 대안학교 교육에서 더욱 폭넓은 경험과 다양성에 대한 교육이 더욱 요구됨을 시사한다. 둘째, 기독교 대안학교가 학생들의 진로지도를 위해 개별적인 은사를 개발하고 지원하여 대학에 적절하게 진학하도록 하는 교육적 성과를 보여주었다. 그러나 기독교 대안학교에서 자연계 과목과 관련해서 충분치 못한 지원은 학생들의 진로교육에 부정적으로 작용하고 있다. 이 문제는 대안학교의 열악한 재정적 실태와 관련 있기도 하지만 학교는 이 문제에 대해 더욱 적극적으로 대응할 필요가 있다.

　그동안의 기독교 대안학교의 성과에도 불구하고 다음과 같은 문제들이 제기되고 있는 것도 사실이다. 첫째, 교육과정이 선례나 경험의 축적이 없이 실험적으로 시행되어 교육과정 개발과 운영을 위한 전문성이 부족하다. 둘째, 기독교 대안학교의 교사양성과 연수가 체계화되어 있지 않다. 셋째, 경제적 격차에 따른 대안학교의 접근성 문제로서 각종학교 대안학교와 비인가 기독교 대안학교의 경우 정부로부터의 재정 지원이 없어 학교운영비를 학부모가 부담하기 때문에 저소득층에서는 기독교 대안학교에 갈 수 없는 문제가 발생한다. 넷째, 기독교 대안학교에 대한 지나친 과대포장과 환상으로 개별 기독교 대안학교의 교육역량에 관한 판단이 소홀히 될 수 있다. 이를 위해 기독교 대안학교 교육의 질을 평가하기 위한 학교평가를 실행해야 한다. 다섯째, 대안형 기독교 대학이 없는 현실에서 기독교 대안학교 학생들의 대학 입시에 대한 불안과 진로문제에 있어서, 기독교 대안학교 학생들이 기독교 학교라는 온실과 보호막, 공동체 속의 신앙을 험난한 사회에서도 과연 지켜나갈 수 있을지에 대한 불안 등이다.

과거에는 대안학교를 소위 '문제 아이들', '공교육에 적응하지 못하는 부적응 학생들이 가는 학교'로 인식되었다. 그러나 최근 정부에서도 공식적으로 '대안학교는 부적응아를 위한 특수학교가 아니라, 교육의 다양성이란 맥락에서 개성과 창의성을 존중하는 새로운 학교'로 재평가되고 있다. 기독교 대안학교는 기독교인들의 교육적 수요에 부응하여 기독교 대안교육을 적극적으로 제공하기 위해 끊임없는 연구 및 개발을 통해 새로운 학교의 모델을 제시하여야 한다. 현재 운영되고 있는 기독교 대안학교의 장단점을 객관적으로 평가하고 이에 대한 개선점을 연구하여 적극적으로 대처해 나가는 자세가 필요하다.

기독교 대안학교에 대한 수요자들의 지속적인 관심에도 불구하고 아직도 대다수의 기독교 대안학교들이 현행법 상 '학교'로 인정받지 못하여 법적으로 취약한 상태에 있는 것이 현실이다. 최근 수년간 미인가 기독교 대안학교는 한국기독교대안학교연맹을 주축으로 학교로서의 법적 지위를 확보하기 위한 법제화 작업을 해오고 있다. 국회에서 새로운 '대안교육기관에 대한 법률안'을 발의하여 통과되기를 기대하였으나 아직도 실현되지 못하고 있다. 미인가 기독교 대안학교는 학교 교육 활동을 하면서도 학교로서 인정받지 못할 뿐만 아니라, 학생들의 학력도 별도의 학력 인정 검정고시를 통해서 인정을 받아야 한다. 또한, 모든 국가 교육 행정에서 배제되어 제도적·법적, 경제적, 사회적으로 기독교 대안교육의 제약으로 작용하고 있다. 미인가 기독교 대안학교의 학생들은 학교에서 교육받고 있음에도 불구하고 공교육을 선택하지 않았다는 이유로 '학교 밖 청소년'이라는 이름으로 불리고 있다. 기독교 대안학교 학생들의 학습권 보장, 미래의 인적 자원 개발의 차원에서 정부에서도 적극적으로 기독교 대안학교 교육에 관심을 가지고 지원을 하여야 할 것이다.

 기독교 대안학교 교사로 바로서기

기독교 대안학교의 전망

기독교 대안학교가 앞으로 더욱 확대될 추세에 있다. 이 시점에서 현재의 기독교 대안학교 교육과정에 대한 반성과 비판에도 귀 기울일 필요가 있다. 기독교 대안학교가 현재의 성과에 안주하지 않고 더욱 발전하여 한국 사회에서 일반 학교가 지니는 문제점과 한계성을 극복할 수 있는 교육적 대안을 제시할 수 있기를 바란다. 이를 위해서는 일반 학교와는 차별화되어 기독교 대안학교들의 정체성을 더욱 분명하게 할 뿐 아니라 학교로서의 전문성을 신장시킬 수 있어야 한다. 기독교 대안학교의 전망과 방향을 제안하고자 한다.

첫째, 기독교 국제화 대안학교의 확산에 대한 우려이다. 최근 증가 추세에 있는 기독교 대안학교 중에는 쉽게 미국식 학교 또는 영어학원과 구분되지 않는 학교운영을 하는 학교들이 있다. 진정한 국제화 교육과 기독교 학교로서의 심사숙고가 필요하다. 학교교육에서는 기독교적 관점은 물론이거니와 국가와 민족의 관점도 중요하며 한국 상황에서의 한국교육의 책무성을 지녀야 한다. 한국의 기독교 대안학교는 세계화, 국제화와 더불어 주체적이고 정체성 있는 글로칼(글로벌+로칼)교육을 수행하여야 더욱 국제사회에서 경쟁력을 지닐 수 있다. 그러기 위해서는 기독교 대안학교들이 한국적인 기독교 교육과정을 개발하도록 노력해야 한다.

둘째, 기독교 대안학교 교육과정 개발과 운영에 대한 전문성을 확보해야 한다. 많은 기독교 대안학교들이 교육과정 개발에 대한 전문성이 부족하여 국내외의 다른 학교 교육과정을 그대로 빌려와서 운영하거나, 일반 학교 교육과정에 기독교 용어만 첨가하여 변형시킨 교육과정을 운영하기도 한다. 그러나 기독교 대안학교들이 더욱 체계적으로 기독교 세계관을 바탕으로 지속해서 연구하고 개발하려는 노력이 요구된다. 기독교 대안학교는 기독교적 사고를 위한 교육이 아니라 기독교적 삶을 위한 교육이 되어야 한다. 따라서 학생들이 기독교적인 삶을 실천할 수 있도록 하는 교육과정이 개발되어야 한다. 기독교 세계관을 바탕으로 개발된 교육과정을 교육현장에서, 수업에서 어떻게 운영하는가에 대한 끊임없는 사유와 실천이 병행되어야 한다.

기독교인 부모들이 기독교 대안학교를 선택한 것은 자녀들이 경건 훈련을 통하여 주님의 임재하심을 체험하는 영적 성장을 소망하기 때문이다. 기독교 대안학교는 이를 명심하고 영적 훈련에 대한 굳건한 의지를 갖추고 실행하여야 한다. 학교교육에서 신앙과 삶이 통합되어 학교 학습과 학생들의 생활로 연결되어야 한다. 영성 훈련은 때로는 독립적으로 그러나 전체 학교교육과정에 통합되어 운영되어야 한다.

셋째, 교육의 질은 교사의 질을 넘지 못한다. 기독교 대안학교의 질적 향상을 위해 현장교사들의 전문성을 높이고 교사로서의 소명을 확고히 할 수 있도록 하는 교사교육 시스템을 확보하여야 한다. 기독교 대안학교 예비교사 양성을 위한 기독교 대안학교 특성에 대한 이해를 기초로 한 예비교사 교육과정 개발과 현직 기독교 대안학교 교사들의 재교육과 연수 프로그램이 필요하다. 기독교 대안학교들이 기독교 대안학교에서 교육받은 경험이 없는 교사들에게 기독교 대안학교 교사로서의 교육적 신념을 내면화하는 지속적인 교사교육과정을 제시하여야 한다. 기독교 대안학교 교사들은 성경적 세계관을 바탕으로 한 소명의식을 가지고 학생의 다양성을 인정하고, 학생에 대한 신뢰와 학생에 대한 사랑을 교실에서 구체적으로 실행할 교육전문가로 훈련받아야 하기 때문이다. 헌신적인 기독 교사의 양성과 연수 지원이 함께 해결될 때 기독교 대안학교가 우리 교육현장의 참 대안이 될 수 있을 것이다.

넷째, 기독교 대안학교의 학부모들이 학교교육에 대한 참여의식을 높여 나갈 때 함께 만들어가는 학교로 발전할 수 있을 것이다. 기독교 대안학교는 신앙 공동체이다. 학부모들이 자신의 자녀들을 맡겨놓은 교육수요자로서만이 아니라 각자의 은사를 가지고 학교운영과 소통에 적극적으로 임할 때 기독교 대안학교 공동체를 만들어 갈 수 있다. 학교의 비전을 공유하고 세상과 구별된 기독교인으로서의 삶의 양식을 함께 실천해 나갈 때 진

정한 신앙 공동체로 자리매김할 수 있다. 이 과정에서 학교는 행정 능력을 보강하여 학부모와의 의사소통이 원활히 이루어질 수 있도록 노력하여야 한다. 또한, 기독교 대안학교운영자는 교육현장에서 교사와 학생들에게 일어나는 경험들에 더욱 관심을 가지고 그들의 학교에 대한 요구가 무엇인지를 세심하게 경청할 필요가 있다.

다섯째, 사회와의 적극적인 소통이 필요하다. 기독교 대안학교들이 우리나라의 교육적 담론에 더욱 적극적으로 참여해야 한다. 기독교 대안학교는 사회에서의 교육적 이슈에 관한 토론에서 기독교적 목소리를 내야 한다. 우리 사회에서 교육문제에 대한 의견에는 공동보조를 취하면서 대안학교 안에서 기독교 대안학교로서의 독창성을 추구해 나가야 한다. 기독교 대안학교는 기독교 교육에 대한 비전과 함께 더불어 사는 공동체에 대한 배려와 협력을 모색하는 지역사회와 상생하는 기독교 대안학교가 되어야 할 것이다. 이러한 의미에서 기독교 대안학교는 기독교 공동체적인 삶을 추구하면서도 학교가 사회에서 유리되지 않고 또한 졸업생들이 사회에서도 관계 맺음에 어려움이 없이 잘 적응할 수 있도록 학생들의 다양한 진로를 위한 은사 개발에 적극적으로 임해야 한다.

➡ 내가 생각하는 기독교 대안학교의 과제와 전망은 무엇인가?

3부

기독 교사

10 ·· 기독 교사의 정체성
11 ·· 기독 교사의 교육적 신념과 현장 적용
12 ·· 기독 교사의 전문적 학습 공동체
13 ·· 기독 교사의 교수방법과 학생의 학습양식
14 ·· 기독 교사의 수업운영
15 ·· 기독 교사의 학급운영

기독 교사 **3부**

10. 기독 교사의 정체성

교육의 질은 교사의 질을 넘어서지 못한다.

교사는 학교 교육의 방향과 성과를 결정짓는 핵심적인 요인이다. 교사들은 교육현장에서 매일의 수업을 계획하고 실행하면서, 학생들에 대한 태도, 학생들과의 상호작용, 학생평가 등으로 학생들에게 지속해서 영향을 미친다. 따라서 교사들의 전문적인 숙련도는 학생들의 교육결과와 단위 교육현장의 교육 내실화에 직결된다.

교사들은 자신들의 경험 즉, 자신들이 받아온 수업이나 대학에서의 교사교육으로 나름대로 교사에 대한 관점을 형성하게 된다. 오랫동안의 학생으로서의 경험은 단시간의 교사교육으로 변화되기 어렵다. 현장에서 꾸준한 교사교육과 교사 자신의 자기 계발 의지로 교사들은 전문인으로서 성장하게 된다. 기독교 학교, 기독교 대안학교에서 교육받은 경험이 없는 교사들은 계속된 교사교육으로 기독교 학교의 정체성을 내면화하여 기독 교사로서의 전문성을 갖추게 되는 과정이 필요하다.

기독교 학교의 현장에서 실제 교육을 실행해 나갈 교사들은 일반 학교와는 다른 교육적 요구를 가진 교육수요자들을 대상으로 학교의 비전과 목적을 공유하면

서 교사로서의 전문적인 자질 외에도 기독교인으로서의 높은 영성과 소명을 지닐 것을 기대받고 있다. 기독 교사는 교사로 부름받아 수행해야 하는 가르침의 전문 사역에서 기독교적 교육과 가르침이 어떠해야 하는가를 모범적으로 보여줄 수 있어야 한다.

기독 교사들은 기독 학교의 사명과 비전과 가치들을 이해하고, 창조, 타락, 구속, 회복의 주제에 기초한 성경적 세계관을 적용하고 가르치는 데 헌신해야 한다. 기독 교사들의 학습 지향은 지식이 하나님, 창조 세계, 그리고 피조물과의 인격적인 관계를 통해 얻어진다는 성경적 관점을 반영한다. 기독 교사의 이상적인 학급 운영의 모습을 브루멜른은 다음과 같이 그리고 있다. 그들이 계획하는 수업은 삶을 변화시키는 성장을 이끌어내고, 사랑과 돌봄, 수용, 갈등 해결과 용서, 공평과 정의를 가르친다. 학생들에게 다른 사람을 섬기고 공동체에 긍정적으로 기여하는 것의 가치를 성찰하는 기회를 제공한다. 기독 교사는 모든 학생을 학습에 참여시키고 지원해줌으로써 자기 주도적인 학습자가 되도록 이끈다(브루멜른, 2006, 266).

기독교 학교에서 교육과정 실행을 담당하고 있는 교사는 학생들이 자신의 재능을 사용하여 개인적으로 의미 있는 성과를 만들어 내도록 도우며, 학생들이 성경의 틀 안에서 판단하고 결정을 내리도록 격려해야 한다. 또한, 학생들이 책임 있게 행동하고 실패로부터 배울 기회를 제공해야 하며, 학교와 그 외의 다른 공간에서 공동체 활동을 통하여 하나님과 이웃을 향한 사랑을 나타내도록 도와야 한다. 이렇게 학생들은 모든 활동에서 하나님과 동행한다는 것의 의미를 이해할 뿐만 아니라 경험하게 하도록 이끌어야 한다(브루멜른, 2014, 41). 학생들을 기독교적으로 가르치기 위해서, 먼저 교사는 기독교적인 세계관, 특별히 교육에 대한 바른 기독교적 관점을 지니고 있어야 한다. 이러한 바탕 위에서 기독교 학교 교사는 기독교 세계관과 실천 의지와 역량을 갖추고 기독교적인 관점에서 학생들을 가르칠 내용과 방법과 학급의 분위기 등 교육의 모든 과정을 실행하여야 한다.

기독 교사의 전문성

기독 교사는 일반 학교 교사와 전문성에서 어떤 차이가 있을까? 즉, 기독 교사는 일반 학교 교사와 어떻게 다른 전문성을 요구받는가? 이것이 기독 교사의 정체성에 대한 고민일 것이다.

기독 교사는 직업으로서가 아니라 부르심의 관점에서 분명한 소명을 지닌 기독교적 교사, 전통적인 교육에 대한 문제의식을 지닌 대안적 교사, 교사 스스로 자신이 기독교적으로 확신하고 성찰하는 통합된 기독교 대안적 교사, 전문적인 실력을 지닌 학구적 교사가 되어야 한다. 박상진은 기독 교사를 향한 하나님의 부르심은 성경에 나타난 하나님의 네 가지 명령에 비추어 이해할 수 있다고 한다. 이는 성화(sanctification)의 명령(마 5:48; 살전 4:3; 벧전 1:16)으로 교사의 영성에 대한 부르심, 선교(mission)의 명령(마 28:18-20; 행 1:8)으로 학원복음화로의 부르심, 문화 명령(cultural Mandate, 창 1:28; 골 1:16-18)으로 기독교적 교수방법으로의 부르심, 이웃 사랑의 명령 또는 사회적 책임(social responsibility, 암 5:24; 마 22:39; 요 13:34)으로 학생에 대한 사랑과 왜곡된 교육 현실에 대한 개혁으로의 부르심이다(박상진, 2006, 61-62).

전광식은 기독교 학교 교사들은 영적 및 인격적 자질과 학문적 및 교육적 자질의 두 가지 자질이 요구되며, 이러한 자질 위에 교사로서의 교육적 열정과 소명의식이 있어야 한다고 하였다. 기독교 대안학교 교사들은 학교라는 영역 안에서 하나님으로부터 가르침의 권위를 위임받았다. 이 권위의 사용이나 권위에의 복종은 모두 권위를 주시고 권위에의 순종을 명령하신 최종적 권위자이신 하나님의 뜻에 합당하게 나타나야 한다. '인간의 모든 제도를 주를 위하여 순종하되'(벧전 2:13; 롬 13:1), '주 안에서'(엡 6:1) 순종해야 한다고 하였다(전광식, 2006, 103-105).

교사는 학생들과의 수업에 있어서 조력자(Scaffolder)요, 촉진자(Facilitator)요, 안내자(Guider)요, 상담자(Counselor)이면서 조언자(Adviser)로서 교육활동에서 중요한 위치를 차지하고 있다. 교사에게 있어서 가장 중요한 임무 중의 하나는 수업을 통하여 학생들의 잠재 가능성을 최대로 발휘하여 성장할 수 있도록 돕는 것이다. 이를 위해서는 교사의 수업 전문성이 향상되어야 함은 물론이다. 기독 교사들에게 있어서 영성뿐만 아니라 교사의 수업 전문성은 필요충분조건이다. 교사의 수업 역량 향상을 위해서는 무엇보다 교사 스스로 전문가로서의 인식을 새롭게 하고, 수업을 새롭게 개선하고자 하는 신념과 노력이 우선되어야 한다.

기독 교사는 일반 학교 교사에게 요구되는 교과에 대한 전문 지식과 교육학적 이해는 동일하지만 일반 교과의 지식을 기독교 세계관으로 재해석할 수 있도록 기독교 세계관을 가져야 한다. 학습자에 대한 이해나, 수업에서도 성경적인 접근을 취할 수 있어야 한다. 따라서 기독 교사의 정체성은 기독교 세계관을 갖춘 교사라고 할 수 있다.

기독교 세계관을 갖춘 교사는 성경의 진리에 따라 세상의 안목을 갖춘 교사, 하나님 창조의 다양한 측면들을 기독교적으로 조망하고 사유하며 학생들을 교육하는 교사, 하나님을 예배하고 그리스도의 형상을 닮아가고자 하는 교사이다.

이러한 교사가 참된 기독교 교육을 실현할 수 있으며, 교육현장에서 신앙과 삶이 통합된 교육을 실천할 수 있는 기독 교사로서 소명 받은 전문성을 갖춘 교사라고 할 수 있다.

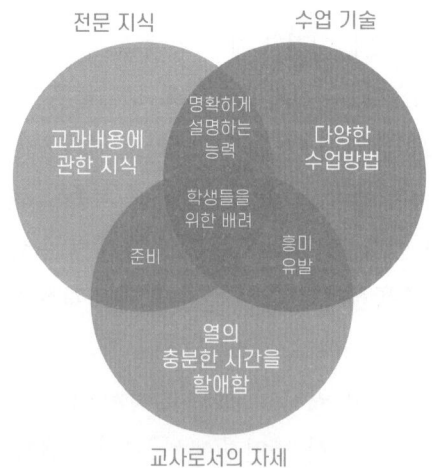

[그림 Ⅲ. 1] 일반 교사의 전문성

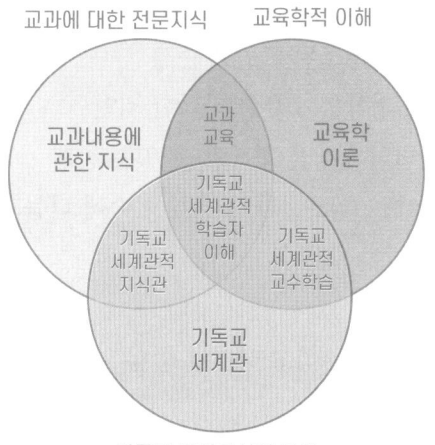

[그림 III. 2] 기독 교사의 전문성

- **기독교 세계관(성경의 진리에 따라 세상을 보는 안목)을 갖춘 기독 교사**
  - 하나님 창조의 다양한 측면들을 기독교적으로 조망하고 사유하여 학생들을 교육하는 교사
  - 하나님을 예배하고 그리스도의 형상을 닮아가고자 하는 교사
  - 가정, 학교, 교회가 협력하는 공동체를 지향하는 교사
  - 신앙과 삶이 통합된 기독교 세계관으로 참된 기독교 교육을 실현하고자 하는 교사
  - 기독 교사로서 소명 받은 전문성을 갖춘 교사

- **기독 교사의 기독교 세계관적 진리 이해**
  - 형이상학적 인식론, 존재론적 인식론
  - 지식의 절대성, 객관성
  - 하나님이 불변하는 절대적 진리의 근거
  - 성경적 절대주의: 하나님의 말씀, 성경의 절대 권위, 성경의 정확무오

기독교 대안학교 교사로 바로서기

- **기독 교사의 기독교 세계관적 학습자 이해**
  - 하나님의 형상으로 창조된 고귀한 존재
  - 하나님의 변질된 형상을 소유한 타락한 죄인
  - 새롭게 된 하나님의 형상을 회복할 수 있는 존재
  - 하나님, 자신, 이웃, 피조물과의 관계성 속에 나눔과 교류의 공동체를 구성하는 존재
  - 목적론적 인간관
  - 인간중심적 사고를 경계하고 하나님 중심주의적 입장 견지

- **기독 교사의 기독교 세계관적 교수·학습**
  - 학습자 개인의 능력과 특성 고려(수준별 수업)
  - 학습자에게 자기주도 학습법 교육
  - 공동체와 긍정적인 관계성 중시
  - 상황에 따른 효과적인 교육전략 선택

기독 교사의 정체성

기독 교사는 다음과 같은 질문들에 대해 답을 찾아가면서 기독 교사로서의 정체성을 형성하게 될 것이다.

- **교육 비전과 목표**
  - 기독교 학교는 왜 필요한가?
  - 기독교 학교 교육의 목표는 무엇인가?
  - 기독교 학교에서 양성하고자 하는 교육받은 인재상은 무엇인가?
  - 기독교 학교의 정의 및 유형은 무엇인가?

- **학생 이해**
  - 학생은 어떤 존재인가?
  - 성경적 학습자관은 무엇인가?
  - 학생의 발달단계별 특성과 필요는 무엇인가?

- **교육과정**
  - 기독교 학교의 교육목표가 나의 과목에 어떻게 적용되는가?
  - 담당 과목을 기독교 세계관으로 가르친다는 것은 어떤 의미인가?
  - 나의 수업에서 학생의 능력과 특성을 어떻게 고려할 것인가?
  - 어떤 수업방법을 적용할 것인가?
  - 학생들의 학습평가는 어떻게 하는가?

- **수업평가결과 및 수업개선 노력**
  - 어떻게 수업을 개선하고자 하는가?
  - 수업개선이나 새로운 수업방법에 대한 정보는 어디에서 얻는가?

생각해보기 ➡ 기독 교사가 갖추어야 할 전문성은 무엇인가?

II. 기독 교사의 교육적 신념과 현장 적용

　교사는 자신의 신념에 근거하여 행동하게 된다. 교사로서 전문적인 신념은 교육 활동에 자신감과 일관성 있는 태도를 보일 수 있게 한다. 신념은 개인의 행동, 태도, 판단에 강한 영향을 미치기 때문에 교사신념은 수업에서 그리고 학생들에게 행하는 행동에서 표현된다.

　교사와 학생은 교실 안과 밖에서 지속해서 상호작용을 주고받는다. 교사의 신념은 수업 과정에서 자연스럽게 학생들에게 전달되기 때문에 교사가 어떤 신념을 가지고 있느냐 하는 것은 학생의 학업 발달과 더불어 정신적 성숙에 이르기까지 많은 영향을 미치게 된다. 교사의 신념은 성장하는 학생들에게 무엇보다 중요한 요인이라 할 수 있다. 즉, 교사들이 더욱 긍정적인 신념을 가지고 있다면, 학생들과의 다양한 상호작용에서도 긍정적인 영향을 미칠 것이기 때문이다(조인진, 2005).

　교사신념이란 교사들의 실행을 이해할 수 있게 하는 개인적인 구성이다. 교사들은 자신들의 경험 즉, 자신들을 가르쳐 온 교사들의 수업을 통하여 임시로 나름의 교사신념을 가지게 된다. 이러한 학생으로서의 경험에서 온 교사신념은 단시간의 교사교육으로 변화되지 않으며, 꾸준한 교사교육에 의해서 변화되어진다. 따라서 교사들의 교사신념과 그 신념의 실천에 대한 검토는 교사교육 프로그램을 개발하기 위한 기초자료로서의 의의를 지닌다.

　기독교 학교의 현장에서 실제 교육을 실행해 나가는 기독 교사들이 일반 학교와는 다른 다양한 교육적 요구를 가진 교육수요자들을 대상으로 그들의 교육적 신념을 어떻게 적용하는지 고찰하고자 한다. 그동안 기독교 대안학교의 성공은 교사들의 헌신적인 노력에 의해서라고 할 수 있을 정도로 기독교 대안학교에서 교사의 역할은 대단히 중요하다. 기독교 학교 교사는 일반 학교 교사 이상의 전문적 자질과 교육적 신념에 대해 준비되어야 하며, 기독교 교육의 이념과 목표에 따른 교육관, 실천 의지, 역량을 갖추어야 한다.

　선행 교사신념에 관한 연구 중에는 중등교사의 교사신념에 관한 연구(안미리, 조인진, 2004)와 일반 학교 교사들의 교육적 신념의 현장 적용성에 관한 연구(조인진, 2005)가 있다. 이 연구들은 일반 학교 교사들을 대상으로 한 연구로, 결과는 학생들의 개인차를 고려하는 수업과 교사들 간의 정보공유에 대하여 교사들의 신념과 현장 적용 간의 차이가 가장 큰 것으로 나타났다. 이러한 이상과 실제 사이의 차이를 일반 학교 교사들은 학급당 학생 수의 과다와 교사들의 다양한 잡무 때문이라고 보았다.

　일반 학교와는 차별화된 기독교 학교 교사들이 중요하게 인식하는 교육적 신념이 교육현장에서 어느 정도 적용되고 있는지를 알아보고 어떤 교육적 신념이 기독교 학교 교육의 현장에서 적용성에 가장 큰 문제를 가졌는지 살펴본 실증적인 연구가 있다(조인진, 2008b; 2008c)[5]. 교육현장은 역동성을 지니는 곳이기 때문에 중요하게 생각하는 신념이 있다 하더라도 현장에서 이를 실행하는 정도는 차이가 있을 것이다. 기독교 학교 운영의 중요한 변인인 교사들을 대상으로 연구에서 사용된 기독교 대안학교 교사의 교육적 신념 측정 도구는 〈표 Ⅲ. 1〉과 같다.

5　기독교 대안학교 교사의 교사신념 측정도구의 구성요인에 대한 이론적 내용은 저자의 선행연구인 한국교원교육연구 25권 3호(2008b)와 총신논총 28집(2008c), 한국학술진흥재단 연구보고서(2009a)를 참고할 수 있다.

〈표 Ⅲ. 1〉 기독교 대안학교 교사신념 측정 도구 문항 구성 내용

항목	내용	문항 수
교육관	기독 교사로서의 소명, 학교비전·목표와의 동일시, 학교특성의 수업반영, 기독교 세계관과 교과와의 통합	7
학습자관	학생의 개성과 은사 인정, 가능성에 대한 신뢰, 학생들의 인격과 자율성 존중, 학생상담, 학생과의 관계 형성, 학생이해	13
교수 -학습관	수업계획과 조직, 수업방법 개발과 적용, 학생평가, 기독교적 수업방법, 수업에 대한 성찰과 반성, 교사들과의 소통	18
교과인지	교과교육과정 지식과 운영, 교과교육학 지식 등	9

다양한 기독교 대안학교 교사들을 대상으로 한 기독교 학교 교사들의 교육적 신념이 기독교 학교 현장에서 실제로 어느 정도 중요하게 인식되고 적용되고 있는지에 대한 결과는 다음과 같다(조인진, 2008c).

■ 기독 교사의 교육적 신념의 중요도와 현장 실행 간 차이

먼저 기독교 학교 교사들의 교육적 신념에 대한 인식을 알아보기 위하여 신념을 중요도와 실행으로 구분하였다. 중요도는 교사들이 인식하는 신념 각 문항에 대해 중요하게 생각하는 정도를 의미하며, 실행은 학교 현장에서 어느 정도 실현하고 있는지에 대한 내용을 의미한다. 이에 먼저 기독교 학교 교사들의 신념에 대한 중요도와 현장에서 실행하는 것 간의 차이를 분석한 결과는 〈표 Ⅲ. 2〉와 같다.

〈표 Ⅲ. 2〉 기독 교사의 교육적 신념 중요도와 현장 실행 간 차이

구분	M (SD)	t값(유의도)
중요도	4.1713 (.373)	21.62(***)
실행	3.5529 (.383)	

*** $p < .001$

기독교 학교 교사들의 교육적 신념에 대한 중요도와 실행 간 차이 분석 결과, 신념에 대한 중요도의 인식은 4.17인 반면 실행은 3.55로, 중요하게 생각하고 있는 만큼 실행은 못 하는 것으로 분석되었다. 통계적으로도 유의수준 .001에서 통계적으로 유의한 차이를 나타내었다. 그러므로 기독교 학교 교사들은 신념에 대

한 중요도의 인식과 실행 간에 차이를 보인다고 해석할 수 있다.

기독교 학교 교사들이 중요하게 생각하는 교육적 신념과 현장 적용의 실행 간 차이를 보다 구체적으로 분석하기 위하여 교육적 신념을 교육관, 학습자관, 교수·학습관, 교과인지관으로 나누어 살펴보았다.

■ 기독 교사들의 교육관의 중요도와 현장 실행 간 차이

다음은 기독교 학교 교사들의 교육관 전반에 대한 신념의 중요도 인식과 현장 실행 간 차이를 분석한 결과이다. 교육관에 대한 중요도 인식과 실행의 차이를 분석하고, 교육관을 구성하는 하부 문항들에서도 어떤 차이가 있는지를 분석하였다.

〈표 Ⅲ. 3〉 기독 교사의 교육관과 하부 문항들의 중요도와 현장 실행 간 차이

변수		M(SD)		t값(p값)	중요도와 실행 간 차이
교육관	중요도	4.1975	(.486)	18.92(***)	.75
	실행	3.4457	(.496)		
학교가 가지는 비전과 목표에 동의하고 헌신한다	중요도	4.4258	(.624)	13.29(***)	.80
	실행	3.6220	(.794)		
기독교 대안학교 교사로서 분명한 소명의식이 있다	중요도	4.4833	(.605)	12.10(***)	.64
	실행	3.8421	(.733)		
기독교 대안학교의 특성을 반영한 수업전략이나 평가 등을 계획한다	중요도	4.1866	(.671)	12.69(***)	.83
	실행	3.3541	(.831)		
학교의 비전을 학생들의 수업내용에서도 반영하고 실천한다	중요도	4.1483	(.833)	10.11(***)	.76
	실행	3.3876	(.892)		
학교의 교육철학과 나의 교육철학을 동일시한다	중요도	3.9665	(.840)	7.51(***)	.56
	실행	3.4019	(1.04)		
학교철학이 반영된 교수학습 전략에 관해 연구하여 실행하고 있다	중요도	4.0191	(.686)	12.34(***)	.79
	실행	3.2249	(.792)		
학교의 교육이념이나 비전을 나의 교과에 통합하여 수업한다	중요도	4.1531	(.690)	12.76(***)	.87
	실행	3.2871	(.863)		

*** p 〈 .001

교육관 전체에 대해서는 중요도가 4.19로 실행의 3.44에 비하여 높은 값을 나타내었고, 통계적으로 유의한 차이를 나타내었다. 그러므로 교육관 전반에 있어

서 교사들은 중요도와 실행 간에 차이를 보인다고 할 수 있다. 교육관을 구성하는 하부 문항들에서도 신념의 중요도와 실행 간에는 모든 문항에 있어서 차이를 나타내었다. 교육관에서 신념에 대한 중요도 인식과 실행 간의 차이를 가장 많이 드러낸 문항은 '학교의 교육이념이나 비전을 나의 교과에 통합하여 수업한다'이다.

문항 중 신념의 중요도가 가장 높은 문항은 '기독교 대안학교 교사로서 분명한 소명의식이 있다'는 문항이 4.48로 가장 높은 신념을 나타내었다. 신념의 실행에서도 해당 문항이 3.84로 다른 문항에 비하여 가장 높은 실행을 나타내었다. 다음은 '학교가 가지는 비전과 목표에 동의하고 헌신한다'가 중요도와 실행에 있어서 다음으로 높은 문항이었다. 반면에 가장 낮은 신념의 중요도 인식을 나타낸 문항은 '학교의 교육철학과 나의 교육철학을 동일시한다'의 문항으로 중요도가 3.96을 나타내었다. 실행에서 가장 낮게 나타난 문항은 '학교 철학이 반영된 교수학습 전략에 관해 연구하여 실행하고 있다'의 문항이 3.22를 나타내었다.

따라서 기독교 학교 교사들은 기독교 학교 교사로서 분명한 소명의식을 지니고 기독교 학교가 가지는 비전과 목표에 동의하고 헌신하지만, 학교의 교육이념이나 비전, 또는 교육철학을 자신의 교과에 통합하여 수업하는 것에는 어려움을 가지고 있는 것으로 해석할 수 있다.

■ 기독 교사들의 학습자관의 중요도와 현장 실행 간 차이

기독교 학교 교사들의 학습자관에 대한 신념의 중요도 인식과 현장 실행의 차이를 분석한 결과, 신념의 중요도는 4.31인 반면, 실행은 3.65로 신념의 중요도 인식에 비해 실행은 약 .66점정도 낮은 것으로 분석되었다($p<.001$). 하위 문항들에서도 신념의 중요도 인식이 실행에 비해 모두 높은 값을 나타내었다. 학습자관에서 신념의 중요도와 실행 간의 차이를 가장 많이 드러낸 문항은 '학생의 능력을 긍정적으로 개발시키는 데 기여한다'로 .98을 나타내었다. 학습자관의 하위 문항 중 가장 높은 신념의 중요도 인식을 나타낸 문항은 '모든 학생에게 공평하고 인격적으로 대한다'로 신념의 중요도는 4.49이며, 실행 또한 3.96으로 높은 값을 나타내었다. 다음으로는 '학생들과의 인간적인 관계 형성을 중시한다'의 문항이 4.44의 중요도를 나타내었고, 실행에서는 3.92의 값을 보였다. 또한 '학생들의 가능성에

대한 신뢰를 가지고 있다'의 문항이 중요도는 4.41이며, 실행은 3.96의 순으로 분석되었다. 학습자관의 경우, 다른 신념에 비해서 신념의 중요도 인식이 높음을 알 수 있다. 즉, 교사들이 다른 부분보다는 학습자와의 관계에 더욱 많은 관심을 기울이고 있기 때문으로 해석할 수 있다.

〈표 Ⅲ. 4〉 기독 교사의 학습자관과 하부 문항들의 중요도와 현장 실행 간 차이

변수		M(SD)		t값(p값)	중요도와 실행 간 차이
학습자관	중요도	4.3128	(.414)	18.44(***)	.66
	실행	3.6588	(.483)		
학생이 능동적으로 학습하는 데 큰 역할을 한다	중요도	4.3493	(.795)	11.07(***)	.93
	실행	3.4163	(1.007)		
학생의 능력을 긍정적으로 개발시키는 데 기여한다	중요도	4.3923	(.772)	13.76(***)	.98
	실행	3.4163	(1.044)		
학생에 대한 긍정적 평가를 통해 학생의 태도를 변화시키고 있다	중요도	4.4115	(.583)	10.79(***)	.78
	실행	3.6364	(.972)		
학생과 관련된 개인적 사항(ex : 가정환경, 심리상태, 교우관계 등)을 파악하고 있다	중요도	4.3014	(.665)	10.09(***)	.59
	실행	3.7081	(.782)		
학생의 현재 문제 또는 고민을 파악함으로써 학생들에게 신뢰를 쌓고 있다	중요도	4.3158	(.593)	12.22(***)	.70
	실행	3.6172	(.801)		
학생의 흥미와 관심사를 존중하고 있다	중요도	4.2536	(.595)	8.38(***)	.54
	실행	3.7177	(.804)		
학생들의 문화를 이해하고 공유한다	중요도	4.1148	(.824)	7.69(***)	.48
	실행	3.6364	(.742)		
학생들과의 인간적인 관계 형성을 중시한다	중요도	4.4450	(.595)	10.00(***)	.52
	실행	3.9282	(.720)		
학생 개개인에 대한 기대수준을 높게 하여 학생들의 성취도를 높이고 있다	중요도	4.0048	(.858)	8.02(***)	.56
	실행	3.4402	(.887)		
학생들의 가능성에 대한 신뢰를 가지고 있다	중요도	4.4163	(.615)	7.11(***)	.45
	실행	3.9665	(.863)		
학생들의 졸업 후 진로에 대해 깊은 관심을 가지고 항상 대화한다	중요도	4.2536	(.641)	10.87(***)	.69
	실행	3.5646	(.836)		
모든 학생에게 공평하고 인격적으로 대한다	중요도	4.4976	(.621)	10.02(***)	.53
	실행	3.9665	(.668)		
학생이 능동적으로 뭔가를 실행할 수 있도록 돕는다	중요도	4.3110	(.799)	11.21(***)	.76
	실행	3.5502	(.995)		

*** p < .001

■ 기독 교사들의 교수·학습관의 중요도와 현장 실행 간 차이

　기독교 대안학교 교사들의 교수·학습관에 대한 신념의 중요도 인식과 현장 실행의 차이를 분석한 결과, 신념의 중요도는 4.08인 반면, 실행은 3.46으로 신념에 비해 실행은 약 .62점 정도 낮은 것으로 분석되었다(p< .001). 하위 문항들에서도 신념의 중요도가 실행에 비해 모두 높은 값을 나타내었다. 교수·학습관에서 신념의 중요도와 실행 간의 차이를 가장 많이 드러낸 문항은 '교수·학습 능력 향상을 위해 교사들과 많은 정보를 공유하고 있다'로 .95를 나타내었다.

〈표 Ⅲ. 5〉 기독 교사의 교수·학습관과 하부 문항들의 중요도와 현장 실행 간 차이

변수		M(SD)		t값(p값)	중요도와 실행 간 차이
교수·학습관	중요도	4.0898	(.461)	17.33(***)	.62
	실행	3.4670	(.439)		
학생의 요구와 관심을 고려한 수업을 한다	중요도	4.1005	(.624)	11.21(***)	.66
	실행	3.4402	(.739)		
체계적인 계획하에 수업을 진행한다	중요도	4.1579	(.671)	10.15(***)	.62
	실행	3.5359	(.740)		
모든 학생의 질문에 긍정적으로 대답한다	중요도	4.0622	(.754)	5.80(***)	.34
	실행	3.7225	(.733)		
학생의 동기유발을 가능하게 하는 다양한 전략을 구사한다	중요도	4.2536	(.618)	11.13(***)	.76
	실행	3.4976	(.872)		
수업에서 보다 많은 학생과 지속적인 상호작용을 한다	중요도	4.2153	(.633)	10.11(***)	.64
	실행	3.5789	(.869)		
모든 학생이 수업에 참여할 수 있도록 다양한 방법을 사용한다	중요도	4.1388	(.661)	9.90(***)	.81
	실행	3.3254	(1.07)		
수업에 부정적 영향을 주는 학생에 대해 적절한 통제를 행하고 있다	중요도	3.9187	(.795)	7.04(***)	.44
	실행	3.4737	(.766)		
평가에 대한 feedback으로 다음 교수·학습을 계획하고 있다	중요도	4.0383	(.713)	10.67(***)	.67
	실행	3.3636	(.827)		
내 담당 교과의 특성에 적합한 다양한 교수방법을 활용하고 있다	중요도	4.1244	(.631)	9.98(***)	.72
	실행	3.4019	(.910)		
학생의 사고를 확장시킬 수 있도록 하는 수업을 진행한다	중요도	4.3014	(.620)	13.16(***)	.87
	실행	3.4354	(.913)		
교수·학습의 과정에서 많은 학생에게 자주 긍정적인 보상(강화)을 실시한다	중요도	3.8947	(.771)	7.77(***)	.52
	실행	3.3780	(.896)		

어떤 형태로든 형성평가를 실시하고 있다(ex: 수행평가, 과제검사, 수업관찰 등)	중요도	3.9234	(.817)	2.86(**)	.18
	실행	3.7416	(1.02)		
수업에서 다양한 수업매체와 자료를 활용한다	중요도	3.8660	(.878)	7.15(***)	.55
	실행	3.3158	(.928)		
학생들이 협력하여 학습하도록 격려한다	중요도	4.1388	(.661)	10.89(***)	.61
	실행	3.5263	(.772)		
내 수업에 대한 반성과 성찰을 통하여 발전하려고 노력한다	중요도	4.3397	(.631)	10.55(***)	.62
	실행	3.7177	(.754)		
교수·학습 능력 향상을 위해 교사들과 많은 정보를 공유하고 있다	중요도	4.0909	(.824)	12.96(***)	.95
	실행	3.1435	(.820)		

*** $p < .001$

교수·학습관의 하위 문항 중 가장 높은 신념의 중요도 인식을 나타낸 문항은 '내 수업에 대한 반성과 성찰을 통하여 발전하려고 노력한다'의 문항으로 중요도가 4.33을 나타내었다. 실행에서도 3.71의 높은 값을 나타내었다. 다음으로 중요도에서 높은 문항은 '학생의 사고를 확장시킬 수 있도록 하는 수업을 진행한다'가 4.30, '학생의 동기유발을 가능하게 하는 다양한 전략을 구사한다' 4.25이다. 실행 부분에서 가장 낮은 값을 나타낸 문항은 '교수·학습 능력 향상을 위해 교사들과 많은 정보를 공유하고 있다'의 문항으로 3.14를 나타내었고, '수업에서 다양한 수업매체와 자료를 활용한다'의 문항은 3.31, '평가에 대한 feedback으로 다음 교수·학습을 계획하고 있다'의 문항은 3.36의 값을 나타내었다. 따라서 기독교 대안학교 교사들은 학습자에 대해 많은 관심을 가지고 자신의 수업을 성찰하며 수업하려고 노력하고 있지만, 실제 교수·학습 능력 향상을 위하여 다른 교사들과 정보를 공유하고 있지는 못하고 있음을 알 수 있다.

■ 기독 교사들의 교과인지관의 중요도와 현장 실행 간 차이

기독교 학교 교사들의 교과인지관에 대한 신념의 중요도 인식과 현장 실행의 차이를 분석한 결과, 신념의 중요도는 4.08인 반면, 실행은 3.64로 신념에 비해 실행은 약 .44점 정도 낮은 것으로 분석되었다($p<.001$). 이는 학습자관이나 교수·학습관에 비하여 교육적 신념의 중요도 인식과 현장 실행의 차이가 가장 적은 것이다. 그러나 모든 문항에서 신념의 중요도 인식과 현장 실행 간에 통계적으로 유의

한 차이를 나타내었다. 교과인지관에서 신념의 중요도와 실행 간의 차이를 가장 많이 드러낸 문항은 '다른 교과와 상호 통합적으로 연결될 수 있도록 수업한다'로 .74를 나타내었다.

교과인지관 중 가장 높은 신념의 중요도를 나타낸 문항은 '교과서에 없는 내용이라도 학생들에게 다양한 경험을 제공할 수 있는 자료를 제시한다'의 문항으로 4.20을 나타내었다. 또한, 실행에서도 3.83으로 분석되었다(p<.001) 다음으로 높은 신념의 중요도를 나타낸 문항은 '교과내용이 실생활과 연결될 수 있도록 구성하여 수업한다'로 4.16이며, 실행은 3.70을 보인다. 반면에 실행의 점수가 가장 낮은 문항은 '다른 교과와 상호 통합적으로 연결될 수 있도록 수업한다'의 문항으로 실행이 3.27로 다른 문항에 비해 낮은 값을 나타내었다. 해당 문항의 신념의 중요도 인식 또한 4.01로 다른 신념에 비해 낮은 값을 보인다. 이와 같은 결과를 토대로 할 때, 기독교 대안학교 교사들은 학생들에게 실생활과 연결될 수 있는 다양한 경험을 제공하려고 노력하지만 다른 교과와 상호 통합적으로 연결하여 수업하는 데는 어려움을 가지고 있는 것으로 해석할 수 있다.

〈표 Ⅲ. 6〉 기독 교사의 교과인지관과 하부 문항들의 중요도와 현장 실행 간 차이

변수		M(SD)		t값(p값)	중요도와 실행 간 차이
교과인지관	중요도	4.0851	(.491)	12.39(***)	.44
	실행	3.6401	(.506)		
학생들의 반응에 따라 수업을 탄력적으로 운영한다	중요도	4.0766	(.811)	6.76(***)	.42
	실행	3.6603	(.901)		
교과교육과정의 연계를 고려하면서 수업을 한다(교과의 계열화와 연속성)	중요도	3.9809	(.877)	7.63(***)	.50
	실행	3.4785	(.821)		
교과내용이 실생활과 연결될 수 있도록 구성하여 수업한다	중요도	4.1627	(.695)	8.10(***)	.46
	실행	3.7033	(.789)		
학생들에게 교과서 이외의 다양한 문제해결 방법을 제시한다	중요도	4.1435	(.642)	9.20(***)	.51
	실행	3.6364	(.773)		
학생들이 가지고 있는 교과 관련 오류를 수정하기 위한 수업을 진행한다	중요도	3.9426	(.732)	7.99(***)	.45
	실행	3.4928	(.785)		
교과서에 없는 내용이라도 학생들에게 다양한 경험을 제공할 수 있는 자료를 제시한다	중요도	4.2057	(.821)	5.92(***)	.37
	실행	3.8373	(.761)		

교과서의 모든 내용을 설명하기보다는 중요한 사항을 위주로 교사가 내용을 재구성하여 수업한다	중요도	4.1244	(.710)	5.01(***)	.29
	실행	3.8373	(.761)		
나만의 교수·학습 know-how를 가지고 있다	중요도	4.1053	(.808)	5.58(***)	.36
	실행	3.7416	(.778)		
다른 교과와 상호 통합적으로 연결될 수 있도록 수업한다	중요도	4.0191	(.679)	12.22(***)	.74
	실행	3.2775	(.808)		
국가수준 교육과정 외의 특성화 교과와 교과 외 활동(체험학습, 인성교육, 방과후 활동)도 나의 수업 일부로 생각하고 가르친다	중요도	4.0813	(.854)	4.92(***)	.33
	실행	3.7560	(.879)		

*** $p < .001$

■ 기독 교사들의 신념 중요도와 현장 실행 간 상관관계 분석

변수들 간의 상관관계를 검증하여 본 결과, 유의수준 .001에서 통계적으로 유의미한 상관관계가 있다고 결론내릴 수 있었다.

〈표 III. 7〉 신념의 중요도 하위 요인 간 상관관계

	신념 전체	교육관	학습자관	교수·학습관	교과인지관
교육관	.734				
학습자관	.800	.410			
교수·학습관	.878	.490	.709		
교과인지관	.816	.439	.521	.649	1.00

($p < .001$)

신념의 중요도에 대한 상관관계 결과, 학습자관과 교수·학습관이 .709로 가장 높은 상관계수를 나타내면서 유의수준 .001에서 통계적으로 유의한 상관관계를 나타내었다. 따라서 학습자관에 대한 신념이 높은 교사는 교수·학습관에 있어서도 높은 신념을 나타내고 있다고 할 수 있다. 반대로 학습자관에서 낮은 신념을 나타낸 교사는 교수·학습관에 있어서도 낮은 신념을 나타내고 있다고 해석할 수 있다. 이와 같은 결과는 학습자관이 높은 교사는 교수·학습에서도 학습자를 배려하고자 하는 마음이 높기 때문으로 판단된다. 다음은 교수·학습관과 교과인지관이 .649의 계수를 나타내면서 통계적으로 유의한 상관관계를 나타내었다.

〈표 Ⅲ. 8〉 신념 실행의 하위 요인 간 상관관계

	신념 전체	교육관	학습자관	교수·학습관	교과인지관
교육관	.772				
학습자관	.755	.400			
교수·학습관	.860	.593	.552		
교과인지관	.804	.461	.459	.628	1.00

(p 〈 .001)

신념 실행의 하위 요인 간 상관관계 결과, 모든 요인 간의 상관계수가 유의수준 .001에서 통계적으로 유의한 것으로 분석되었다. 가장 높은 상관관계를 나타낸 요인은 교수·학습관과 교과인지관으로 .628의 계수를 나타내었다. 따라서 교수·학습관에 대한 신념 실행이 높은 교사는 교과인지관에 대한 실행 또한 높은 것으로 응답했다고 해석할 수 있다. 다음은 교육관과 교수·학습관이 .593의 계수를 나타내었다. 따라서 교육관에 대한 실행이 높은 교사는 교수·학습관에 대한 실행 또한 높은 것으로 해석할 수 있다.

〈표 Ⅲ. 9〉 신념 중요도와 실행의 하위 요인 간 상관관계

신념 중요도	신념의 실행도				
	신념 전체	교육관	학습자관	교수·학습관	교과인지관
신념 전체	.402	.263	.282	.345	.392
교육관	.280	.316	.116	.207	.248
학습자관	.334	.193	.354	.259	.259
교수·학습관	.333	.173	.272	.334	.291
교과인지관	.352	.162	.189	.312	.457

(p 〈 .001)

신념의 중요도와 실행 간의 상관관계 분석 결과, 교과인지관의 관계가 가장 높은 것으로 나타났으며, 계수는 .457을 나타내었다. 따라서 교과인지관에 대한 신념이 높은 교사는 실행에서도 다른 신념에 비해 높은 실행을 보인다고 해석할 수 있다. 다음은 학습자관의 신념과 실행 간의 관계가 .354를 나타내었고, 교수·학습관의 신념과 실행 간에는 .334의 계수를 나타내었다. 그러므로 교사들은 대체로 교육적 신념에 대해 중요하게 생각할수록 실행 또한 잘하는 것으로 해석할 수 있다.

기독교 대안학교 교사들이 중요하게 고려하는 교육적 신념은 무엇이고, 그중에

서 어떤 교육적 신념이 기독교 대안학교 현장에서 적용에 어려움이 있는가를 살펴보았다.

기독교 학교 교사들의 교육적 신념의 현장 적용을 분석한 결과는 다음과 같다. 첫째, 기독교 학교 교사들은 교육관에서 기독교 학교 교사로서 분명한 소명의식을 가지고 있지만, 실행에서 있어서 학교 철학이 반영된 교수학습 전략에 관해 연구하여 실행하고 있지는 못하는 것으로 나타났다. 둘째, 학습자관의 경우, 다른 신념에 비해서 신념의 중요도 인식과 실행에 있어서 높았는데, 이는 기독교 학교 교사들이 학습자와의 관계에 더욱 많은 관심을 기울이고 있기 때문일 것이다. 셋째, 교수·학습관에서 기독교 학교 교사들은 자신의 수업을 성찰하면서 수업하려고 노력하고 있으나, 교수·학습 능력 향상을 위해 교사들과 정보를 공유하고 있지는 못하다. 넷째, 교과인지관에서는 학생들에게 교과서에 없는 내용이라도 실생활과 연결될 수 있는 다양한 경험을 제공하려고 노력하지만 다른 교과와 상호 통합적으로 연결될 수 있도록 수업하고 있지는 못하다.

기독교 학교 교사들은 기독 교사로서 분명한 소명의식을 지니고 기독교 학교가 가지는 비전과 목표에 동의하고 헌신하지만, 학교의 교육이념이나 비전 또는 교육철학을 자신의 교과에 통합하여 수업하는 것에는 어려움을 가지고 있다. 또한, 기독교 학교 교사들은 학습자에 대해 많은 관심을 가지고 자신의 수업을 성찰하며 학생들에게 실생활과 연결될 수 있는 다양한 경험을 제공하는 수업을 하려고 노력하고 있지만, 실제 교수·학습의 현장에서는 교사들과 정보를 공유하면서 상호 통합적으로 연결하여 수업하는 데는 어려움을 가지고 있다.

저자는 다른 연구(2009a)에서 기독교 대안학교 교사들과 일반 학교 교사들의 교육적 신념에 대한 인식과 실행의 차이를 비교 분석하였다. 연구에서 기독교 대안학교 교사는 교육적 신념에 있어서 교육관, 학습자관, 교과인지관의 중요도와 실행에서 일반 학교 교사보다 높은 점수를 나타내었다. 그러나 교수·학습관의 중요도에 대한 인식은 일반 학교 교사가 기독교 대안학교 교사보다 높았고, 실행은 기독교 대안학교 교사가 더 높은 것으로 나타났다. 기독교 대안학교 교사와 일반 학교 교사와의 교수·학습관 하위 문항의 신념 중요도와 실행을 분석한 결과에서 기독교 대안학교 교사들은 일반 학교 교사에 비하여 체계적인 수업이나 동기유발 등을 위한 다양한 전략을 구사하는 것에 대해서는 가장 낮은 실행을 나타내었다. 그러나 기독교 대안학교의 교사들은 수업 시간에 학생들을 통제하지 않는 대신에 모든 학생이 참여할 수 있도록 하는 수업과 학생들의 사고 확장이나 실생활 연계 등을 위해 더욱 다양한 형태의 수업 방식이나 다양한 경험을 제공하기 위한 방법 사용에 대해서는 가장 높은 실행을 보이는 것으로 분석되었다. 즉, 기독교 대안학교 교사들은 특정한 틀에 얽매이지 않은 상태에서 더욱 자유로운 형태의 수업을 진행하고 있다고 할 수 있다. 반면에 일반 학교 교사들은 교육과정과의 연계나 다른 교과와의 상호 통합 등 전체 교육과정의 틀에서 벗어나지 않는 범위 내에서 더 체계적이면서도 학생들의 학습 동기 등을 강화할 수 있는 수업전략을 사용하고 있는 것으로 분석되었다.

기독교 대안학교 교사들의 교육적 신념의 현장 적용에 관한 연구 결과들로부터 얻은 시사점은 다음과 같다. 첫째, 기독교 대안학교 교사들의 중요도 인식과 실제 현장 적용에 있어서 차이를 드러낸 교육적 신념 사이의 갈등을 최소화하려는 방안이 모색되어야 한다. 특히, 기독교 대안학교 교사들이 어려움을 가지고 있는 교수·학습에서의 문제를 개선하기 위한 노력이 요구된다. 둘째, 기독교 대안학교에서 교육받은 경험이 없는 대부분의 기독교 대안학교 교사들은 교사교육에 의해서 기독교 대안학교 교사로서의 교육적 신념을 내면화하고 전문성을 강화하는 과정이 필요할 것이다. 따라서 기독교 대안학교 현장에서 대안교육의 이념을 구현할 기독교 대안학교 교사의 교육적 신념을 강화하기 위해서는 기독교 대안학교에 관심이 있는 예비교사들이나 현직 기독교 대안학교 교사들을 대상으로 하는 수업 전문성 향상을 위한 교사연수 프로그램이 개발되어야 한다. 일반 학교 교사 양성 체제와는 차별화된 전문적이고 장기적인 기독교 대안학교 교사 양성 체제가 마련되어야 하고, 기독교 대안학교 전·현직 교사를 위한 기독교 대안학교 교육철학과 비전이 반영된 기독교 대안학교 교사교육을 위한 교육과정이 개발되어야 한다. 결국, 교사의 전문성이 강화되어질 때 비로소 교사의 교육적 신념의 현장 적용 정도도 높아질 것이기 때문이다.

기독교 대안학교는 일반 학교와는 다른 교육철학과 비전, 정체성을 가지고 설립되었다. 이를 지속시키고 설립 당시의 교육철학이 퇴색되고 변질되지 않도록 하기 위해서는 구성원들의 지속적인 노력이 요구된다. 그중에서도 학교 교육의 최전선에서 학생들을 가르치며, 그 비전을 실천해 나갈 교사들의 신념은 아무리 강조해도 지나치지 않다. 기독교 대안학교 교사들은 성경적 세계관을 바탕으로 한 소명의식을 가지고 학생의 다양성을 인정하고, 학생에 대한 신뢰와 학생에 대한 사랑을 교실에서 구체적으로 실행할 교육 전문가이어야 할 것이다. 그러한 기독교 교사의 교육적 신념을 교육현장에서 실천하기 위해서는 교사들의 지속적인 영적·소명적 전문적 훈련과 재교육이 중요하다.

➡ 본 장에서 제시된 교사신념 측정도구 문항으로 기독 교사로서의 자신의 신념을 확인해보고 현장에서 적용 가능성을 검토해보자.

생각해보기

3부 기독 교사

12. 기독 교사의 전문적 학습 공동체

전문적 학습 공동체(Professional Learning Community)란 교사들이 자발적으로 전문적 성장을 위해 소그룹으로 학습 공동체를 구성하여 학교 내에서 협력과 소통을 통한 연구 활동을 실천하고 그 결과를 다른 교사들과 함께 나누는 모임이다. 여러 나라에서 이미 활성화되어 진행되고 있고, 우리나라에서도 혁신 학교를 중심으로 확산되는 추세이다.

전문적 학습 공동체의 기본 특징들

■ 학교의 사명, 비전, 가치관, 목표를 공유하기

전문적 학습 공동체의 교사들은 학교의 목적과 가치관을 공유하고, 그들이 만들고자 하는 학교에 대한 이해를 가지고 지역사회를 움직이는 데 도움이 되는 집단 공동체를 구성한다. 이들은 바람직한 방향으로 학교를 운영하기 위해 구체적이고, 측정 가능하며, 달성할 수 있고, 결과 지향적이며, 시간을 초월한(SMART) 목표를 달성하기 위해 노력한다.

- 학습에 중점을 둔 협력적인 집단 구성

전문적 학습 공동체는 상호 협력적이며 상호 의존적인 학습 집단이다. 이러한 집단에게는 성인 학습에 필수적인 시간과 지원이 제공되어야 한다. 협업은 "상호 의존적으로 함께 분석하고 영향을 미치는 체계적인 과정이며 개인적 및 집단적 결과를 향상하기 위한 전문적인 실천"이다.

- 집단 탐구

전문적 학습 공동체의 집단은 현 상태에 끊임없이 의문을 제기하고 새로운 교수방법을 찾으며 학습한다. 새로운 교수방법을 실행하고 피드백하여 다음 실행에 반영하는 과정을 순환적으로 실행한다.

- 행동 방향 및 실험

전문적 학습 공동체 구성원은 지속해서 학습과 통찰력을 행동으로 옮긴다. 그들은 학습에 대한 참여와 경험의 중요성과 새로운 아이디어를 실험하고, 그러한 행동으로부터 배운다.

- 지속적인 향상을 추구

전문적 학습 공동체 구성원은 현상 유지에 만족하지 않고 지속해서 상호 목표와 근본적인 목적을 달성하기 위해 더 나은 방법을 추구한다. 집단 전체가 참여하는 진행 절차로는 다음과 같다.
- 현재의 학생 학습 수준에 대한 증거를 수집함
- 강점을 토대로 전략과 아이디어를 개발하고 학습에서 약점을 기술함
- 전략 및 아이디어를 구현함
- 변화의 영향을 분석하여 효과적이었던 것과 그렇지 못한 것을 발견함
- 다음 단계의 지속적인 개선에 새로운 지식을 적용함

- 결과 지향

전문적 학습 공동체의 교사는 실질적인 결과를 토대로 노력을 평가한다. 학생

의 학습에 대한 증거와 그들의 실천을 알리고 향상하는 증거를 사용한다. "전문적 학습 공동체의 성공은 개념 자체의 장점에 있는 것이 아니다. 학교의 개선에 있어서 중요한 요소는 학교 교사들의 헌신과 끈기이다."(DuFour, 2004)

전문적 학습 공동체의 성공을 위한 전제 조건

교사들의 전문적 학습 공동체가 성공적으로 운영되기 위해서는 다음과 같은 조건이 전제되어야 한다.

첫째, 학교현장에서 교사들의 전문적 학습 공동체가 성공적으로 운영되기 위해서 가장 중요한 것은 교사들의 자발성이다. 교사들 스스로 전문적으로 성장하고자 하는 동기와 학생들의 학습을 증진시키고자 하는 목적에서 교사들이 얼마나 자발적으로 협력하고 연구하고 실천하는가이다. 외부 요인 즉, 교장이나 교감에 의한 공동체 구성은 지속적으로 유지되기 어려울 것이다.

둘째, 교사들이 전문적인 학습활동을 하고자 할 때, 지원 환경으로서 교장의 리더십, 물리적인 지원과 여건도 전문적 학습 공동체의 성공 여부에 영향을 미칠 것이다. 교사들의 전문적인 학습활동에 전문적인 멘토가 되어줄 수 있는 교장의 역할은 교사들의 자발성 다음으로 중요한 요인이다. 학교 내의 물리적인 지원과 여건 역시 교장의 리더십에 의해 쉽게 해결될 수 있다.

마지막으로, 전문적 학습 공동체 구성원들의 역량과 노력, 반성적 성찰, 열린 마음 등이 중요한 요건이다. 교사들이 자발적으로 모이고, 여기에 교장이 적극적으로 지원해주면 그다음 모임을 유지하고 발전하게 하는 동력은 교사들이 열린 마음을 가지고 전문적인 성장을 위해 꾸준히 노력하는 것이다. 교사들이 자신의 수업을 공개하여 다른 교사들에게 더욱 적극적으로 동료 장학을 요청하며 스스로 반성적 성찰을 하려고 할 때 바람직한 전문적 학습 공동체로 발전할 수 있다.

전문적 학습 공동체 예시

 교사들은 학교에서 교과수업과 학급운영, 학생상담, 학부모 상담, 교과연구, 학생평가, 비교과활동 지도와 그에 따른 행정 등 많은 업무로 인해 교사들 자신의 성장을 위한 전문적 학습 공동체를 구성할 엄두를 못 내는 경우가 많다. 기독교 대안학교에서 전문적 학습 공동체를 구성하기 위해서는 단계적으로 접근하는 것이 필요하다.

 첫 단계로는 교사들의 성장 욕구를 충족시켜 줄 북클럽 소모임을 운영하는 것이다. 이러한 모임은 선임교사 중에서 또는 책읽기 모임을 원하는 교사 중에서 주도할 수 있다. 서로 의견을 나눌 수 있는 기독교 도서들로 시작해서 구성원들이 읽고 싶은 책을 선정하여 주기적인 모임을 가지며 모임을 정례화한다.

 두 번째 단계로 정례화된 모임에서 자연스럽게 학교현장에서의 어려움을 공유하고, 그것을 극복할 수 있는 방안을 모색하기 위한 문제를 설정하여 문제 중심의 탐구활동을 시작한다. 문제를 해결하기 위해 교사들이 협력적이고 적극적으로 연구하여 공동체의 해결방안을 모색한다. 이때 교사들이 실제적이고 자신들과 관련된 문제일수록 문제해결을 위해 동기유발 될 수 있다. 그다음은 문제해결의 과정을 적용하여 문제에 대한 정확한 인식과 정보수집, 상호 공유 및 토론, 문제의 재검토, 문제해결안의 비교 검토, 성찰과 평가, 보고서 작성 등 문제해결과정을 진행한다.

 셋째, 더 나아가 본격적으로 기독교 학교의 교육과정 개발을 위한 전문적인 연구를 수행한다. 이러한 작업은 더욱 성숙하고 전문적인 학습 공동체로 발전해 나가는 단계이다. 공동체 구성원들이 각자의 전공 교과들에 기독교 세계관을 적용하여 교과 목표와 내용 체계, 수업방법, 평가 등을 개발하고 이를 모아서 전체 교육과정으로 발전할 수 있다. 물론 교과교육과정 개발 이전에 총론적인 학교 교육과정의 방향과 목표 및 기초 연구는 선행되어야 한다.

 여기서 더 발전시키면 STEAM(Science, Technology, Engineering, Arts, Math) 통합교육과정을 개발하기 위한 작업을 실행할 수 있다. 각 교과의 교사들이 각 교과에서 기

기독교 대안학교 교사로 바로서기

본 개념과 주요 내용 체계를 확인하고, 통합 가능한 주제를 추출한다. 통합 영역 내에서 소주제를 설정하여 계열성을 고려한 소주제 목록을 학년별로 할당한다. 학년별로 주제별 수업모형을 고려하여 수업계획안을 준비한다. 이렇게 준비된 통합교육과정을 동료 교사들과 공유하면서 검토와 수정, 수업 적용의 단계로 진행한다.

전문적 학습 공동체를 기독교 학교에서 구현하고자 할 때 교사들이 명심해야 할 핵심가치와 교육과정 철학

- **핵심가치**(Core Values)
  - 무엇을 하든지 다 하나님의 영광을 위하여 하라(고전 10:31)
  - 오직 주의 교훈과 훈계로 양육하라(엡 6:4)
  - 무슨 일을 하든지 마음을 다하여 주께 하듯 하라(골 3:23-24)
  - 함께 즐거워하고 우는 자들과 함께 울라(롬 12:15)
  - 세 겹줄은 쉽게 끊어지지 아니하느니라(전 4:12)
  - 오직 겸손한 마음으로 자기보다 남을 낫게 여기고(빌 2:3)

- **교육과정 철학**

▶ Epistemology(지식관)
  - 모든 지식은 하나님으로부터 창조되었다.
  - 지식은 하나님의 것이다.
  - 지식은 행동을 이끈다.

▶ Anthropology(인간관)
  - 학습자는 이미지 전달자이다(창조적, 사회적, 합리적, 정서적, 미적).
  - 학습자는 하나님으로부터 창조된 유기적 존재이다(창조).

- 학습자는 실수할 수 있다(타락).
- 학습자는 하나님에 의해 구속된다(구속).

▶ Motivation(동기)
- 학생은 항상 동기화되어 있다.
- 모든 동기는 특별한 필요, 목표, 이해, 관심에 의해 유도된다.
- 타락한 본성에 의한 불안은 지속적으로 통합을 추구하도록 이끈다.
- 영성에 의한 교사의 수업은 학생들의 마음에 목표를 두어야 한다.
- 외재적 동기, 즉 보상은 제한된 도구로서만 유용하다.
- 기독교적 교수의 궁극적인 과제는 학생들을 성경적 통합을 향한 동기로 이끌어야 한다.

생각해보기

➡ 내가 기독 교사로서 전문적 학습 공동체 활동을 한다면 무엇을 연구하고 싶은지, 어떤 역할을 수행할 수 있을지 생각해보자.

기독 교사 3부

13. 기독 교사의 교수방법과 학생의 학습양식

최근 교육 패러다임은 교수자 중심에서 학습자 중심으로 전환되고 있다. 교육의 중심이 교수(Teaching)에서 학습(Learning)으로 변한 것이다. 교수자는 학습자에게 '무엇을 가르칠 것인가?' 보다는 '학습자가 무엇을 하게끔 할까'를 먼저 고민하여야 한다는 것이다. 학습자 중심 교육이란 학생들이 원하는 대로 해주는 것이 아니라 학생들의 참여도를 높여서 학생이 자신의 교육을 스스로 책임지고 자신의 교육을 주도할 수 있는 능력을 키워주는 것이다. 정보사회는 학교 교육에 대해 정보활용 기술, 의사소통 기술, 자기관리 기술, 대인관계 기술, 문제해결 기술, 창의력 등을 갖춘 학습자들을 길러낼 것을 요구하고 있다. 이러한 요구에 부응하기 위해서는 전통적인 교육에 대한 과감한 변화가 요구되며, 학교 구성원들의 교육 마인드도 변해야 한다. 변화된 교육 패러다임 속에서 전통적인 교수방법에 변화가 필요하다.

정보사회에서 교사의 역할은 지식 전달과 정보제공자, 학습 통제자의 역할에서 학생들의 자발적인 학습과 학습하는 방법, 창의력과 창조적인 지식창출능력을 배양시키는 정보탐색의 안내자, 조력자로 변해야 한다. 학습자 역시 교육의 대상이 아니라 학습의 주체로서 자신의 능력과 필요에 따라 교사와 동료의 도움을 받으면서 자신의 지식을 구성해 나가는 적극적이고 능동적인 자기 주도적 학습자가

되어야 한다. 따라서 교사는 학습자가 독립적으로 사고하고 학습해 갈 수 있는 능력과 기술을 익히도록, 문제해결에 필요한 고차원적 비판적 사고력을 기를 수 있도록 도와주어야 한다. 교사 역시 자신의 교수방법에 대한 성찰을 통하여 자신의 교수방법을 정확하게 인식하여야 한다.

학생들은 저마다의 학습특성을 가지고 있으며 학습자들 개개인의 학습특성들로 인하여 학교 수업에 어려움을 느끼기도 하고 성공적인 학습자가 되기도 한다. 이는 학습자들의 학습 스타일과 교사의 수업 스타일이 항상 일치하지는 않기 때문이다. 효과적인 수업방법을 모색하기 위해서는 먼저 학생들의 개별적인 학습특성에 대한 이해가 선행되어야 한다. 학생들은 개인에 따라 차이가 있는 정보나 지식을 습득하고 이해하는 방식에 의해서 학습한다. 이를 학습자의 학습양식이라고 한다. 교육의 현장에서 수업이 더욱 효과적으로 이루어지기 위해서는 학생들이 어떠한 학습양식들을 가지고 어떻게 학습하고 있는지, 또 이들을 어떻게 가르치는 것이 바람직한지의 교수·학습에 관한 연구가 필요하다.

하나님께서는 인간에게 여러 가지 능력을 부여하시되 개인에 따라 다르게 부여하셨다. 로마서 12:6에서 "우리에게 주신 은혜대로 받은 은사가 각각 다르니…"라고 말씀하시며, 에베소서 4:7에서는 "우리 각 사람에게 그리스도의 선물의 분량대로 은혜를 주셨나니"라고, 에베소서 4:11에서도 "그가 어떤 사람은 사도로, 어떤 사람은 선지자로, 어떤 사람은 복음 전하는 자로, 어떤 사람은 목사와 교사로 삼으셨으니"라고 말씀하시므로 각자의 은사가 다름을 나타내고 있다. 이것은 능력 면에서도 마찬가지이다. 또한, 예수님은 훌륭한 교수자로서 상황과 대상에 따라서 다양한 교수방법을 몸소 보여주었다. 예수님은 실물을 사용하여 진리를 구체적으로 그리고 생생하게 가르치셨고, 극적인 방법을 많이 이용하셨다. 예수님은 유추, 논증, 논리를 통한 추리적 논리 방법, 비유를 통한 교수방법을 활용하셨다. 대화와 토론 및 문답을 통한 교수법을 사용하셨으며, 은유적인 예화 방법, 문제를 이용한 방법 등 다양한 교수방법을 보여주셨다(송원준, 2002). 이러한 예수님의 상황과 대상에 따른 다양한 교수 스타일은 오늘날의 교사들에게도 시사하는 바가 크다.

학습양식

학습양식(learning styles)이란 학생들의 개별적인 학습특성을 구분하여, 학습자가 정보나 사물을 지각하고 반응하며 기억하고 이해해 가는 고유한 방식이다. 학습자는 문제를 해결하거나 정보를 처리하는 등의 학습 과정에서 자신만의 학습양식을 가진다. 그러나 학습양식의 개념은 너무도 다양하여 학자마다 학습의 다양한 상황을 저마다 다른 관점에서 정의한다(조인진, 2009b).

Dunn(1986)은 학습양식을 정보를 선택하고 획득하는 능력에 영향을 주는 학습자세 또는 학습환경이라고 하면서 수업환경모델을 제시하였다. Dunn은 학습양식을 자극유형에 따라 환경요인(소리, 빛 온도, 교실구조), 정서적 요인(동기, 지구력, 책임감), 사회적 요인(개인, 그룹, 어른), 신체적 요인(지각요령, 자세), 심리적 요인(분석적, 대외선화, 반사적)으로 구분하였다. 그러나 이 경우 학습 과정에 작용하는 인지적 측면을 무시하고 있으며, 학습자 스스로 자신의 선호를 정확히 진술할 수 있느냐의 문제가 제기된다.

Kolb는 학습양식을 '학습의 과정에서 학습자가 사용하는 정보의 지각방식과 정보의 처리방식'으로 정의하였다. 정보지각방식은 구체적 경험을 통해 지각하는 유형과 추상적으로 개념화하는 유형으로 나누어진다. 정보처리방식은 반성적으로 관찰하는 유형과 능동적으로 실험하는 유형으로 나뉜다. 이를 근거로 Kolb는 각 학습과정 내에 성찰자, 이론가, 실용가, 행동가 네 가지 유형의 학습양식을 제시하였다. Kolb는 학습양식이란 유전, 과거의 경험, 그리고 개인의 경향에 의해 결정되는 것이라 하였다.

Grasha는 독립적 학습, 의존적 학습, 협동적 학습, 경쟁적 학습, 참여적 학습, 회피적 학습의 여섯 가지로 학습양식을 분류하는 상호작용모델을 제시하였다. 학습양식은 학습자의 사회 심리적 필요가 학습상황 및 교수자의 행동과 만나 일으키게 되는 상호작용이라고 하였다. 학습자에게 익숙한 사회환경과 사회 감정적 필요를 채우는 환경에서 학습이 효과적으로 진행된다고 하였다. 이처럼 학습양식의 개념은 학자마다 다소 차이가 있지만, 학습양식은 학습자 개인이 정보를 처리하고 인식하는 방법과 관련되어 있다는 것에 대해서는 대부분 일치한다.

Felder는 학습양식을 학습자가 학습상황에서 정보를 어떻게 지각하고 입력하며 구성하고 처리하고 이해하는지의 5단계로 보고, 각 단계에서는 학습자의 선호가 드러나는 양극단의 개념으로 설명하고 있다<표 Ⅲ. 10> 참조). Felder(1993)는 학습양식(learning style)을 다음과 같은 다섯 가지 형태로 구분하여 설명하고 있다. 즉, 선호하는 정보 인식 형태영역에서의 Sensory(감각형) vs. Intuitive(직관형) 학습양식, 외부정보를 입력하는 방식에서의 Visual(시각형) vs. Verbal(언어형) 학습양식, 정보를 조직하는 방법에 있어서 관찰과 자료로 시작해서 일반적인 규칙이나 원리를 이끌어내는 귀납형(Inductive)과 일반적인 원리에서 구체적인 현상을 이끌어내는 연역형(Deductive) 학습양식, 정보를 처리하는 방법에 있어서 Active(활동형) vs. Reflective(숙고형) 학습양식, 정보를 이해하는 과정에서 Sequential(순차형) vs. Global(총체형) 학습양식이다.

Felder와 Silverman은 미국 대학생들에게 있어서 학생들의 학습양식과 교수자의 교수 스타일의 불일치는 학생들의 수업집중도를 저하시키고, 낮은 학업성취의 원인이 되어 학생들이 수업에 잘 적응할 수 없다는 것을 밝혀내었다. 이러한 상황을 극복하기 위하여 이들은 교사들에게 학생들의 다양한 학습양식에 적합한 교수방법 개발에 필요한 기준을 제공하기 위하여 학습양식을 연구하였고, 이를 기초로 ILS(Index of Learning Style)를 개발하여 현재 여러 나라에서 널리 사용되고 있다. ILS는 학생들의 학습양식을 네 가지 범주로 나누어 각 범주에 11문항씩 44개 문항으로, 각 범주에 대한 학생들의 선호도를 분류하기 위한 문항들로 구성되어 있다. ILS는 1997년 온라인 버전으로 개발되었고 수 개 국어로 번역되어 제공되고 있다.

<표 Ⅲ. 10> Felder(1993)의 학습양식 유형

영역	유형
정보인식	Sensory(감각형) vs. Intuitive(직관형) Perception
정보입력	Visual(시각형) vs. Verbal(언어형) Input
정보구성	Inductive(귀납형) vs. Deductive(연역형) Organization
정보처리	Active(활동형) vs. Reflective(숙고형) Processing
정보이해	Sequential(순차형) vs. Global(총체형) Understanding

■ 정보인식

학생이 정보를 인식하는 유형은 감각형과 직관형으로 나누어 볼 수 있다. 감각형은 감각적 정보(시각, 청각, 촉각)에 관심이 있고, 구체적 정보(사실 데이터)나 실제와 연결된 것에 관심을 둔다. 감각형의 학습양식은 이미 배웠거나 책에 나오는 정형적인 문제풀이의 학습을 선호한다. 이러한 학습양식을 가진 학습자들에게는 감각을 통해 얻는 구체적 정보를 제공해 주는 것이 좋다. 직관형은 직관적인 지각(아이디어, 기억)에 관심을 가지며, 추상적 정보(이론, 모델)나 의미를 찾는 학습에 관심을 갖는다. 이러한 학습자들에게는 추상적인 정보를 제공해주는 것이 바람직하다.

■ 정보입력

학생이 정보를 입력하는 유형을 시각형과 언어형으로 나누어 보았을 때, 시각형은 다양한 것을 좋아하고 반복하는 것을 싫어한다. 시각적인 정보(그림, 도형, 스케치, 개요, 순서도, 지도 등)를 선호해서 정보를 입력할 때 무엇인가 보여지기를("show me") 원한다. 이렇게 시각형 정보를 선호하는 학습자들에게는 챠트나 그림 등 시각적인 정보를 제공해주는 것이 바람직하다. 반면 언어형은 언어적인 정보(글, 대화)를 선호해서, 정보가 설명을 통해서("explain to me") 입력되는 것을 선호하며 더욱더 잘 입력된다고 생각한다. 이러한 언어형의 학습자들에게는 설명이나 글 등 언어적 정보를 제공하는 것이 바람직하다.

■ 정보처리

학생이 정보를 처리하는 양식은 활동적인 유형과 반추적(반성적)인 유형으로 나누어 볼 수 있다. 활동형은 말을 하거나 행동하면서 정보를 처리하는 유형으로 일단 행동에 옮기고 이해하려는 행동형이며 그룹으로 하는 학습을 선호한다. 이런 학생을 위해서는 활동적인 소그룹 활동 수업, 예를 들면 협동학습이나 토론 수업, 문제중심학습, 실행학습 등을 진행하는 것이 효과적이다. 반추형은 혼자 곰곰이 생각하면서 정보를 처리하며 혼자 이해한 후 행동으로 옮기는 심사숙고형이다. 혼자 혹은 단짝과 하는 학습을 선호한다. 이런 학생들에게는 개별과제를 수행하도록 하는 수업이 효과적이다.

■ 정보이해

학생이 정보를 이해하는 유형은 순차형과 총체형으로 나누어 볼 수 있다. 순차형은 전체 내용을 이해해 가는 과정이 연속적이고 단계적으로 진행하며, 부분적인 이해로도 어느 정도의 이해능력을 나타낸다. 순차형은 체계적으로 분석하고, 수렴적으로 사고하는 것을 잘한다. 이러한 유형의 학습자에게는 순차적으로 즉, 부분을 잘 연결하여 정보를 제시해주는 것이 잘 이해하도록 하는 방법이다. 총체형은 전체를 통합적으로 이해하며, 복잡한 상황에 대해 포괄적으로 이해한다. 총체형은 종합적이고 창의적인 사고를 잘하기 때문에 이러한 유형의 학습자들에게는 총체적인 큰 그림을 제시해주는 것이 바람직하다.

학습양식과 교수 스타일

최근 학생들의 학습양식은 전체적으로 정보 인식에서는 직관적이기보다는 감각적으로, 정보입력에서는 언어적이기보다는 시각적으로, 정보처리에서는 반추적이기보다는 활동적으로, 정보이해는 순차적이기보다는 총체적인 것이 추세이다.

첫째, 정보인식 면에서 일반적으로 많은 학습자가 감각적인 데 비해, 많은 교사가 감각적이기보다는 직관적 유형이다. 수업 대부분은 추상적 개념이나 이론을 다루게 된다는 점에서 학생들의 학습양식은 교수방법에 쉽게 적응되기 어려울 것이라고 예상된다. 더구나 앞으로의 학습자들은 더욱 감각적인 정보환경에 노출되고 익숙한 학습자들이기 때문에 이에 대한 교사들의 대비가 있어야 할 것이다.

둘째, 정보입력 면에서 학교에서의 수업은 교재와 강의로 진행되어 대부분 언어적 정보로 구성된다. 다양한 시각적인 자료가 제시되기보다는 설명 위주의 강의식 수업이 이루어진다. 그러나 학습자들 대부분은 시각적 정보입력 방법을 선호한다는 점에서 수업에서 언어적 설명 이외의 다양한 자료 제시를 고려해 보아야 한다.

셋째, 정보구성 방법에서 볼 때, 학습자들은 구체적인 사례나 현상에 대한 설명을 바탕으로 개념이나 원리를 이끌어내는 귀납적인 접근의 성향을 보이는 한편, 대부분의 학교수업은 원리를 중심으로 구체적인 현상을 이해하는 연역적인 접근을 하고 있다.

넷째, 정보처리 방법에서 볼 때, 활동적 학습자(active learner)는 말을 하거나 행동을 수반하여 정보를 처리하고 반성적 학습자(reflective learner)는 혼자 곰곰이 생각하며 처리하는 경향을 보인다. 두 유형 모두 학습자가 적극적으로 학습한다는 것을 전제로 한다. 그러나 대부분의 학교수업은 활동적도 아니고 반성적도 아닌 수동적 수업이다. 따라서 학생들이 적극적으로 활동하고 숙고할 수 있도록 유도해야 한다. 다양한 학습양식의 균형적인 제시를 위해서도 학생을 위해서는 활동적인 소그룹 활동 수업, 예를 들면 협동학습이나 토론 수업, 문제중심학습, 실행학습 등의 수업을 모색해 보아야 한다.

다섯째, 정보를 이해하는 방법에서 최근 학생들은 총체적인 유형을 선호한다. 그러나 대부분의 수업의 흐름은 연속적으로 조직되고 진행된다. 학생들의 학습양식과 기존의 교수방법이 일치하지 않는 측면이다. 따라서 교육활동에서 통합적 학습자를 위해 포괄적이고 통합적인 사고가 시도되고 권장될 필요가 있다.

마지막으로 학생들의 학습양식을 복합적으로 고려한 효과적인 교수방법을 제안해본다. 첫째, 감각적, 시각적, 총체적인 학습자들을 위해서 이론이나 개념을 설명하기 전에, 그 이론을 전체적으로 묘사하는 시각적 및 구체적 자료를 제시한다. 둘째, 감각적, 시각적인 학습자들을 위해서는 언어적인 설명을 제시하기 전후, 도중에 그림이나 도표, 간단한 스케치 같은 구체적인 자료를 제시하거나, 숫자를 사용한다. 셋째, 활동적, 감각적, 시각적인 학습자들을 위해서는 실연(實演)을 제시하고, 가능하면 실제로 해보게 한다. 좋은 프로그램이 있다면 이러닝을 활용할 수도 있다. 넷째, 반성적, 직관적, 총체적인 학생들을 위해서는 학생들이 말할 것이 무엇인지 생각할 시간

을 준다. 분석하고 종합해서 해결하는 개방적인 문제와 경험을 제시하고, 틀린 해결과 독창적인 해결을 격려한다.

앞으로 교사들은 학생들의 학습양식의 변화추이를 지켜보면서 학생들의 학습양식 변화에 따라 교수방법을 유연하고 융통성 있게 대처해 나갈 수 있기를 기대한다. 또한, 학습양식은 고정된 것이 아니라 학습환경이나 교육에 의해 변화될 수 있으므로 학생들의 더욱 언어적이고 직관적, 반추적인 학습양식의 개발에 관해 관심을 가지고 교육하여야 할 책임이 교사들에게 주어져 있다.

■ 학생의 학습양식을 고려한 효과적인 교수방법을 위한 몇 가지 Tips
- 이론이나 개념을 설명하기 전에, 그 이론을 전체적으로 묘사하는 시각적 및 구체적 자료를 제시(감각, 시각, 직관, 포괄)
- 언어적 설명을 제시하기 전후, 도중에 그림이나 도표, 간단한 스케치 같은 구체적인 자료를 제시(감각, 시각)
- 실연(實演)을 제시하고, 가능하면 실제로 해보게 함(감각, 시각, 활동)
- 수를 사용(감각, 시각)
- 학생들이 말할 것이 무엇인지 생각할 시간을 줌(반성, 직관)
- 교실에서 소그룹 활동을 경험하도록 하고(활동, 반성적) 반 전체에게 묻는 말은 그룹에 의해 답하게 함
- 좋은 소프트웨어가 있다면 컴퓨터 보조 학습프로그램을 사용(감각, 활동)
- 분석하고 종합해서 해결하는 개방적인 문제와 경험을 제시
- 과제해결에서 학생들을 협동하도록 함(모든 양식)
- 틀린 해결과 독창적인 해결을 격려(직관적, 포괄적)
- 한 번에 많은 아이디어를 창출하고 차례로 검증할 수 있도록 함(포괄, 연속)

교수 스타일(teaching style) 진단

교수 스타일(teaching style) 진단은 교사가 선호하는 교수방법의 양식을 유형화하여 교사의 선호 경향을 분석하기 위한 것이다.

교사 각자가 자신의 수업 스타일에 대하여 정확하게 인식하는 것은 학습자들의 학습양식에 더욱 적절하고 융통성 있게 대처할 수 있도록 한다. 자신이 선호하는 교수 스타일을 점검함으로써 교수활동에서 유연성을 확보하고 해당 경향을 보완하거나 더욱 발달시킬 수 있는 근거를 제공받을 수 있다.

■ **교수 스타일 진단 도구** (Teaching Style Inventory)

본 검사는 교사들의 교수(teaching) 스타일을 분석하기 위한 것입니다.
다음 문항을 잘 읽고 ①, ②번 중 자신의 가르치는 습관에
보다 가까운 내용을 선택해 주십시오.

1. 나는 .... 을(를) 가르치는 것이 쉽다.
   ① 사실이나 실제　　　　　　　② 개념이나 이론

2. 새로운 정보를 전달할 때, ... 을(를) 통해 전달하는 것을 좋아한다.
   ① 그림, 그래프, 지도, 도표　　② 설명이나 글로 쓰인 자료

3. 나는 .... 으로 수업을 진행한다.
   ① 구체적인 현상을 관찰하고 그 결과를 종합하여 원리를 끌어내는 방식
   ② 이론적인 원리를 미리 말하고, 그 원리를 증명하기 위하여 검증하는 방식

기독교 대안학교 교사로 바로서기

4. 나는 학생들이 어떤 것을 .... 가르친다.
① 실제로 해 볼 수 있도록　　　　② 잘 생각해 볼 수 있도록

5. 나는 먼저 ....
① 각 부분을 설명하고 나서, 전체를 가르친다.
② 전체의 흐름을 설명하고 나서, 각 부분이 어떻게 연결되는지를 가르친다.

6. 학생들이 과제/공부를 할 때, 나는 .... 한다.
① 한 가지 방법을 완전하게 익히도록
② 다양한 방법을 골고루 시도하도록

7. 학생이 내게 자료를 설명한다면, 나는 .... 을 좋아한다.
① 결과를 보여주는 도표나 그림　　② 결과를 요약하는 글

8. 나는 주로 .... 과제를 준다.
① 자료를 모아서 종합한 후 자료에 근거하여 전체의 원리를 찾거나 결론을 이끌어내는
② 원리나 결론을 설명하고 이를 뒷받침할 자료를 제시하는

9. 새로운 것을 가르칠 때, ... 유도한다.
① 내용에 대해 다른 사람과 이야기하도록
② 내용에 대해 깊이 생각해 보도록

10. 새 과목을 가르칠 때, 나는 먼저 .... 설명한다.
① 그 과목 자체에 초점을 두고 구체적 내용을 이해하도록
② 그 과목의 내용이 다른 과목과 어떻게 연관되는지

■ 교수 스타일 특성과 교수 방법

영역	유형	특성	교수방법
정보인식 (1, 6)	감각형	감각적 정보(시각, 청각, 촉각)에 관심 구체적 정보(사실 데이터), 실제와 연결된 것에 관심 배웠거나 책에 나오는 정형적인 문제풀이 선호	감각을 통해 얻는 구체적 정보제공
	직관형	직관적인 지각(아이디어, 기억)에 관심 추상적 정보(이론, 모델), 의미를 찾는 것에 관심 다양한 것을 좋아하고 반복하는 것을 싫어함	추상적 정보제공
정보입력 (2, 7)	시각형	"show me" 시각적인 정보(그림, 도형, 스케치, 개요, 순서도, 지도 등) 선호	도표나 그림 등 시각적 정보제공
	언어형	"explain to me" 언어적인 정보(글, 대화)를 선호	설명이나 글 등 언어적 정보제공
정보구성 (3, 8)	귀납형	관찰, 데이터, 현상에서 일반적인 규칙이나 원리를 이끌어냄	관찰 자료나 데이터 제공
	연역형	일반적인 규칙이나 원리에서 구체적인 현상(관찰, 데이터, 현상)을 이끌어냄	일반적 규칙이나 원리 중심
정보처리 (4, 9)	활동형	말을 하거나 행동하면서 정보처리 일단 행동에 옮기고 이해하려는 행동형 그룹으로 하는 학습 선호	활동적(활동 중심, 조별모임) 수업
	반추형	혼자 곰곰이 생각하면서 처리 혼자 이해한 후 행동으로 옮기는 심사숙고형 혼자 혹은 단짝과 하는 학습 선호	수동적 (개별과제 수행) 수업
정보이해 (5, 10)	순차형	전체 내용을 이해해 가는 과정이 연속적이고 단계적으로 진행 부분적인 이해로도 어느 정도의 능력을 나타냄 체계적인 분석, 수렴적 사고를 잘함	순차적 (부분연결) 제시
	총체형	전체를 통합적으로 이해함 복잡한 상황에 대해 포괄적으로 이해함 종합적이고 창의적인 사고를 잘함	총체적 (큰 그림) 제시

가르치는 기술(teaching skill)은 단순한 연습만으로 개선되지 않는다. 즉 연습과 반성(feedback), 교정(revision)이 복합적으로 작용하여 기술을 개발할 때 그 전문성이 확보될 수 있다. 아래 제시하는 교사의 자가 평가는 자신의 평가와 학생의 평가가 얼마나 일치하는가를 돌아보는 기회를 제공한다.

학생들로부터의 수업 평가도 자신의 수업이 전체적으로 수업 목표에 맞게 진행되었는지 돌아보는 데 도움을 준다. 학생의 평가와 자가 평가 결과를 비교하면서 자신이 가진 장단점을 되돌아보면서 자신의 어떤 특정 행동이 높은 점수를 받고 어떤 부분에서 낮은 점수를 받았는지 파악하는 자료로 활용할 수 있다. 다음 수업을 위해서 개선해야 할 사항 혹은 영역을 정하거나 개선을 위한 전략을 세우는 데 많은 아이디어를 제공할 것이다.

각 항목은 교사를 평가할 수 있는 방법을 반영하고 있다. 수업에서 가르치는 것에 해당하는 정도에 표시해 보라.

■ **교사 자가 평가** (나의 강의 되돌아 보기)

수업을 진행하면서, 나는 ~ :

문항	전혀 그렇지 않다		그렇다		매우 그렇다
1. 수업 중 나와 다른 관점들도 언급하며 다룬다.	1	2	3	4	5
2. 이 분야의 최근 연구된 부분들을 다룬다.	1	2	3	4	5
3. 더 흥미롭거나 관계된 사항들에 대해서 학생들이 참고하도록 자료를 제공한다.	1	2	3	4	5
4. 개념적인 이해를 강조한다.	1	2	3	4	5
5. 이해를 돕기 위하여 분명한 예를 제시한다.	1	2	3	4	5
6. 수업준비가 잘 되었다.	1	2	3	4	5
7. 개요화하기 쉬운 수업을 한다.	1	2	3	4	5

8. 주안점을 요약한다.	1	2	3	4	5
9. 중요하다고 생각되는 점을 분명하게 강조한다.	1	2	3	4	5
10. 수업 시 토론을 유도한다.	1	2	3	4	5
11. 학생들이 자기 생각과 경험을 동료들과 공유하도록 한다.	1	2	3	4	5
12. 내 생각에 대한 학생들의 비판을 수용한다.	1	2	3	4	5
13. 학생들이 내 강의를 이해하는지 그렇지 않은지를 파악하고 있다.	1	2	3	4	5
14. 이해를 분명히 하기 위하여 학생들이 개념을 적용해 보도록 유도한다.	1	2	3	4	5
15. 수업에서 어려움을 갖는 학생을 위한 개별적인 도움을 제공한다.	1	2	3	4	5
16. 학생들의 개인차를 고려하여 수업을 계획한다.	1	2	3	4	5
17. 수업 시간 외에도 학생들에게 수업에 대한 도움을 줄 수 있다.	1	2	3	4	5
18. 흥미로운 유형의 발표를 할 수 있도록 지도한다.	1	2	3	4	5
19. 내 목소리의 속도와 음량은 다양하다.	1	2	3	4	5
20. 학생들이 학업에 최선을 다하도록 동기를 부여한다.	1	2	3	4	5
21. 흥미롭고 동기를 유발하는 과제를 부여한다.	1	2	3	4	5
22. 학생들이 수업을 이해하고 있는지 확인하기 위한 평가를 한다.	1	2	3	4	5
23. 학생들에게 자신의 학습 향상 정도에 대한 정보를 지속해서 제공한다.	1	2	3	4	5

출처 : http://teaching.berkeley.edu/compendium/appendixb.html

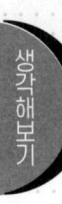

➡ 나의 교사로서의 교수양식(teaching style)을 진단하여 보고, 학생의 학습양식을 고려한 수업을 재검토하여 보자.

기독 교사 3부

14. 기독 교사의 수업운영

　기독교 학교의 현장에서 실제 교육을 실행해 나가는 교사들이 일반 학교와는 달리 기독교 세계관을 수업에서 어떻게 적용해 나가는지를 살펴보고자 한다. 그동안 기독교 대안학교의 성공은 교사들의 헌신적인 노력에 의해서라고 할 수 있을 정도로 기독교 학교에서 교사의 역할은 대단히 중요하다. 기독교 학교 교사는 기독 교사로서의 기독교 교육적 신념과 교육자로서의 전문적 자질에 대해 준비되어야 한다. 즉, 기독교 교육의 이념과 목표에 따른 교육관, 실천 의지, 교육적 역량을 갖추어야 한다. 이러한 교사의 역량은 수업을 어떻게 준비하고 교실에서 실행하는가로 나타난다.

　기독 교사의 수업은 '실제 삶'의 문제와 상황을 제공하도록 수업내용을 재구조화해야 하며, 이를 통해 학생이 더욱 생생하고 맥락적인 실제 문제에 대한 비판적 사고력과 창의적 문제해결능력을 함양하도록 해야 한다. 수업에서 학생들이 수업의 주체로서 적극적이고 능동적으로 참여하고, 동료 학생들과의 공동작업(co-work) 즉, 협동학습, 프로젝트학습, 문제중심학습 등을 통하여 자신의 대인관계 의사소통 능력과 집단적 문제해결능력을 향상시킬 수 있도록 계획되기를 기대한다.

　교사들은 한 학기 또는 일 년 과정의 수업을 준비하기 위해 수업계획서를 작성한다. 일반 학교의 경우에는 교사들이 교사용 지침서의 안내에 따라서 수업계획서를 작성한다. 교사용 지침서는 교과서를 개발한 저자와 출판사에서 병행 개발하여 제공하는 것이다. 그러나 기독교 학교의 경우에는 일반 학교와는 달리 기독교 세계관을 적용한 수업계획서를 개발하여 구성해야 하므로, 기독 교사로서의 전문성이 가장 선명하게 나타나게 된다. 수업계획서는 교사들에게 수업 지도(Instructional Map)의 역할을 한다.

기존의 교육학 저서들은 수업계획과 운영에 대해 주로 이론적으로 설명하는 방식이었다. 하지만 그동안의 교사연수와 예비교사 교육에서 경험한 바로는 실제 교육현장에서 수업을 위해 준비한 수업계획서 사례들을 제시해 주는 것이 보다 효과적이라는 것을 알 수 있었다. 이에 본서에서는 교과별, 학년별로 실제 교육현장에서 사용하였던 수업계획서를 제시한다. 수업계획서에는 학교의 특성과 교육철학, 교육과정 운영 특성이 반영된다. 여기서 제시된 수업계획서는 학교장의 교사 장학을 반영한 수업계획서이다. 먼저 교사들에게 제시한 수업계획서 양식과 검토 체크리스트를 참고하고, 실제 사례들을 살펴보면서 본인의 수업과 비교해 볼 수 있을 것이다.

➡ 기독교 세계관을 적용한 나의 수업계획서를 작성해보자.

➡ 기독교 세계관을 반영한 목표설정, 내용선정, 교수·학습방법, 평가에 대해 생각해보자.

14. 기독 교사의 수업운영

교과명 :
교사명 :
E-mail :

수업계획서

1. 교과목 개요
과목 전체를 개관할 수 있도록 함축적인 문장으로 간단, 명료하면서도 추상적이지 않고 쉽게 작성한다. 다른 과목과의 연관, 선수과목, 필요한 선수학습 정도를 상세히 기술하고, 과목개설의 이유와 근거, 수업의 성격을 제시한다.

2. 수업목표
기독교 세계관을 포함하여 교사가 수업에서 의도한 성취 목표를 진술한다.

3. 학습 목표
학습 목표는 수업 후 학생들이 무엇을 할 수 있으며, 어떤 능력을 갖출 수 있는지 명확하고 구체적으로 기술하되, 최종 목표와 구체적 목표로 제시한다.
-
-
-

4. 학습자 분석
본 과목과 관련된 학습자의 선행학습 성취 정도(출발점 행동), 학습 동기, 학습 태도, 흥미, 적성, 집단의 특성 등을 이전 자료에 근거하여 구체적으로 분석한다.

5. 선수 학습요인

본 과목과 관련하여 이전에 학습했어야 할 과목 또는 학습요인을 명시한다.

-
-
-

6. 수업방법

수업방법은 교과의 성격과 목표, 수업 단위 내용 등에 따라서 발표와 토론, 협동학습, 문제중심학습, 팀별 주제연구, 거꾸로 수업 등 역동적이고 학생들이 참여하는 수업방법을 계획한다.

-
-
-

7. 교재

교재는 최신의 것으로 학생들의 수준을 고려하여 선정하고 저자, 서명, 연도(판본), 출판사 등을 제시한다. 참고문헌은 교사와 학생이 참고할 자료들을 명시하고, 수업 관련 웹사이트를 안내한다.

-
-
-

8. 필독도서

본 과목과 관련된 읽기 자료들의 필수 또는 권고 사항을 명시한다. 학생들의 독서 능력과 기초 기반교육의 강화를 위하여 모든 수업에 필독도서와 추천 도서를 제안하고, 필독도서는 수업계획 안에 포함되어 실행한다.

9. 수업 매체와 자료

본 수업에서 활용할 다양한 수업자료와 매체에 대해 사전에 계획한다.

14. 기독 교사의 수업운영

10. 단원 목표

　　단원 I: 주제
　　목표:

　　단원 II:
　　목표:

　　단원 III:
　　목표:

　　단원 IV:
　　목표:

11. 주차 계획

　　주별로 간결하고 명료한 수업목표와 내용을 소개하고, 주별 수업방법, 수업자료를 교재 및 참고문헌 등 수업 일정에 따라 상세히 제시하여 학생들이 수업을 준비하거나 예습할 수 있도록 한다. 토론 수업의 경우는 토의 주제, 토의 유형, 관련 교재 읽기 등을 명시한다. 주별 일정에 따른 시험과 퀴즈, 과제들의 마감 날짜, 주별 특이사항 등을 포함한다.

주차	주별 수업주제	목표	수업방법	과제, 수업자료 등
1주차	오리엔테이션 수업개요 및 수업 운영에 대한 안내, 교사와 학습자 소개			
2주차	수업주제:	수업목표: 수업내용:	소집단토론, 협동학습, 발표, 연극, 동영상 시청 등	교재1의 0장, 교재2의 0장, 동영상 자료, 관련 웹사이트
3주차				
4주차				

5주차				
6주차				
7주차				
8주차				
9주차				
10주차				
11주차				
12주차				
13주차				
14주차				
15주차				
16주차				
17주차				
18주차				

14. 기독 교사의 수업운영

12. 평가 계획

평가는 수업목표를 준거로 다양한 평가유형을 고려한다. 다양한 평가요소별로 평가비율을 설정한다. 예를 들면,

평가요소	Percentage
학습태도	5%
노트필기	5%
정기고사(중간, 기말)	35%
그룹 프로젝트	20%
퀴즈	10%
과제	10%
수업참여	15%

13. 평가준거

평가요소별로 성취기준을 설정하여 평가준거를 명확하게 제시한다. 평가항목별 비율을 %로만 제시하는데 그치지 않고 평가항목에 대한 평가준거를 상세하고 구체적으로 제시한다. 과제는 교과 목표, 내용과 연관되고, 학생들의 수준과 시간을 고려하여 부과한다. 과제물의 주제, 작성방법, 분량, 참고자료, 과제물 제출 시한, 과제의 평가방법 등을 구체적으로 제시한다.

14. 평점 기준

A+	100%-95%	4.0
A	94%-90%	3.75
B+	89%-85%	3.5
B	84%-80%	3.0
C+	79%-75%	2.5
C	74%-70%	2.0
D+	69%-65%	1.5
D	60%	1.0
F	below 59%	0

15. 평가요소 또는 과제의 제출 기한, 평가비율(예시)

평가요소, 과제	제출 기한	비율
노트 필기		05
수업참여(발표, 토론)		15
퀴즈		10
중간 시험		15
그룹 프로젝트		20
실험보고서 또는 과제		10
기말시험		20
학습태도		05
합계		100

16. 교실 규칙

-
-
-
-
-

14. 기독 교사의 수업운영

수업계획서 검토 체크리스트

학과		과목		교사				
순서	문항			매우 만족	만족	보통	불만족	매우 불만족
1	포함된 요소의 적절성(목표, 내용, 방법, 과제, 평가 등)							
2	교과목 개요 제시의 적절성(수업의 성격, 수업개관)							
3	수업목표 제시의 적절성(명료성, 구체성)							
4	수업내용 제시의 적절성(수업목표와 내용의 연관성)							
5	수업방법 제시의 적절성							
5-1	수업의 성격에 따른 다양한 수업방법 적용							
5-2	수업 매체 활용의 다양성							
6	수업자료 제시의 적절성							
6-1	교재의 적합성, 정확한 정보(저자, 서명, 연도, 출판사)							
6-2	수업자료의 다양성							
7	학습과제 제시의 적절성							
7-1	수업목표와의 연관성							
7-2	과제에 대한 구체적인 정보 제시(주제, 방법, 분량, 참고자료, 제출시한, 평가준거 등)							
8	평가 계획의 적절성							
8-1	평가 유형의 다양성							
8-2	평가항목에 대한 평가준거의 구체적 제시							
9	주간 계획의 적절성							
9-1	주별 수업목표 명시							
9-2	주별 수업주제와 내용의 상세화							
9-3	주별 수업방법 제시							
9-4	주별 수업자료와 교재, 참고자료							
9-5	주별 퀴즈, 시험, 과제 등 특이사항 포함							
10	수업계획의 창의성							
11	기독교 세계관 적용(목표, 내용, 방법, 과제, 평가 등)							
12	의견							

기독 교사 3부

과목명: 인체–공간–빛   과목영역: 과학, 미술 통합
담당교사: 시수: 70분, 1단위
개설학년: 7학년

STEAM (인체-공간-빛)
수업계획서

---

1. 수업개요

   [총괄목표]
   - 빛의 반사와 파동에 대한 원리를 이해하고, 이것을 활용하여 창의적인 결과물을 제작할 수 있다.
   - '빛이 있으라'고 하나님께서 말씀하신 것을 기억하며 이러한 빛을 통해 우리도 새로운 것을 창조할 수 있음에 감사함을 가질 수 있다.
   - 투명, 반투명, 거울 등의 빛의 반사에 대한 것을 이해하고 자화상을 그려 shifting기법으로 제작하는 과정을 통해 예술과 과학의 결합을 통한 다각적 관점에서의 문제해결력을 기를 수 있다.
   - 자신의 아이디어를 시각적으로 흥미롭게 결과물을 만든 후 효과적으로 전달하고 토론할 수 있는 능력을 기를 수 있다.

2. 수업목표
   - 수업 시마다 이해한 내용과 실험을 다른 학생들과 함께 토론을 통해 활동지를 성실히 작성할 수 있다.
   - 그룹별로 혹은 개인별로 진행하는 수업의 과정을 적극적으로 참여하여 자신만의 언어로 발표할 수 있다.
   - 형태를 변형, 왜곡, 과장하는 deformation기법을 이해하고 활용하여 자화상을 제작할 수 있다.

14. 기독 교사의 수업운영

- 자화상을 그린 것을 활용하여 빛의 반사와 파동에 대한 원리를 반영함으로써 shifting기법으로 표현할 수 있다.
- 완성한 작품을 다른 학생들 앞에서 발표하고, 빛과 관련하여 토론할 수 있다.

3. 학습자 분석

대상 : 7학년

[7학년 학생들의 성향]

- 활발한 분위기의 학생: 분위기가 활발하고 수업에 적극적으로 참여하는 학생들을 골고루 배치하여 그룹을 만들고, 전체의 수업 분위기가 활발하게 진행할 수 있도록 한다. 하지만, 그룹별 발표 등 이 이루어질 때 이 학생들 위주로 돌아가는 것이 아닌, 다른 학생들에게도 기회를 주어 이렇게 활발한 분위기가 이어져 전체가 다 열심히 발표할 수 있는 분위기로 만든다.
- 소극적인 학생: 발표와 토론 분위기에 익숙하지 않은 학생들로, 활발한 학생들과 함께 그룹에 배치하여 활발한 학생들의 영향으로 좀 더 적극적인 자세를 취할 수 있도록 한다. 또한, 한 그룹에서 한 학생만 발표 하는 것이 아닌 돌아가면서 할 수 있도록 하여 발표하고 토론하는 분위기를 좀 더 익숙하게 받아들이고 준비할 수 있도록 한다.
- 과학과 미술에 관심이 없는 학생: 첫 시간 자신이 좋아하는 과목과 덜 좋아하는 과목을 조사 후 그 이유에 대해 들어보고, 과학과 미술의 다른 면을 보여주어 흥미를 느끼고 쉽게 다가갈 수 있도록 한다. 특히, 영상과 영화에서 연관된 것들을 예로 들어서 설명하여 주의를 집중시킨다.

4. 주간 활동 계획

주차	소주제	교수·학습활동	학습 자료 및 유의점
1st	인체-공간-빛 orientation 기독교 세계관 창세기 1장 3절 '빛이 있으라 하시니 빛이 있었고…' 라는 성경구절을 생각해보고, 빛이 없다면 어떻게 되었을지 상상해 본다.	○ 자기소개 및 자신이 좋아하는 과목 & 덜 좋아하는 과목 ○ 1학기 동안 진행할 과학과 미술에 대한 전반적인 소개 ○ '빛'이 세상에서 어떻게 중요한지, 우리를 '빛'과 같은 존재라고 하나님이 말씀하신 것에 대해 토론할 수 있다.	상대성이론에 관한 영상
2nd	<과학> 빛의 직진과 반사 <미술> 그림자극 만들기	○ 동기유발: 그림자를 통한 영상 연출 　- 빔의 빛을 활용하여 그룹별로 그림자를 통한 연출 ○ 빛의 직진과 반사에 대한 원리를 실험을 통해서 발견해 낼 수 있다. ○ 그룹별로 그림자극을 준비할 수 있다.	㉮ 태블릿, 거울, 각도기 등
3rd	<과학> 빛의 반사 <미술> 거울로 내 모습 관찰하기 기독교 세계관 하나님의 형상대로 지으신 우리의 모습과 기능을 생각해보면 자세히 관찰하고, 섬세함에 감사함을 느껴본다.	○ 빛의 반사 법칙 알기 　- 거울을 통해 반사되는 빛을 탐구해 입사각과 반사각을 찾고 일상생활에서 빛을 본 경험을 토대로 빛의 반사 법칙을 탐구한다. ○ 거울로 내 모습 관찰하기 　- 다양한 거울과 태블릿의 거울 보드를 활용하여 변화되는 자신의 모습을 관찰한다.	㉮ 태블릿
4th	<미술> 빛의 반사 - 거울이 만든 내 얼굴 기독교 세계관 하나님께서 아담과 이브를 만드신 것의 성경 내용을 이해하고, 친구들과 각자 하나님께서 어떠한 개성을 주셨는지 장점을 생각해보고 토론해 본다.	○ 동기유발 : 피카소 등 여러 작가의 작품 감상 　- 피카소, 달리 등의 작품을 감상하고, 작품의 특징을 찾아본다. 　- 각 작가의 형태 왜곡 'deformation'적인 특징을 알 수 있다. ○ 개성이 드러나게 나의 얼굴을 그려보기 　- 종이에 친구들과 하나님께서 주신 자신의 개성적인 얼굴을 찾아 자화상을 구성할 수 있다. 　(거울을 통해 사진 찍은 것을 참고)	㉮ 거울을 통해 사진 찍은 자신의 모습 프린트 ㉯ 연습 스케치 종이
5th	<미술> 빛의 반사 - 거울이 만든 내 얼굴	○ 다양한 버전의 거울을 통해 찍은 사진을 활용하여 Foto sketcher 프로그램을 활용하여 흑·백으로 변환하여 선생님에게 이메일로 전송	㉮ Foto sketcher 프로그램 활용
6th	<미술> 빛의 반사 - 거울이 만든 내 얼굴 기독교 세계관 하나님께서 주신 개성적인 자신의 얼굴을 통해 어떻게 부각시키고 다른 친구에게 이런 점을 활용하여 도움을 줄 수 있는지 생각해본다.	○ 개성이 드러나게 나의 얼굴을 그려보기 　- 약간 두꺼운 종이에 거울 통해 사진 찍은 것을 보고 자신의 개성을 살려 스케치한다. 　- 스케치한 종이에 스케치를 따라 붓 펜으로 그려 마무리한다. 　- 자신의 개성적인 얼굴이 잘 드러나도록 스케치한다.	㉮ 두꺼운 종이, 붓 펜 등

14. 기독 교사의 수업운영

7 ~ 13th	<미술> 빛의 반사 - 거울이 만든 내 얼굴 기독교 세계관 하나님께서 나에게 주신 개성적인 모습과 자신이 생각하는 단점의 모습 모두 감사히 여길 수 있는 생각을 갖는다.	○ 개성이 드러나게 나의 얼굴을 그려보기 - 스케치한 종이에 자신의 개성을 살려 채색할 수 있다. - 자신의 개성적인 색상을 찾아 완성도 있는 색의 배합으로 표현할 수 있다. ○ 자신의 작품과 친구의 작품을 비교 감상하기 - 개성 있는 자화상 작품들을 감상할 수 있다.	㉑ 아크릴 물감, 붓 등
14th	<과학> 빛의 반사 - 정반사, 난반사 기독교 세계관 하나님께서 빛을 만드시고 다양한 원리에 의해 다르게 보여지는 시각을 왜 창조하셨는지 생각해본다.	○ 빛의 반사 법칙 알기 - 빛의 정반사와 난반사의 원리와 차이를 이해할 수 있다. - 다양한 사물과 미술작품의 반사에 의한 작품의 예시를 살펴본다. ○ JigsawⅢ기법을 활용하여 실험 - 그룹별로 빛에 관한 다른 실험을 하여 자신의 그룹으로 돌아가 실험한 것에 서로서로 알려주고 토론한다.	㉑ 실험도구
15 ~ 17th	<미술> 빛의 반사 - shifting기법으로 작품 활용 기독교 세계관 하나님께서 세상의 모든 만물을 창조하신 것을 이해하고, 빛의 반사를 활용한 창의적인 작품을 제작하는 것에 대해 자긍심을 가질 수 있다.	○ 자화상을 shifting기법으로 제작하기 - 자화상을 shifting기법으로 제작하고, 거울지를 활용하여 배치할 것을 계획한다. - 자신이 구상하는 데로 자화상의 뒷면에 선을 긋고 자른다. - 투명지 혹은 거울지를 활용하여 shifting기법으로 붙여 완성한다. - 전시할 수 있도록 전체적인 틀을 만들어 작품을 붙인다.	
18th	<통합> 빛의 반사 - 자신의 자화상을 빛의 반사와 연계해서 작품 발표	○ 자화상 작품을 빛의 반사와 연계해서 작품 발표 - 자신의 작품과 빛의 반사와 연계하여 작품을 발표한다. - 다른 학생들은 발표 학생의 발표를 듣고 평가서를 작성한다.	

5. 평가 계획

평가내용	평가과제	평가방법	배점	전체 배점
<미술> shifting기법을 활용한 자화상	활동지	18주차 동안 진행한 활동지	30%	100%
	수업 참여도	관찰법	10%	
	작품과정2	shifting기법을 활용한 자화상 작품	50%	
	작품 발표 및 평가지	작품 발표 및 평가지	10%	

평가내용	평가과제	평가방법	배점	전체 배점
<과학> 실험을 통한 수업	활동지	18주차 동안 진행한 활동지	30%	100%
	수업 참여도 - 실험	관찰법	50%	
	그룹 토론 및 발표	관찰법	20%	

- 활동지 평가

평가 항목	점수			합계
모든 활동지 내용에 성실히 작성하였는가?	3점	2점	1점	기본 점수 1 +
활동지의 창의적인 내용과 자신의 생각을 넣어서 연구하였는가?	3점	2점	1점	
주어진 시간에 제출하였는가?	3점	2점	1점	

- shifting기법의 작품 평가

작품 완성일	작품 완성도	shifting을 활용한 형태	빛의 반사 활용	독창성	합계
10	40	20	20	10	100
상 중 하	상 중 하	상 중 하	상 중 하	상 중 하	

- 작품 발표 및 평가지

작품 의미	빛과의 활용	발표 자세	발표 듣는 자세	평가서	합계
5	5	5	5	10	30
상 중 하	상 중 하	상 중 하	상 중 하	상 중 하	

14. 기독 교사의 수업운영

- 수업참여도 – 실험

평가 항목	점수			합계
주어진 데로 실험을 진행하고, 원리를 발견하는가?	3점	2점	1점	기본 점수 1 +
활동지의 창의적인 내용과 자신의 생각을 넣어서 연구하였는가?	3점	2점	1점	
주어진 시간에 제출하였는가?	3점	2점	1점	

- 평가 반영

미술 부분과 과학 부분을 각각 평가하여 평균을 반영

6. 예산 계획

7-1반 23명 X 15,000원 = 345,000원

인체-공간-빛 (과학 + 미술)	과학	빛의 분산(광섬유조명등)	약 10개	100,000원
		레이저포인트	약 5개	55,000원
		후레쉬	약 4개	20,000원
		버튼형 건전지	약 4개	10,000원
	미술	거울 종이	약 50개	90,000원
		양면테이프	3세트	20,000원
		기타 재료(풀, 색연필 낱개 등)		50,000원
		합계		345,000원

국어 수업계획서

과목명: 국어
교사명:
E-mail:
개설학년 : 8학년 2학기

1. 교과목 개요

'언어'는 국어 교육의 목적이자 매개이며 국어 교육의 본질을 이해하기 위한 핵심이 된다. 언어의 사용에는 개인·심리적인 측면과 사회·문화적인 측면이 존재하며 상호 깊은 관련이 있다. 언어, 특히 모국어로서의 국어는 개인의 인지적 사고와 정의적 사고에 큰 영향을 끼치며 사회적 조직 수단으로 활용되고 지식의 저장과 전달의 수단으로 문명의 발달에 기여할 수 있다.

이와 같이 언어를 근간으로 하는 국어과 교육은 크게 세 방향으로 진행된다. 첫째, 국어과는 소통의 교과이다. 개인적 소통 능력의 향상과 더불어 사회·문화적 창조에 기여하는 사회·문화적 소통 능력 향상을 동시에 목표로 한다. 둘째, 국어과는 사고의 교과이다. 지식의 구성과 문제해결을 기본으로 학생들의 인지적 사고 과정의 정교화를 목표로 한다. 셋째, 국어과는 가치관의 교과이다. 심미적·문화적·윤리적·사회적·정치적 가치를 경험하게 하고 인성 교육 및 공동체 의식 함양 교육의 기본 교과로써 활용한다. 특별히 기독교적 가치관을 기본으로 하나님과의 소통이 우선이 되게 하며(요 15:7), 올바른 기독교적 국어 생활 능력을 기르게 하고(잠 16:13, 17:27), 세상의 빛이 되는 기독교적 문화를 창조하여 세상의 문화를 선도하는 능력을 기를 수 있도록 한다(마 5:14-16).

2. 수업목표

- 하나님이 주신 언어에 감사하고 그 중요성을 이해하여 하나님과 사람들과의 소통 능력을 향상시킬 수 있다.

14. 기독 교사의 수업운영

- 올바른 국어 지식을 통해 하나님이 기뻐하시는 국어활동(듣기·말하기, 읽기, 쓰기)을 할 수 있다.
- 국어 문법에 담긴 하나님의 질서를 이해하고 이를 활용하는 올바른 언어생활을 할 수 있다.
- 문학작품에 담긴 표현방식과 세계관을 기독교적인 관점에서 평가하고 향유할 수 있다.
- 능동적인 국어 활동과 문학 작품의 향유를 위한 기본적인 국어지식을 익힐 수 있다.
- 다양한 유형의 담화와 글을 접하고 융합적 활동을 통하여 창의적이며 비판적인 언어 능력을 기를 수 있다.
- 국어의 가치와 중요성을 인식하고 윤리적이고 능동적인 국어 생활 태도를 기를 수 있다.

3. 학습목표
   - 듣기·말하기 영역
     - 사회적으로 의미 있는 내용을 매체 자료로 구성하여 발표할 수 있다.
     - 공식적인 상황에서 상대방의 말을 정리하며 듣고, 자신의 의견을 조리 있게 말할 수 있다.
   - 읽기 영역
     - 자신의 배경지식과 글의 내용을 토대로 질문을 생성하며 능동적으로 글을 읽을 수 있다.
   - 쓰기 영역
     - 크롬북을 활용하여 학교나 지역사회에서 일어난 일에 대해 문제해결 방안이나 요구사항을 담은 글을 쓸 수 있다.
     - 크롬북을 활용하여 절차와 결과가 드러나게 보고하는 글을 쓸 수 있다.
   - 문법 영역
     - 음운 변동의 규칙성을 탐구하고 자연스러운 발음의 원리를 이해할 수 있다.
   - 문학 영역
     - 작품의 세계가 누구의 눈을 통해 전달되는지 파악하며 작품을 감상할 수

있다.
- 다양한 관점과 방법으로 작품을 해석할 수 있다.

4. 학습자 분석
• 출발점 행동 및 선행 지식 관련

　8학년 학생들은 자유학기 이후 국어과 수업의 공백이 있는 상태임. 자유학기 이후 약 2~3주간 수업을 함께 해 본 결과 중학교 2학년 수준의 언어 활동에 문제가 없을 것으로 판단되며 교과서 중심으로 진행되는 수업에는 큰 무리가 없을 것으로 보임. 또한 활동적인 프로젝트에 관심과 높은 참여도를 가지고 있어 다양한 활동을 기반으로 하는 교육에 적극적으로 참여할 충분한 잠재력을 가지고 있다고 판단됨. 단, 난이도가 높아지는 읽기, 쓰기, 문법 영역에 있어 다소 학습적 어려움이 예상되어 각 영역에 있어 기본적인 지식들을 효과적으로 전달하기 위해 직접 교수법을 사용하며 동시에 학습자가 충분한 연습을 통해 그 지식들을 습득할 수 있도록 현시적 교수법을 병행하여 사용할 예정임.

• 학습동기 및 선호도

　언어과목 중에서 국어에 대한 관심도는 외국어 과목에 비해 상대적으로 낮은 상황임. 또한 자유학기 이후 복귀한 상황이므로 국어과에 대한 학습동기는 그리 높지 않을 것으로 예상됨. 그러나 국어는 필수과목으로 지정되어 있고 주요 과목들이 한국어를 병행하여 수업을 진행하기 때문에 국어의 중요성과 필요성에 대해서 학생들이 충분히 인지하고 있다고 판단됨. 장기적으로 국어의 흥미를 높이고 학생들이 적극적으로 참여할 수 있도록 하는 수업 전략이 필요함. 이를 위해 간학문적 융합수업을 진행하려고 함. 국어 관심도가 높은 학생들에게는 상대적으로 관심도가 낮은 타 과목이나 타 분야를 연계하여 수업을 진행하고 국어 관심도가 낮은 학생들에게는 관심도가 높은 타 과목, 관심 분야 및 사회적 이슈가 있는 주제들과 연계하여 전반적으로 학습동기와 선호도를 높일 계획임. 학생들의 적극적 참여를 독려하기 위해 강의식 교수보다 모둠활동, 조별활동 등의 학생 주도적 활동을 활용할 예정이며 학생들이 관심이 있을만한 이슈들을 활용하여 수업을 진행할 예정임. 크롬북을 적극 활용하여 다양한 국어자료 수집 및 참조활동을 하도록

14. 기독 교사의 수업운영

하여 국어과목에 대한 흥미를 높일 예정임.

- 학습능력

현 8학년 학생들의 2017년도 2학기(현재 8학년이 가장 최근 국어 수업을 한 시기)의 성적 데이터 분석결과 국어과 전체 평균 성취는 87.8점으로 B+에 해당하는 준수한 국어 학습 능력을 보유한 것으로 판단됨. 상위 10%와 하위 10%의 학생들의 국어 성취 비교 시, 상위 10%의 학생들은 평균은 98.3점(A+), 하위 10%의 학생들은 평균 76.2(C+)점으로 약 22점의 차이를 보임. 또한 평균(87.8점)에 비해 중간값이 92.7점으로 나타나 전반적으로 성취가 우수한 학생의 수가 더 많은 것으로 판단됨. 그러나 하위 계급 학생들의 경우 중, 상위 계급 학생들과 성취 차이가 많이 나타나고 있으므로 수업이 시작되면 하위 계급 학생들에 대한 배려와 관심 있는 지도가 더 중요할 것으로 판단됨. 기독교적인 학습가치를 지향하여 함께 협력함으로 일정한 성취를 함께 이루어 내는 수업의 방식으로 수업의 상황에 맞게 토론 활동, Jigsaw, GI, Co-op Co-op, STAD, TGT 등의 협동학습 및 모둠활동, 조별활동 등을 활용할 예정임. 크롬북을 활용하여 문서 작성 능력, OA활용 능력, 검색 능력 등의 다양한 영역의 학습능력이 신장될 것으로 예상됨.

- 학습태도

다수의 학생이 기본적인 학습태도에 있어서 큰 특이사항은 없을 것으로 판단됨. 외향적인 학생들이 내향적인 학생들에 비해 많기 때문에 외향적인 학생들이 학습의 분위기를 주도할 가능성이 높고 수업참여가 높고 질문의 빈도가 높을 것을 예상할 수는 있으나 수업 분위기를 저해할 가능성도 있기에 교실환경에서 교사의 적절한 대응이 필요할 것으로 판단되며, 특별히 수업의 참여도가 낮은 학생들의 경우 교사의 재량으로 질문과 발표의 기회를 제공하여 수업 참여도를 높이도록 관심과 배려가 필요할 것으로 보임. 교사와 학생의 개인적이고 인격적인 관계를 통해 학생들의 개별적 학습태도의 변화가 있도록 노력할 예정임. 크롬북 도입으로 전자기기의 오용의 발생 가능성이 있으므로 이를 위한 철저한 대비 교육도 함께 진행할 예정임.

- 일반적 집단 특성

중학생은 사춘기를 거치며 자아를 확립해 나가는 중요한 시기로 자신에 대한 객관적 판단이 어려운 시기임. 가치관이 미확정되었기에 청소년기에 나타나는 '개인적 우화'의 상황들이 많이 나타나고 세상의 중심이 자신이라는 자기 중심성이 두드러지게 나타나는 시기이기도 함. 중2병이라는 신조어가 생길 정도로 이 시기에 마음의 성장통을 심하게 겪는 학생들도 많으므로 이러한 상황을 잘 극복할 수 있도록 돕는 것이 교사의 할 일이라고 생각됨. 국어과에서는 '자기 중심성'을 갖는 학생들이 충분히 그 감정을 긍정적으로 해소할 수 있도록 개성이 드러나는 창의성이 가미된 발표의 기회를 제공하고 다른 타인의 생각과 의견을 공유하여 자신의 판단력과 사고력을 넓혀가는 기회로서 토론, 팀 협력 학습 등의 기회들을 제공하여 '개인적 우화'의 상황을 슬기롭게 극복할 수 있도록 도울 예정임.

5. 선수 학습요인
   - 중학교 1~3학년 국어과 교육과정에서 요구하는 '듣기·말하기' 성취수준
   - 중학교 1~3학년 국어과 교육과정에서 요구하는 '읽기' 성취수준
   - 중학교 1~3학년 국어과 교육과정에서 요구하는 '쓰기' 성취수준
   - 중학교 1~3학년 국어과 교육과정에서 요구하는 '문법' 성취수준
   - 중학교 1~3학년 국어과 교육과정에서 요구하는 '문학' 성취수준

6. 수업방법
   - 직접 교수법: 각 단원 주요 내용 및 이론에 대한 수업에 활용함
   - 현시적 교수법: 읽기, 쓰기 등 학습자가 학습한 이론을 적용하여 독립적으로 활동하는 수업에 활용함
   - 창의성 계발 학습법: 문학 내용 이해와 프로젝트 수업에서 활용함
   - 토의중심 교수학습법, 토론중심 교수학습법: 창의력과 소통 능력을 향상하기 위해 수업 전반에 활용함
   - ICT활용법: 수업 환경에 따라 PPT 및 크롬북 등 전자매체를 활용함
   - Co-op Co-op(자율적 협동학습 방법): 프로젝트 수행시 자발적 탐구 자세를 기르고 주체적으로 프로젝트에 참여할 수 있도록 활용함

14. 기독 교사의 수업운영

- 모둠활동, 조별활동

7. 교재

한철우 외, 『중학교 국어3』, 비상교육

8. 참고문헌
- 교육과학기술부 (2012). 2009 개정 교육과정에 따른 성취기준, 성취수준 중학교 국어. 교육과학기술부.
- 교육부 (2015). 국어과 교육과정. 교육부.
- 최미숙 외 (2016). 국어교육의 이해 개정3판. 사회평론.

9. 필독 도서
- 운수 좋은 날, 현진건
- 만무방, 김유정
- 치숙, 채만식
- 독 짓는 늙은이, 황순원
- 수난이대, 하근찬
- 중학생 추천도서 중 담당교사와 합의된 도서

10. 단원 목표

단원 I 내 마음을 움직여봐
목표: 다양한 매체 자료를 활용하여 효과적으로 발표할 수 있으며 의미 있는 사회 활동을 조사하며 하나님께서 허락하신 개인의 삶의 의미를 찾아볼 수 있다.

단원 II 내가 말하는 소중한 사람
목표: 시적 화자의 변화에 따라 시의 내용과 분위기가 어떻게 달라지는지 이해할 수 있다.

단원 III 물음표를 던져라
목표: 질문하며 읽기를 통해 글을 능동적으로 읽을 수 있으며 다양한 질문을 생성함으로 창의성을 기를 수 있다.

단원 IV 예술로 여는 세상
목표: 다양한 관점에 따라 등장인물을 평가할 수 있으며 특별히 기독교 가치관으로 작품을 해석하며 그 의미를 구성할 수 있다.

단원 V 생각의 나무를 키우다
목표: 주장하는 글을 읽고 글에 나타난 논증방식을 파악할 수 있으며 기독학생으로서 쓰기 윤리를 지키며 책임감 있는 태도로 글을 쓸 수 있다.

단원 VI 우리말이 있는 풍경
목표: 음운의 변동을 통해 하나님께서 창조하신 세상의 질서와 규칙의 필요성을 이해하고 올바른 언어생활을 할 수 있다.

14. 기독 교사의 수업운영

11. 주차 계획

주차	주제	목표
	2학기	
1st	오리엔테이션 (1) 크롬북 활용법 안내 (2) 2학기 수업 계획 고지 (3) 발표계획 수립(문학작품 1개 선택) (4) 한글사랑 프로젝트계획 수립 (한글 신문 만들기)	오리엔테이션 (수업계획 소개) 1) 국어는 소통, 사고, 가치관의 교과임을 이해한다. 2) 기독교적 소통, 기독교적 사고, 기독교적 가치관을 접목한 국어수업의 중요성을 이해할 수 있다.
	평가	수업방법(과제, 수업자료 등)
		- PPT, 유인물
2nd	1. 내 마음을 움직여봐 (2) 이렇게 바꾸어 봅시다	1) 건의하는 글의 특성을 이해할 수 있다. 2) 요구사항이나 문제해결방안을 담아 건의하는 글을 쓸 수 있다. 3) 기독학생으로서의 예절을 지켜 건의하는 말을 할 수 있다.
	평가	수업방법(과제, 수업자료 등)
	[건의문 쓰기] 건의하는 글의 특성에 대하여 평가함	- 직접 교수법, 현시적 교수법, 과정중심 쓰기 지도법, 토의중심 교수학습법, 모둠학습 및 조별활동 - 교과서, PPT, 활동지 - 크롬북: 수업자료, 과제 확인, 과제 수행 및 제출
3rd	2. 내가 말하는 소중한 사람 (1) 동기로 세 몸 되어 / 어머니	1) 시적 화자의 특성을 파악하며 작품을 감상할 수 있다. 2) 시적 화자의 변화에 따라 시의 내용과 분위기가 어떻게 달라지는지 이해할 수 있다. 3) 성경의 표현처럼 진실된 언어를 사용하여 자신의 경험을 시로 쓸 수 있다.
	평가	수업방법(과제, 수업자료 등)
	[형성평가] 시적 화자를 바꾸어 시를 쓰고 시의 분위기 변화를 감상함	- 직접 교수법, 현시적 교수법, 토의중심 교수학습법, 모둠학습 및 조별활동 - 교과서, PPT, 활동지 - 크롬북: 수업자료, 과제 확인, 과제 수행 및 제출
4th	2. 내가 말하는 소중한 사람 (2) 일가	1) 작품 속의 세계를 전달하는 서술자를 파악할 수 있다. 2) 시점과 주제를 파악하며 소설을 감상할 수 있다 3 성경의 사건들을 시점을 바꾸어 생각해 봄으로 그 의미를 더 깊이 이해할 수 있다.
	평가	수업방법(과제, 수업자료 등)
	[형성평가] 서술자의 특징, 소설의 시점에 대하여 평가함	- 직접 교수법, 현시적 교수법, 토의중심 교수학습법, 모둠학습 및 조별활동 - 교과서, PPT, 활동지 - 크롬북: 수업자료, 과제 확인, 과제 수행 및 제출
5th	한글사랑 프로젝트: 한글 신문 만들기	1) 10월 9일 한글날을 기념하고 한글을 소개하기 위한 한글 신문을 만들 수 있다. 2) 모둠별로 아이디어를 공유하고 제작에 협력함으로 의견을 조율하고 협동하는 자세를 배울 수 있다. 3) 우리말과 글을 사랑하는 기회를 통해 우리 문화분 아니라 다른 문화도 존중할 줄 아는 글로벌 인재로서의 태도를 기를 수 있다.
	평가	수업방법(과제, 수업자료 등)
	[동료평가] 신문의 구성, 아이디어 등을 평가함 [교사평가] 창의성, 협동성 등을 평가함	- 토의 활동, 모둠학습 및 조별활동 - 크롬북: 자료 수집 - Craft: 자유 형식의 신문 만들기 활동

6th		추석
7th		수학여행
8th	한글사랑 프로젝트: 한글 신문 만들기	1) 10월 9일 한글날을 기념하고 한글을 소개하기 위한 한글 신문을 만들 수 있다. 2) 모둠별로 아이디어를 공유하고 제작에 협력함으로 의견을 조율하고 협동하는 자세를 배울 수 있다. 3) 우리말과 글을 사랑하는 기회를 통해 우리 문화뿐 아니라 다른 문화도 존중할 줄 아는 글로벌 인재로서의 태도를 기를 수 있다.
	평가	수업방법(과제, 수업자료 등)
	[동료평가] 신문의 구성, 아이디어 등을 평가함 [교사평가] 창의성, 협동성 등을 평가함	- 토의 활동, 모둠학습 및 조별활동 - 크롬북: 자료 수집 - Craft: 자유 형식의 신문 만들기 활동
9th	3. 물음표를 던져라 (1) 이젠 안녕, 게으름 바이러스	1) 읽기 전, 읽는 중, 읽은 후의 과정에 따라 적절한 질문을 할 수 있다. 2) 글의 성격을 고려하여 질문하며 읽을 수 있다. 3) 읽기 전, 읽는 중, 읽은 후 질문하기를 성경 읽기에 적용하고 만들어진 질문을 서로 공유하여 올바른 성경 해석을 위한 탐구 활동을 할 수 있다.
	평가	수업방법(과제, 수업자료 등)
		- 직접 교수법, 현시적 교수법, 토의중심 교수학습법, 모둠학습 및 조별활동 - 교과서, PPT, 활동지 - 크롬북: 수업자료, 과제 확인, 과제 수행 및 제출
10th		중간시험
11th	책 소개 프로젝트	1) 감명 깊게 읽은 도서를 다양한 방식으로 친구들에게 소개할 수 있다. 2) 발표의 내용을 정리하고 예의 바른 자세로 질문하고 답변할 수 있다.
	평가	수업방법(과제, 수업자료 등)
	[동료평가] 발표의 내용, 태도 등을 평가함 [교사평가] 발표의 내용, 태도 등을 평가함	- 모둠학습 및 조별활동, 토론
12th	4. 예술로 여는 세상 (1) 멧새 소리의 네 가지 울림	1) 작품을 해석하는 방법을 이해할 수 있다. 2) 다양한 관점에 따라 작품을 해석할 수 있다. 3) 작품을 기독교적 관점에 따라 작품을 해석할 수 있다.
	평가	수업방법(과제, 수업자료 등)
	[형성평가] 작품을 해석하는 방법, 작품을 해석하는 다양한 관점에 대한 기본적 지식을 평가함	- 직접 교수법, 현시적 교수법, 모둠학습 및 조별활동, 토론 - 교과서, PPT, 활동지 - 크롬북: 수업자료, 과제 확인, 과제 수행 및 제출
13th	4. 예술로 여는 세상 (2) 상도	1) 다양한 관점에 따라 인물을 평가할 수 있다. 2) 근거를 들어가며 작품을 주체적으로 해석할 수 있다. 3) 다른 매체를 활용한 같은 작품의 내용을 감상하고 사회문화적 관점과 독자로서의 관점에서 해석과 감상의 근거를 제시하며 감상문을 쓸 수 있다.
	평가	수업방법(과제, 수업자료 등)
	[형성평가] 감상문을 쓰게 하고 해석과 감상의 충분한 근거가 제시되었는지를 평가함	- 직접 교수법, 현시적 교수법, 모둠학습 및 조별활동, 토론 - 교과서, PPT, 활동지 - 크롬북: 수업자료, 과제 확인, 과제 수행 및 제출

14. 기독 교사의 수업운영

14th	5. 생각의 나무를 키우다 (2) 글쓰기에도 윤리가 있다	1) 쓰기 윤리의 개념과 중요성을 파악할 수 있다. 2) 쓰기 윤리를 지키면서 책임감 있는 태도로 글을 쓸 수 있다. 3) 기독학생으로서 쓰기 윤리개념을 지키며 정직한 글을 쓸 수 있다.
	평가	수업방법(과제, 수업자료 등)
		- 직접 교수법, 현시적 교수법, 토의중심 교수 학습법, 토론, 모둠학습 및 조별활동 - 교과서, PPT, 활동지 - 크롬북: 수업자료, 과제 확인, 과제 수행 및 제출
15th	5. 생각의 나무를 키우다 (3) 청소년, 잠을 꿈꾸다	1) 보고서의 특성을 파악할 수 있다. 2) 절차와 결과가 드러나게 보고서를 쓸 수 있다.
	평가	수업방법(과제, 수업자료 등)
		- 직접 교수법, 현시적 교수법, 토의중심 교수 학습법, 토론, 모둠학습 및 조별활동 - 교과서, PPT, 활동지 - 크롬북: 수업자료, 과제 확인, 과제 수행 및 제출
16th	보고문 작성 프로젝트	1) 절차와 결과가 드러난 조사 보고서를 작성할 수 있다. 2) 모둠별로 보고서를 위한 아이디어를 공유하고 보고서 작성에 협력함으로 의견을 조율하고 협동하는 자세를 배울 수 있다. 3) 기독학생으로서 윤리적인 글쓰기 자세를 함양할 수 있다.
	평가	수업방법(과제, 수업자료 등)
		- Co-op 협동학습 활용(관심 주제를 선정하고 이에 대해 조사 보고서를 작성함) - 교과서, PPT, 활동지 - 크롬북: 수업자료, 과제 확인, 과제 수행 및 제출
17th	6. 우리말 풍경 (1) 음운의 변동	1) 음운 변동의 규칙을 탐구하여 국어 발음의 원리를 이해할 수 있다. 2) 표준발음의 중요성을 알고 올바른 발음으로 말할 수 있다. 3) 문법을 통해 하나님의 창조적 질서에 대해 생각하고 하나님의 속성에 대해 이해할 수 있다.
	평가	수업방법(과제, 수업자료 등)
	[형성평가] 음운 변동의 규칙에 대한 국어지식을 평가함	- 직접 교수법, 현시적 교수법, 탐구학습, 토의중심 교수 학습법, 토론, 모둠학습 및 조별활동 - 교과서, PPT, 활동지 - 크롬북: 수업자료, 과제 확인, 과제 수행 및 제출
18th		기말시험

12. 평가계획

평가요소		Percentage
지필고사	중간고사	15%
	기말고사	15%
프로젝트		30%
퀴즈, 독서인증제 평가		10%
태도, 출결		10%
과제		10%
수업참여		10%

13. 평가준거

- **필기시험**(30%): 중간시험(15%) + 기말시험(15%)

중간시험		
평가 단원	평가 내용	평가 기준
1. 내 마음을 움직여봐	• 주제에 적합한 매체자료를 구성할 수 있는가? • 다양한 매체를 이용해 효과적으로 발표할 수 있는가?	상 / 각 개념을 정확히 이해하고 명확히 설명할 수 있음 각 개념을 적용하고 실행할 수 있음
2. 내가 말하는 소중한 사람	• 요구사항이나 문제 해결방안이 담긴 건의문을 쓸 수 있는가? • 시적 화자의 특성을 이해하고 이를 통해 작품을 감상할 수 있는가? • 작품을 읽고 서술자의 특징을 파악할 수 있는가?	중 / 각 개념을 정확히 이해하고 명확히 설명할 수 있으나 각 개념을 적용하는데 어려움을 보임
3. 물음표를 던져라	• 시점과 주제를 파악하여 소설을 감상할 수 있는가? • 글의 내용을 토대로 다양한 질문을 생성할 수 있는가?	하 / 개념 이해가 부족하여 적용에 어려움을 보여 보충학습이 필요한 상태임

기말시험		
평가 단원	평가 내용	평가 기준
4. 예술로 여는 세상	• 문학을 해석하는 다양한 관점을 이해할 수 있는가? • 문학작품 속에 담긴 사회상을 이해할 수 있는가? • 작품을 읽고 충분한 근거를 들어 주체적으로 해석할 수 있는가?	상 / 각 개념을 정확히 이해하고 명확히 설명할 수 있음 각 개념을 적용하고 실행할 수 있음
5. 생각의 나무를 키우다	• 쓰기 윤리의 개념과 중요성을 알고 있는가? • 쓰기 윤리를 지켜 글을 쓸 수 있는가? • 관찰, 조사, 실험한 내용을 절차와 결과가 드러나게 내용을 구성하여 보고하는 글을 쓸 수 있는가?	중 / 각 개념을 정확히 이해하고 명확히 설명할 수 있으나 각 개념을 적용하는데 어려움을 보임
6. 우리말이 있는 풍경	• 음운 변동의 규칙성을 탐구하고 국어 발음의 원리를 이해할 수 있는가?	하 / 개념 이해가 부족하여 적용에 어려움을 보여 보충학습이 필요한 상태임

- **프로젝트**(30%): 프로젝트 1(10%) + 프로젝트 2(10%) + 프로젝트 3(10%)

프로젝트 1		
평가 단원	평가목표·성취목표	평가 기준
5. 생각의 나무를 키우다	• 보고문의 개념을 이해하고 절차와 결과가 올바르게 드러나도록 실제 조사를 바탕으로 보고문을 작성한다. • 보고문의 작성은 크롬북으로 진행하도록 독려한다.	다음의 점수를 합산해 10%로 환산해 프로젝트 점수에 반영한다. 1. 쓰기 윤리 준수 및 쓰기 태도 (20점) 2. 보고서의 형식성 (40점) 3. 보고서 내용의 충실성 (40점)

프로젝트 2		
평가 단원	평가목표·성취목표	평가 기준
한글사랑 프로젝트	• 10월 9일 한글날을 기념하고 한글을 소개하기 위한 한글 신문을 만든다. • 모둠활동으로 상호 간의 의견을 존중하고 협동적인 자세와 우리 말과 글을 사랑하는 태도를 함양한다.	다음의 점수를 합산해 10%로 환산해 프로젝트 점수에 반영한다. 1. 예술적 표현능력 (30점) 2. 내용의 충실성 (40점) 3. 협동성 및 창의성 (30점)

14. 기독 교사의 수업운영

평가 단원	프로젝트 3	
	평가목표·성취목표	평가 기준
책 소개 프로젝트 (8학년 추천도서를 읽은 후 친구들에게 소개하기)	추천도서 3권을 읽은 후, 감상문을 작성하여 제출한다. 그중 감명 깊게 읽은 도서 1권을 선정하여 다양한 방식으로 친구들에게 소개한다. (감상문 3편 제출 시 평가점수의 10% 모두 반영, 2편 제출 시 8% 반영, 1편 제출시 5%, 미제출 시 0% 반영함)	다음의 점수를 합산해 10%로 환산해 프로젝트 점수에 반영한다. 1. 반언어, 비언어적 표현 사용 등의 태도 (30점) 2. 발표 내용의 충실성 (30점) 3. 발표방식의 창의성 (30점) 4. 준비 및 시간 엄수 (10점)

- **퀴즈(10%)**: 형성평가 및 독서인증제 평가점수를 환산하여 반영함

학년	8학년	학기	2학기
영역	평가항목		평가기준
형성평가	학습 내용을 올바르게 이해하고 있는가?		100점 만점(객관식)을 총 5% 비율로 환산하여 반영
독서인증제(2회)	• 독서의 기능과 특성에 대한 이해를 바탕으로 글을 이해하였는가? • 책의 내용을 바탕으로 자신의 생각을 형식에 맞게 표현할 수 있는가?		100점 만점을 총 5% 비율로 환산하여 반영 (객관식 80+서술식 20)

- **수업참여(10%)**: 수업 준비 및 참여도를 반영함

학년	8학년	학기	2학기
영역	평가항목		평가기준
학습과정	• 수업 준비물이 잘 갖추어져 있는가? • 수업 참여도가 높은가?(발표 및 질문)		학기 초 기본점수 10점에서 시작 지적 시 0.5점 감점 참여 시 0.5점 가점

- **태도(10%)**: 태도 및 출결점수를 반영함

학년	8학년	학기	2학기
영역	평가항목		평가기준
학습과정	• 지각하지는 않는가? • 무단결석을 하지는 않았는가? (20분 이상은 결석으로 간주) • 수업에 열정적으로 참여하는가? • 수업 태도가 바른가? (잡담하거나 졸지는 않는가?) • 평가과정에서 부정행위를 하지 않는가? • 크롬북 사용 규정을 위반하였는가?		학기 초 기본점수 10점에서 시작 지적 시 0.5점 감점 참여 시 0.5점 가점 (단, 평가과정에서 부정행위를 한 경우에는 태도 점수와 해당 시험점수 0점 처리) 크롬북 사용 규정 위반 시 융합교육실 규정에 따라 조치함

- 과제/노트필기(10%): 노트와 교과서 필기 점검

학년	8학년	학기	2학기
영역	평가항목		평가기준
학습과정	학년 추천 도서 중 3권을 읽고 각각 독서감상문을 제출한다. (독서감상문 과제 비율은 수업상황에 맞게 조정하되 전체 평가 비율의 10%를 넘지 않는다.)		3권의 도서를 읽고, 독후감을 기준에 맞게 작성하고 수행평가를 성실히 이행함 (100점)
			2권의 도서를 읽고, 독후감을 기준에 맞게 작성하고 수행평가를 성실히 이행함 (85점)
			1권의 도서를 읽고, 독후감을 기준에 맞게 작성하고 수행평가를 성실히 이행함 (70점)
	• 노트정리가 빠짐없이 잘 되었는가? • 정해진 시일까지 과제를 잘 이행하였는가?		학기마다 10점 만점 중 1회 지적 시마다 0.5점 감점 단, 노트 미제출 시에는 1회마다 1점 감점

14. 평점 기준

A+	100%-95%	4.0
A	94%-90%	3.75
B+	89%-85%	3.5
B	84%-80%	3.0
C+	79%-75%	2.5
C	74%-70%	2.0
D+	69%-65%	1.5
D	60%	1.0
F	59% 이하	0

15. 평가기한/비율

평가		기한	비율	
1. 지필고사	중간고사	10/22 ~ 26	15	30
	기말고사	12/17 ~ 21	15	
2. 프로젝트	한글사랑 프로젝트	9/17 ~ 21	10	30
	책 소개 프로젝트	10/29 ~ 11/2	10	
	보고서 작성 프로젝트	12/3 ~ 7	10	
3. 퀴즈 및 독서인증제 시험		수시, 9/17, 11/5	10	
4. 수업 준비 및 참여도		수시	10	
5. 출석 및 태도		수시	10	
6. 숙제 및 개인 노트		수시	10	
합계			100	

14. 기독 교사의 수업운영

16. 교실 규칙
- 수업의 시작과 끝은 인사한 후 기도로 시작하기
- 선생님께 인사 잘하기
- 수업시간 잘 지키기
- 수업시간 바른 자세로 수업에 임하기
- 수업시간, 쉬는 시간에 올바른 단어 사용하기
- 교실을 깨끗하게 사용하기
- 수업시간에 집중하기
- 수업활동 중 부정행위 하지 않기
- 과제물을 정해진 기한 안에 제출하기
- 수업준비물 친구에게 빌리지 않고 자신의 것을 잘 가지고 오기
- 수업 중 유인물 잘 챙기기
- 쪽지 시험이나 중간, 기말 시험 중에 부정행위를 하지 않기
- 본 수업의 메이크업 클래스는 운영하지 않음
- 크롬북 오용의 경우 융합교육실 규정에 따라 조치함

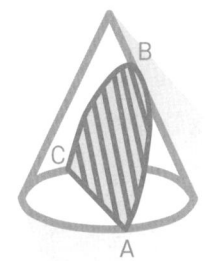

과목명 : 수학
교사명 :
E-mail :
개설학년 : 9학년 2학기

수학 수업계획서

1. 교과목 개요

　9학년 수학 기하학은 토지 측량을 위해 도형을 연구하는 데서 기원했으며, 공간의 수리적 성질을 연구하는 수학의 한 분야이다. 학생들은 기하학을 배움으로써 점, 선, 면의 기본적인 요소부터 시작하여 도형의 합동과 닮음을 알고, 삼각형, 사각형, 원의 성질을 이해할 수 있게 될 것이다. 또한, 도형의 둘레, 넓이, 부피를 구할 수 있게 되면서 기하학이 실제 생활에 활용되는 건축이나 통계 나아가 자연과학과 기술공학에까지 사용될 수 있음을 이해하게 될 것이다. 기하학은 측정기술을 배우고, 논리적으로 사고하고 증명하는 것을 배우기 위한 필수 과목이다. 수학 교육과정에서 기하학의 선수학습으로는 8학년 대수 1이 있으며 다음 연계되는 과정으로는 10학년 대수 2가 있다.

2. 수업목표

- 전능하신 하나님에 의해 만들어진 자연 속에서 다양한 기하학적 원리를 발견할 수 있다.
- 도형을 이해함으로써 하나님께서 창조하신 세상 속에 숨겨져 있는 수학적 원리를 탐구할 수 있다.
- 다양한 도형 간의 관계를 이해하고 증명할 수 있다.
- 도형의 여러 속성을 이해하고 관련된 다양한 값을 측정할 수 있다.

14. 기독 교사의 수업운영

3. 학습 목표
- 기하학에서 다루는 정의와 정리를 이해할 수 있다.
- 여러 가지 평면도형의 성질을 이해하고, 길이와 넓이를 측정할 수 있다.
- 여러 가지 입체도형의 성질을 이해하고, 겉넓이와 부피를 측정할 수 있다.
- 점과 도형의 변환을 이해하고, 이를 활용하여 도형의 위치 관계를 알 수 있다.
- 전능하신 하나님에 의해 만들어진 자연 속의 패턴과 규칙을 찾을 수 있다.
- 특별한 목적에 따라 우리에게 수학적인 원리를 제공하고 그의 형상으로 우리를 창조하신 하나님을 더 깊이 이해할 수 있다.
- 수학이 명확하고 객관적인 학문이라는 점에서 그 모든 것을 창조하신 하나님의 진리도 의심할 여지가 없이 절대적이라는 사실을 깨달을 수 있다.
- 완전하신 하나님에 의해 창조된 절대적인 사실의 중요성을 강조하는 기독교적인 관점에 따라 학습하여 위대한 창조주이신 하나님에 대한 사랑을 키울 수 있다.

4. 학습자 분석
- 영어로 된 수학 단어나 수학을 영어로 표현하는 것에 익숙하지 않은 학생이 많음 ⇨ 수업시간 중 수학 용어를 영어로 표현할 수 있도록 강조하고, 수학 용어 시험을 통해 수학 용어의 영어 표현이 익숙해지도록 한다.
- 퀴즈, 중간시험, 기말시험을 분석한 결과 문제의 길이가 길어진 경우 해석을 못해서 문제를 풀지 못하는 학생이 많음 ⇨ 수업시간에 문장제 문제를 좀 더 많이 풀어봄으로써 영어를 해석하고 다시 수학에 적용하는 연습 기회를 가지도록 한다.
- 혼자서 문제를 해결했을 때보다 다른 친구들과 함께 학습했을 때 더 높은 성취를 보이는 경향이 있음 ⇨ 단순 강의식 수업을 최소화하고 학생들의 활동적인 성향을 수업에 반영하여 흥미를 유발하고 효율이 극대화되도록 한다. 소집단 활동이 이뤄져 보다 나은 성취를 할 수 있는 환경을 조성하기 위하여 1학기에 비하여 소집단 프로젝트의 비율을 10%에서 15%로 조정한다.
- 수학에 대한 기초가 부족하여 수업내용을 이해하는 데 어려움을 겪는 학생이 있음 ⇨ 수학에 대한 기초가 부족하여 수업내용을 이해하지 못하는 경우 그대

로 방치하면 현 학년뿐만 아니라 상위 학년으로 진학하더라도 같은 문제가 반복되는 악순환을 겪을 확률이 높다. 수학에 대한 기초가 부족한 경우 이를 보충하기 위하여 해당 학생의 경우 의무적으로 튜터링에 참여하여 현재 배우는 내용이 아닌 7, 8학년의 내용 중 부족한 부분을 공부할 수 있는 기회를 제공한다.
- 수학에 대한 흥미가 부족하여 의욕적으로 수업에 임하지 않는 학생이 존재함 ⇨ 소집단에 속한 모든 학생에게 역할을 부여하여 자신이 수업에서 관찰자가 아닌 참여자임을 각인시켜준다. 수업에서 소집단 활동을 할 경우 모든 구성원이 참여하지 않으면 성취를 이룰 수 없도록 하여 튜터링이 자연스럽게 일어날 수 있는 환경을 조성하고, 튜터링을 통하여 얻은 지식으로 성공적인 소집단 활동을 경험토록 하여 자신감을 얻을 기회를 많이 제공한다.
- 실력이 다른 학생보다 월등하여 대부분의 내용을 이해하는 데 큰 어려움을 겪지 않는 소수의 학생들이 있음 ⇨ 실력이 뛰어난 학생의 경우, 교과서에 나오는 난이도가 높은 문제나 도전 문제를 풀도록 권유한다. 또한, 숙제에서 대부분의 학생들이 해결하지 못한 문제에 대하여 앞에서 설명하도록 기회를 부여하여 성취감을 높이도록 한다. 대부분의 수업이 소집단으로 진행되기 때문에 해당 소집단에서 다른 친구들에게 설명하는 역할을 잘할 수 있도록 추가 스티커를 부여하는 제도를 실시한다. 또한, 소집단별 토너먼트 등 대결을 하여 간접적으로 실력이 뛰어난 학생들 간의 경쟁을 유도하여 윈윈할 수 있도록 한다.

5. 선수 학습요인
   - 간단한 다각형의 둘레와 넓이의 측정
   - 간단한 식의 사칙연산
   - 일차함수의 기울기와 그래프에 대한 이해
   - 기하학의 간단한 증명과 추론

6. 수업방법
   - 교사주도 수업
   - 소집단 활동

14. 기독 교사의 수업운영

- 소집단 구성
  - 소집단은 성적과 성별을 고려하여 이질 집단으로 구성한다. 단, 남녀 비율이 차이가 클 경우, 남학생 혹은 여학생으로만 집단이 구성될 수 있다.
  - 소집단 구성에 따른 불만을 최소화하고 다양한 경험을 위하여 2주마다 집단 구성원을 변경하는 것을 원칙으로 한다.
  - 소집단의 구성원은 3명 혹은 4명으로 하며, 상의하여 각자에게 적합한 역할을 부여한다. 역할은 총 4가지로 소집단을 리드하는 모둠장, 소집단 활동한 내용을 다른 친구들에게 소개하는 발표장, 소집단 활동 시 내용을 정리하는 기록장, 교사가 제공하는 연습지나 자료를 가져오거나 자신의 소집단 활동의 결과물을 제출하는 나눔장이 있다. 4명이 소집단인 경우 각자 한 가지의 역할을 수행하고, 3명이 소집단인 경우 모둠장이 나눔장의 역할까지 수행한다.
  - 소집단 활동에서 우수한 결과를 얻었을 경우 스티커를 획득하게 되고 이를 명패에 부착한다. 명패는 새로운 소집단이 구성될 때 교사에게 제출하여 개인별로 스티커를 누적한다.
  - 명패를 제출할 때 2주 동안 가장 열심히 소집단 활동에 참여한 학생을 선정하여 추가 스티커를 부여한다. 단, 친분에 의해 선정하거나 가위바위보 등의 게임을 통해 선정할 경우 해당 조는 추가 스티커가 제공되지 않는다. 4명인 소집단의 경우 한 명을 선정하여 3개의 추가 스티커를 제공하거나 2명을 선정하여 한 명에게 2개, 다른 한 명에게 1개의 추가 스티커를 제공할 수 있다. 3명인 소집단의 경우 한 명을 선정하여 2개의 스티커를 제공한다.
  - 도중에 20개의 스티커를 모두 모아 소집단 활동에 무기력하게 임하는 상황을 방지하기 위하여 23개 이상의 스티커를 모은 학생은 1개당 중간/기말시험에 1점씩 만회 점수를 부여한다.

7. 교재

Geometry/McDougal Littell

8. 참고문헌

- Numerical Geometry of Non-rigid Shapes
- Elementary Geometry of Differentiable Curves : An Undergraduate Introduction

9. 필독도서

수학자가 들려주는 수학 이야기 시리즈, 출판사: 자음과모음, 7~8권 중 최소 1권을 읽게 됨

번호	서 명
04	유클리드가 들려주는 삼각형 이야기
06	만델브로트가 들려주는 프랙탈 이야기
09	탈레스가 들려주는 닮음 이야기
11	로바체프스키가 들려주는 비유클리드 기하학 이야기
15	러셀이 들려주는 명제와 논리 이야기
38	오일러가 들려주는 삼각형의 오심 이야기
57	유클리드가 들려주는 원론 이야기

10. 단원 목표

단원 Ⅵ Similarity
목표: 닮음에 대한 이해를 통해 하나님이 만드신 창조세계의 아름다움을 알 수 있다.

단원 Ⅶ Right Triangles and Trigonometry
목표: 직각삼각형에서 피타고라스 정리를 알고, 삼각법을 이해할 수 있다.

단원 Ⅷ Quadrilaterals
목표: 여러 가지 사각형의 정의와 성질 및 관계에 대해 이해하고 설명할 수 있다.

단원 Ⅸ Properties of Transformations
목표: 행렬의 간단한 연산을 할 수 있고, 변환에 대해서 이해하고 그릴 수 있다.

14. 기독 교사의 수업운영

단원 X Properties of Circles
목표: 조화로운 질서의 상징으로 창조된 원에 대한 다양한 성질을 이해할 수 있다. 또한 원의 호의 길이와 넓이를 측정할 수 있다.

단원 XI Measurement of figures and solids
목표: 다양한 평면도형과 입체도형을 통해 하나님의 세계의 놀라운 구조적 아름다움을 이해하고, 각각의 넓이와 부피를 구할 수 있다.

11. 주차 계획

주차	주별 수업 주제, 목표, 내용	수업방법	자료 및 과제	관련된 도서
1st	오리엔테이션 Geometry 수업에 관한 전반적인 개요와 목차를 이해한다. 또한 교실 규칙도 정확하게 알고 지킬 수 있다.	교사주도수업		
2nd	Ch6 Similarity 닮음에 대한 이해를 통해 하나님께서 만드신 세계의 아름답고 놀라운 구조를 알 수 있다. 삼각형의 닮음과 세 가지 닮음조건에 대하여 이해하고 이를 바탕으로 주어진 삼각형에 대하여 닮음임을 증명하고, 이를 활용하여 다양한 명제를 증명할 수 있다.	교사주도수업	PPT	04. 유클리드가 들려주는 삼각형 이야기
3rd	Ch6 Similarity 닮음의 위치에 대해 이해하고, 닮음 도형을 좌표평면에 나타낼 수 있다. 다양한 변환과 도형의 확대 및 축소를 통하여 닮음 도형을 찾을 수 있다.	교사주도수업	PPT 퀴즈	
4th	Ch7 Right Triangles and Trigonometry 직각삼각형을 이용하여 삼각비의 이론을 적용할 수 있으며 사인, 코사인, 탄젠트의 특성을 이용하여 직각삼각형의 변의 길이를 구할 수 있다.	교사주도수업 소집단 활동	PPT 연습지	09. 탈레스가 들려주는 닮음 이야기
5th	Ch7 Right Triangles and Trigonometry 직각삼각형을 이용하여 삼각비인 사인, 코사인, 탄젠트의 역에 대하여 이해하고 이를 통해 직각삼각형의 길이를 구할 수 있고 나아가 생활 속에 숨겨진 삼각비를 분석함으로써 하나님이 만드신 이 세계의 구조적 아름다움을 느낄 수 있다.	교사주도수업 소집단 활동	교사주도수업	
6th	추석			
7th	수학여행			

기독 교사 3부

8th	**Ch8 Quadrilaterals** 다각형의 각을 측정하고 n각형의 내각의 합에 대한 공식을 유도할 수 있으며, 이를 바탕으로 n각형이 360도임을 증명할 수 있다. 평행사변형의 정의와 다양한 성질을 이해하고 이를 증명할 수 있다.	교사주도수업	PPT EBS Math video clip 퀴즈	06. 만델브로트가 들려주는 프랙탈 이야기
9th	**Ch8 Quadrilaterals** 하나님이 창조하신 세계를 구성하는 마름모, 직사각형, 정사각형의 정의와 각각의 성질에 대해 이해하고 증명할 수 있으며, 하나님께서 어떠한 이유로 세상의 다양한 구성요소를 사각형으로 창조했는지 이해할 수 있다.	소집단 활동	연습지 퀴즈	
10th	**중간시험(Ch6 ~ Ch8)** 퀴즐렛 프로그램을 활용하여 Ch6~Ch8에 대해 개념 및 성질을 복습한다. Test를 통하여 부족한 부분을 확인하고 틀린 문제에 관련된 부분을 다시 학습할 수 있다.	Test Chromebook	중간시험	11. 로바체프스키가 들려주는 비유클리드 기하학 이야기
11th	**Ch9 Properties of Transformations** 변환의 종류에 대하여 학습하고 지오지브라 프로그램을 활용하여 직접 적용할 수 있다. 벡터의 정의를 이해하고 이를 좌표평면에 나타낼 수 있다. 행렬의 정의를 이해하고, 행렬의 덧셈과 곱셈을 할 수 있다. 반사의 정의에 대하여 이해하고 x축, y축, y=x, y=-x 등에 대하여 점이나 선분을 반사하는 방법을 이해하고 적용할 수 있다.	교사주도수업 Chromebook	PPT EBS Math video clip	
12th	**Ch9 Properties of Transformations** 행렬을 이용하여 도형을 회전시키는 방법을 익히고, 이를 종합하여 변환의 합성에 대하여 이해하고 좌표평면에 표현할 수 있다. 대칭에 대한 이해를 통해 예배당에 숨겨진 대칭을 찾아보고 이것이 우리의 신앙에 미치는 영향을 알아볼 수 있다.	소집단 프로젝트	PPT 연습지 퀴즈	15. 러셀이 들려주는 명제와 논리 이야기
13th	**Ch10 Properties of Circles** 조화로운 질서의 상징으로 창조된 원의 정의와 원의 중심, 지름, 반지름, 현 등의 개념을 이해하고 지오지브라 프로그램을 활용하여 주어진 조건에 맞는 것을 만들 수 있다. 원의 접선과 관련하여 다양한 정리를 알고 이를 문제에 적용하여 해결할 수 있다. 중심각과 호의 개념과 이들이 서로 비례하는 관계임을 알 수 있고, 이를 문제에 적용하여 여러 가지 중심각의 크기와 호의 길이를 측정할 수 있다.	교사주도수업 Chromebook	PPT EBS Math video clip	
14th	**Ch10 Properties of Circles** 원의 내부와 외부의 다양한 각을 측정하고 현, 접선 등의 길이에 대한 다양한 성질을 이해하고 문제에 적용할 수 있다. 원의 방정식에 대한 일반적인 형태에 대해 이해하고 주어진 방정식에 대하여 좌표평면에 그래프를 그릴 수 있다.	소집단 프로젝트	PPT EBS Math video clip 퀴즈	38. 오일러가 들려주는 삼각형의 오심 이야기
15th	**Ch11 Measurement of figures and solids** 하나님이 만드신 세계를 구성하는 다양한 도형들의 성질을 이용하여 둘레와 넓이를 구하는 공식을 유도하고 이해할 수 있고, 닮음의 성질을 이용하여 다각형의 둘레의 넓이와 부피를 구할 수 있다.	소집단 프로젝트 교사주도수업	PPT EBS Math video clip	

14. 기독 교사의 수업운영

16th	Ch11 Measurement of figures and solids 다양한 입체도형을 통해 하나님의 세계 속 질서의 놀라움과 아름다움을 이해할 수 있다. 각기둥과 원기둥의 정의와 각 부분의 명칭에 대해 확인하고 전개도를 그림으로써 겉넓이를 구할 수 있다.	교사주도수업	PPT	
17th	Ch11 Measurement of figures and solids 원뿔의 정의와 각 부분의 명칭에 대해 확인하고, 하나님과 인간, 인간과 인간에 대한 관계를 이해할 수 있다. 각기둥과 원기둥의 부피를 구하는 공식을 이해하고 이를 이용하여 다양한 다면체의 부피를 구할 수 있다.	교사주도수업	PPT 퀴즈	57. 유클리드가 들려주는 원론 이야기
18th	기말시험 퀴즈렛을 활용하여 Ch9 ~ Ch11를 복습한다. Test를 통하여 부족한 부분을 확인하고 틀린 문제에 관련된 부분을 다시 학습할 수 있다.	Test Chromebook	Mind-map 기말시험	

12. 평가계획

평가요소	Percentage
수업태도	10%
과제	10%
노트필기	10%
퀴즈	15%
중간시험	15%
기말시험	15%
소집단 프로젝트	15%
토론, 발표	10%

13. 평가준거

- **수업태도**(10%)   한 학기당 성적 산정 기준 한 배점

구분		영역	평가항목	평가기준 및 배점
학년	학기			
전학년	전학기	학습과정	① 수업 태도가 바른가?(잡담하거나 졸지 않는가?) ② 수업 준비물이 잘 갖추어져 있는가? ③ 지각 및 무단결석은 하지 않는가? ④ 수업 중 화장실 등으로 이동한 적이 있는가?	학기마다 10점 만점 중 1회 지적 시마다 0.5점 감점

- **노트필기**(10%)

구분		영역	평가항목	평가기준 및 배점
학년	학기			
전학년	전학기	학습과정	① 노트 정리가 빠짐없이 잘 되었는가? ② 확인할 수 없을 정도로 정리하지는 않았는가? (노트 미제출 시에는 해당 회차는 0점 처리함)	3회 이상 검사를 실시하고 해당 회차마다 10점 만점으로 채점함

- 과제(10%)

구분		영역	평가항목	평가기준 및 배점
학년	학기			
전학년	전학기	학습과정	① 과제를 잘 이행하였는가? ② 문제, 풀이, 답이 빠짐없이 적혀있는가?	학기마다 10점 만점 중 1회 지적 시마다 0.5점 감점

- 퀴즈(15%): 각 단원의 진도가 종료될 때마다 퀴즈를 실시한다(총 5회·약 20문항, 문제 유형은 단답형과 서술형).

횟수	단원	학습목표/성취목표	평가내용
1	Similarity	① 삼각형의 닮음과 세 가지 닮음조건에 대하여 이해하고 이를 바탕으로 주어진 삼각형에 대하여 닮음임을 증명하고, 이를 활용하여 다양한 명제를 증명할 수 있다. ② 닮음의 위치에 대해 이해하고, 닮음 도형을 좌표평면에 나타낼 수 있으며, 다양한 변환과 도형의 확대 및 축소를 통하여 닮음 도형을 찾을 수 있다.	삼각형의 닮음, 삼각형의 닮음조건, 닮음의 위치, 도형의 확대, 도형의 축소
2	Right Triangles and Trigonometry	① 피타고라스 정리를 이해하고 이러한 피타고라스의 정리가 직각삼각형에 성립함을 알고 증명할 수 있으며, 피타고라스의 정리의 역도 성립함을 확인할 수 있다. ② 직각삼각형의 닮음에 대하여 이해하고 이를 활용하여 다양한 직각삼각형의 변의 길이와 각의 크기를 구할 수 있다. ③ 특수한 각(45-45-90, 30-60-90)을 가진 직각삼각형에 대하여 다양한 명제를 확인하고 이를 활용한 문제를 해결할 수 있다. ④ 직각삼각형을 이용하여 삼각비의 이론을 적용할 수 있으며 사인, 코사인, 탄젠트의 특성을 이용하여 직각삼각형의 변의 길이를 구할 수 있다. ⑤ 직각삼각형을 이용하여 삼각비인 사인, 코사인, 탄젠트의 역에 대하여 이해하고 이를 통해 직각삼각형의 길이를 구할 수 있고 나아가 실생활의 다양한 문제를 해결할 수 있다.	피타고라스의 정리, 피타고라스의 정리의 역, 직각삼각형의 닮음, 특수한 각을 가진 직각삼각형, 사인, 코사인, 탄젠트
3	Quadrilaterals	① 다각형의 각을 측정하고 n각형의 내각의 합에 대한 공식을 유도할 수 있으며, 이를 바탕으로 n각형의 외각의 합이 360도임을 증명할 수 있다. ② 평행사변형의 정의와 다양한 성질을 이해하고 이를 증명할 수 있다. ③ 마름모, 직사각형, 정사각형의 정의와 각각의 성질에 대해 이해하고 증명할 수 있으며, 이러한 사각형 간의 관계를 통하여 다양한 정리를 유도하고 증명할 수 있다.	다각형, n각형의 내각의 합, n각형의 외각의 합, 평행사변형, 마름모, 직사각형, 정사각형
4	Properties of Transformations	① 여러 가지 도형에 대하여 변환할 수 있으며, 벡터의 정의를 이해하고 이를 좌표평면에 나타낼 수 있다. 행렬의 정의를 이해하고, 행렬의 덧셈과 곱셈을 할 수 있다. ② 반사의 정의에 대하여 이해하고 x축, y축, y=x, y=-x 등에 대하여 점이나 선분을 반사하는 방법을 이해하고 적용할 수 있다. ③ 행렬을 이용하여 도형을 회전시키는 방법을 익히고, 이를 종합하여 변환의 합성에 대하여 이해하고 좌표평면에 표현할 수 있다.	도형의 변환, 벡터, 행렬, 행렬의 덧셈, 행렬의 곱셈, 반사, 행렬과 도형의 회전, 변환의 합성

14. 기독 교사의 수업운영

5	Properties of Circles	① 원의 정의와 원의 중심, 지름, 반지름, 현 등의 개념을 이해하고 원의 접선과 관련하여 다양한 정리를 알고 이를 문제에 적용하여 해결할 수 있다. ② 중심각과 호의 개념과 이들이 서로 비례하는 관계임을 알 수 있고, 이를 문제에 적용하여 여러 가지 중심각의 크기와 호의 길이를 측정할 수 있다. ③ 현의 성질에 대해 이해하고 증명할 수 있고, 일정한 길이의 호에 대한 원주각의 크기는 항상 같다는 사실을 이해하고 다양한 문제에 적용할 수 있다. ④ 다각형의 외접원에 대한 정의와 성질을 이해할 수 있다. ⑤ 원의 내부와 외부의 다양한 각을 측정하고 현, 접선 등의 길이에 대한 다양한 성질을 이해하고 문제에 적용할 수 있다. ⑥ 원의 방정식에 대한 일반적인 형태에 대해 이해하고 주어진 방정식에 대하여 좌표평면에 그래프를 그릴 수 있다.	원, 원의 중심, 지름, 반지름, 현, 원의 접선, 원의 중심각, 호, 원주각, 중심각, 외접원, 원의 방정식
6	Measurement of figures and solids	① 삼각형과 평행사변형, 사다리꼴, 마름모 등의 성질을 이용하여 둘레와 넓이를 구하는 공식을 유도하고 이해할 수 있고, 닮음의 성질을 이용하여 다각형의 둘레의 넓이와 부피를 구할 수 있다. ② 다면체의 개념과 그림을 통해서 면, 모서리, 꼭지점 등의 명칭을 알 수 있고, 다면체의 여러 가지 종류에 대하여 확인할 수 있다. ③ 각기둥과 원기둥의 정의와 각 부분의 명칭에 대해 확인하고 전개도를 그림으로써 겉넓이를 구할 수 있다. ④ 각뿔과 원뿔의 정의와 각 부분의 명칭에 대해 확인하고 전개도를 그림으로써 겉넓이를 구할 수 있다. ⑤ 각기둥과 원기둥의 부피를 구하는 공식을 이해하고 이를 이용하여 다양한 다면체의 부피를 구할 수 있다. ⑥ 각뿔과 원뿔의 부피를 이해하는 공식을 이해하고, 구의 정의와 명칭을 알 수 있고 겉넓이와 부피의 공식을 이해할 수 있다. 닮은 다면체에 대한 이해를 통하여 넓이와 부피를 구할 수 있다.	삼각형, 평행사변형, 사다리꼴, 마름모, 원주율, 호의 길이, 원의 넓이, 부채꼴의 넓이, 다면체, 면, 모서리, 꼭지점, 각기둥, 원기둥, 전개도, 각뿔, 원뿔

- 필기시험: 중간/기말(각 15%)

Test	평가단원	평가내용		기대 성취수준
중간 시험	단원 6~8 계산 30% 이해 40% 추론 10% 문제해결 20% 난이도 하 30% 중 40% 상 30%	삼각형의 닮음, 삼각형의 닮음조건, 닮음의 위치, 도형의 확대, 도형의 축소, 사인, 코사인, 탄젠트, 다각형, n각형의 내각의 합, n각형의 외각의 합, 평행사변형, 마름모, 직사각형, 정사각형	상	·삼각형의 닮음과 닮음조건에 대해 이해하고 주어진 삼각형이 닮음인지 아닌지 판단할 수 있다. ·사인, 코사인, 탄젠트의 개념을 이해하고 이를 활용하여 주어진 직각삼각형의 변의 길이를 구할 수 있다. ·다양한 사각형의 정의와 성질을 이해하고, 어떠한 관계를 가지고 있는지 파악할 수 있다.
			중	·삼각형의 닮음에 대해 이해하고 닮음조건을 말할 수 있다. ·사인, 코사인, 탄젠트의 개념을 이해하고 직각삼각형에 적용되는 방법을 알 수 있다. ·다양한 사각형의 정의와 성질을 이해할 수 있다.
			하	·삼각형의 닮음에 대해 부분적으로 이해할 수 있다. ·사인, 코사인, 탄젠트의 개념을 이해할 수 있다. ·다양한 사각형의 정의를 말할 수 있다.

기말	단원 9~11
	계산 30%
	이해 30%
	추론 10%
	문제해결 30%
	
	난이도
	하 40%
	중 40%
	상 20%
		도형의 변환, 벡터,
		행렬의 덧셈, 행렬의 곱셈,
		반사, 행렬과 도형의 회전,
		변환의 합성, 원, 원의 중심,
		지름, 반지름, 현, 원의
		접선, 원의 중심각, 호,
		원주각, 중심각, 외접원,
		원의 방정식, 삼각형,
		평행사변형, 사다리꼴,
		마름모, 원주율, 호의 길이,
		원의 넓이, 부채꼴의 넓이,
		다면체, 면, 모서리, 꼭지점,
		각기둥, 원기둥, 전개도,
		각뿔, 원뿔, 사건, 경과,
		확률, 순열, 조합, 독립사건,
		종속사건
			상	· 변환의 개념, 벡터와 행렬에 대한 표현법을 이해하고 행렬의
				  연산을 할 수 있으며, 행렬을 통해 도형의 변환의 식을 유도할 수 있다.
				· 원의 다양한 명칭에 대해 이해하고 이에 대한 성질을 말할 수
				  있으며 문제에 적용하여 다양한 값을 측정할 수 있다.
				· 다양한 입체도형을 이해하고 겉넓이와 부피를 구할 수 있으며
				  변형된 입체도형에 대해서도 이를 적용할 수 있다.
				· 확률에 대해 이해하고 적용할 수 있으며, 순열과 조합,
				  독립사건과 종속사건을 활용할 수 있다.

			중	· 변환에 대한 개념과 벡터와 행렬에 대한 표현법을 이해하고 행렬의 연산을 할 수 있다. · 원의 다양한 명칭에 대해 이해하고 이에 대한 성질을 말할 수 있다. · 다양한 입체도형을 이해하고 이에 대한 겉넓이와 부피를 구할 수 있다. · 확률에 대해 이해하고 상황에 따라 적용할 수 있다.
			하	· 변환에 대한 개념을 이해하고 벡터와 행렬에 대한 표현법을 이해할 수 있다. · 원의 다양한 명칭에 대해 이해하고 말할 수 있다. · 다양한 입체도형에 대해 이해하고 말할 수 있다. · 확률에 대해 이해하고 말할 수 있다.

• 소집단 프로젝트(15%)

평가목표/성취목표	평가방법	평가기준
일정기간 동안 모둠의 구성원으로 활동하면서 자신이 부족한 부분은 다른 모둠원으로부터 배우고 자신의 도움을 줄 수 있는 부분은 도와주면서 모둠활동을 수행한다.	1. 매 수업시간마다 모둠수업을 하면서 모둠활동을 잘 한 경우 해당 모둠에 스티커를 부여한다. 2. 2주마다 모둠을 바꾸면서 각 모둠이 획득한 스티커는 각 모둠원이 획득한 스티커로 환산된다. 3. 반학기마다 개인별로 획득한 스티커의 총 개수를 파악하여 평가를 실시한다.	중간고사를 기준으로 반학기 당 20개의 스티커를 모아야 하고 각각 20점 만점으로 입력됨 * 개인이 획득한 스티커의 개수가 20개 이상일 경우 만점인 20점 * 개인이 획득한 스티커의 개수가 20개 미만일 경우 개당 1점씩 감점

• 토론, 발표(10%)

시행횟수	평가목표/성취목표	평가방법	평가기준		
한 학 기 당 1 번	1. 각 단원별과 관계된 필독도서를 읽음으로써 수학에 대한 흥미와 관심을 가질 수 있다. 2. 수학의 발생학적, 역사학적인 배경을 앎을 통해서 수학적 개념의 이해를 도울 수 있다. 3. 수학의 여러 배경 및 이론에 대한 지식을 통합적, 전체적으로 이해할 수 있다. 4. 성경구절 속 다양한 도형을 찾아보고 그 의미에 대해 해석할 수 있다.	앞에서 제시된 필독도서를 읽고 보고서 작성 및 발표를 한다. 반별로 소집단을 8개로 나누고(1조당 2-3명) 소집단별로 선정된 도서를 읽는다. 독서 후에 느낀 것 및 주제 보고서를 써서 제출하고, 발표를 준비한다. 한 소집단 당 독서와 발표 기간은 2-3주이다.	*제출기한: 시간 안에 해결하지 못하고 1일 넘어갈 때마다 5% 감점 <평가기준표>		
			평가	반영비율	비고
			교사평가	총 10점 중 50%	평가기준표 평가
			동료평가 (다른 소집단별로 평가)	총 10점 중 40%	그룹별 평가기준표 평가 후 평균치
			자기평가	총 10점 중 10%	평가기준표 평가
			미제출시	0점	

14. 기독 교사의 수업운영

* 평가기준표 (동료평가, 자기평가, 교사평가 시 사용할 기준표)

학년		반		그룹 (이름)					
평가 항목	평가내용			최하 (2점)	중하 (4점)	보통 (6점)	중상 (8점)	최상 (10점)	
준비	1. 발표 자료가 핸드아웃, 파워포인트 등으로 준비되어 있으며, 구성이 잘 되어 있는가?								
	2. 주제마다 균형있게 계획하여 적절한 시간을 배분하여 준비했는가?								
	3. 같은 팀원이 한 명도 제외됨 없이 협력하여 준비하고 발표하는가?								
태도	4. 자료만 보고 읽지 않고 내용을 파악하여 발표하는가?								
	5. 바른 자세와 분명한 어조, 발음으로 발표하는가?								
내용	6. 정해진 주제에 대해 내용을 잘 이해할 수 있도록 요약하였는가?								
	7. 생각해 볼 주제를 발제했는가?								
	8. 구성이 짜임새가 있었는가?								
	9. 발표하는 주제와 내용이 흥미롭게 구성되었는가?								
	10. 질문에 대해 자세하게 답변하였는가?								
합계									
총 점수				( )점 / 100점					
비고(하고 싶은 말)									

※ 장기결석생은 학업성적관리규정에 준한다.

14. 평점 기준

A+	100%-95%	4.0
A	94%-90%	3.75
B+	89%-85%	3.5
B	84%-80%	3.0
C+	79%-75%	2.5
C	74%-70%	2.0
D+	69%-65%	1.5
D	60%	1.0
F	below 59%	0

15. 기한, 비율

평가요소	기한	비율
과제	매주	35
퀴즈	매달 셋째 주	25
중간 시험	11월 둘째 주	15
필독도서	주차 계획 참고	25
합계		100

16. 보충 계획

학생들에게 기회를 제공하는 차원에서 지원자에 한하여 두 가지 형태의 보충 과제를 제시한다.

- 독서를 장려하는 차원에서 수학 관련 도서를 읽고 독후감을 작성한다. 만회 점수는 독후감의 수준을 고려하여 부여하고, 무분별한 보충을 막기 위하여 한 학생당 최대 3권까지 허용한다.
- 추석 혹은 정기외박을 활용하여 수학 관련 영화를 감상하고 감상문을 제출한다. 영화는 〈어메이징 메리〉로 하되, 그 시기에 개봉되는 수학 영화가 있을 경우 대체할 수 있다.

17. 교실 규칙

- 교실에 앉을 때는 미리 배정된 지정석에 앉는다.
- 수업 중 자리에서 일어나야 하는 경우 미리 양해를 구한다.
- 욕설이나 비속어를 사용하지 않는다.
- 교실에 음식물을 반입하지 않는다.
- 예의에 어긋나는 행동은 하지 않는다.
- 질문이나 하고 싶은 말이 있는 경우 거수를 하여 의사를 표현한다.
- 시험과 퀴즈에서 커닝을 했다는 사실이 확인될 경우 0점 처리한다.
- 수업시간에 크롬북을 오용할 경우 융합교육실의 규정에 따라 처리한다.
- 이 외의 기타 규칙은 학교규정을 따른다.

14. 기독 교사의 수업운영

과목명 : 미술
교사명 :
E-mail :
개설학년 : 10학년 2학기

미술 수업계획서

1. 교과목 개요
하나님께서 창조하신 다양한 대상 및 현상에 대한 지각을 통해 자신의 감정을 표현하고, 변화하는 시각 문화 속에서 이미지와 정보, 시각 매체를 이해하고 비판적으로 해석하며 타 분야의 지식, 기술, 경험 등을 연계 융합하여 창의적인 표현을 목표로 한다.

2. 수업목표
- 하나님의 형상대로 만든 우리의 얼굴의 장점을 찾아 관찰한 후 자화상을 POP ART 형식으로 제작할 수 있다.
- 부조와 drawing을 조화롭게 표현하여 각 기법에서 나오는 차이점을 가지고 작품을 독창적으로 제작할 수 있다.
- 19C 서양미술사의 사회적 분위기와 작품의 연관성을 분석하고, 각 작가의 작품의 특징을 이해할 수 있다.
- 현대의 다양한 작가를 배움으로써 생각과 사고의 폭을 넓히고, 표현 기법을 이해하여 자신의 작품에 활용할 수 있다.
- 미술 관련 서적을 통하여 다양한 이론을 접하며, 책에서 얻은 이론을 통해 자신의 것으로 활용하여 작품에 적용할 수 있다.

3. 학습목표
- 자신의 신체적 특징을 포착하고, 그것을 이미지화하여 채색할 수 있다.

- 부조의 특징을 이해하고, 그 특징을 살려 부조를 제작할 수 있다. 또한, 부조와 조화롭게 drawing할 수 있다.
- 19C 서양미술사의 다양한 작가와 작품의 특징을 분석하고, 그 작품이 어떠한 용도로 사용되었는지 설명할 수 있다.
- 현대의 다양한 작품을 감상하고, 작품의 의미와 기법 등을 분석할 수 있다.

4. 학습자 분석
- 10A반: 전반적으로 미술에 관심이 있는 학생들도 많고, 의욕이 넘치는 학생들이 많기 때문에 그룹을 만들어 자리 배치를 할 때, 골고루 그룹을 지어주면 흥미롭게 수업을 진행할 수 있으리라 생각된다. 미술사 부분에서 다소 지루해할 수도 있어 작가와 관련된 영상을 자주 보여주고, 서로 상상해 보면서 이론을 진행할 수 있도록 하여 지속적으로 흥미를 가지고 수업하도록 한다.
- 10C반: 전반적인 분위기가 활발하지만 다소 산만한 경우가 많아 이러한 분위기를 잡을 수 있도록 개인에게 관심을 가지고 자신의 작품에 애착을 가지도록 수업 분위기를 유도한다. 또한, 열심히 하려는 학생들과 흥미가 떨어지는 학생들을 골고루 배치하여 자극을 받아 자신의 작품을 끈기 있게 완성할 수 있도록 한다.
- 미술에 관심 있는 학생: 미술에 관심이 많고, 미술 수업을 좋아하는 학생들을 기준으로 그룹을 나누어 그룹의 학생들이 다 함께 열정적으로 수업에 참여할 수 있도록 하며 진로에 대해 고민을 할 수 있도록 상담하면서 수업을 진행한다.
- 수업에 적극적인 학생: 미술에 관한 관심은 별로 없지만, 수업에 적극적이고, 열심히 참여하려는 학생들을 위해 다양한 작품의 예시를 통해 독창적인 생각을 이끌어 낼 수 있도록 유도하며, 다른 과목과의 융합을 고민해 볼 수 있는 시간을 제공하여 통합적인 사고를 할 수 있도록 수업을 진행한다.

5. 선수 학습요인
- 자신이 감동받은 성경구절 찾기
- 자신을 잘 표현할 수 있는 표정과 자세 연구
- 지난 서양미술사 복습

14. 기독 교사의 수업운영

6. 수업방법
   - 강의, 연역적 수업, 귀납적 수업
   - 이론 – 그룹별 토론식 수업
   - 실기 – 개인별 작품 제작, 파트너와 협동 작품
   - 발표 – 작품이 완성될 때 자신들이 한 과정에 대해 발표

7. 교재
   ㈜ 금성출판사, 다양한 참고도서를 활용한 유인물

8. 참고문헌
   - 미술실에서 미술관까지 이윤구 외 1명, 미진사
   - 미술 잡지 등

9. 필독도서
   - 미술쟁점/아트북스
   - 느낀다는 것/너머학교
   - 비밀많은 디자인씨/양철복
   - 혼자가는 미술관/미술문화
   - 청소년을 위한 쉽고 재미있는 서양미술사/두리미디어

10. 수업자료
    - PPT, VOD, handout
    - 각 수업시간에 필요한 실기재료

11. 단원 목표
    단원 | POP ART
    목표: 현대미술의 POP ART 표현특징과 다양한 작품을 분석하고, 자신을 모델로 작품을 제작해 볼 수 있다.

단원 Ⅱ 부조 + drawing
목표: 조소의 발전을 이해하고, 부조의 작품 특징과 표현을 분석하여 그룹별로 작품에 부조와 drawing이 조화롭게 어울려 제작할 수 있다.

단원 Ⅲ 19C 서양미술사
목표: 19C 서양미술이 이전과 어떻게 다르게 시작되었고, 어떠한 영향을 받고 다음 미술에 영향을 주었는지 작품을 감상하고 분석할 수 있다.

12. 주차 계획

주차	주제	목표	평가		수업방법, 과제, 수업자료 등
1st		오리엔테이션			
2nd	POP ART -자화상-	• POP ART의 개념과 다양한 작가의 작품을 토대로 특징을 이해할 수 있다. 기독교 세계관 일상생활 속에서 발견한 POP ART 미술처럼, 일상생활 속에서 하나님의 말씀을 발견할 수 있는 경험을 생각해 본다.	상	POP ART의 개념과 다양한 작가의 작품을 비교 분석하여 특징을 발견할 수 있다.	PPT VOD hand out 그룹 토론
			중	POP ART의 개념과 다양한 작가의 작품의 특징을 비교할 수 있다.	
			하	POP ART의 개념과 다양한 작가의 작품의 특징을 이해할 수 있다.	
3rd	POP ART -자화상-	• 자신의 모습을 컴퓨터 작업을 하여 말씀과 함께 스케치할 수 있다. 기독교 세계관 하나님이 자기 형상 곧 하나님의 형상대로 사람을 창조하시되 남자와 여자를 창조하시고(창 1:27) 하나님 형상대로 만든 개성적인 자신의 모습의 특징을 살려 볼 수 있다.			Quiz lab
4th	POP ART -자화상-	• 스케치한 캔버스에 전체적인 색채 구성을 계획하여 배경부터 채색할 수 있다.			
5th	19C 서양 미술사	• 19C 사회적 배경을 배우고, 사회적 분위기와 작품이 어떻게 탄생했는지 고민하고 그 특징을 토론할 수 있다. 기독교 세계관 사회적 영향을 받은 작품을 감상하고, 성경적인 내용에 영향을 받아 제작된 작품들을 감상하고 하나님 말씀을 생각해 볼 수 있다.	상	19C 서양미술의 개념과 다양한 작가의 작품을 비교 분석하여 특징을 발견할 수 있다.	PPT VOD handout 그룹 토론 크롬북을 활용하여 사회적 영향을 받은 작품 검색 및 발표
			중	19C 서양미술의 개념과 다양한 작가의 작품의 특징을 비교할 수 있다.	
			하	19C 서양미술의 개념과 다양한 작가의 작품의 특징을 이해할 수 있다.	
6th		추석			

14. 기독 교사의 수업운영

차시	주제	학습목표		성취수준	평가방법
7th	수학여행				
8th	POP ART -자화상-	• 전체적인 구성을 생각하면서 채색을 여러 번 덧칠하여 진행할 수 있다.			퀴즈
9th	POP ART -자화상-	• 전체적인 색의 구성을 살피어 완성할 수 있다. • 자신의 작품을 설명하고 의미를 발표할 수 있다. 기독교 세계관 자신의 형상 중 하나님께서 주신 어느 부분이 가장 좋은지 발표해본다.	상	자신의 작품 의도와 의미를 효과적으로 발표할 수 있다.	작품 발표
			중	자신의 작품 의미와 의도를 설명할 수 있다.	
			하	자신의 작품 의미와 의도의 전달이 미흡하다.	
10th	중간고사				
11th	부조 + drawing	• 조소 내용 중 부조의 개념과 표현특징을 이해하고, 다양한 작품의 활용을 이해할 수 있다. 기독교 세계관 부조의 작품 중 성경말씀을 기반으로 만든 작품을 감상하고 말씀 내용을 생각해 본다.	상	조소의 내용과 다양한 작품의 기법과 특징을 이해하고, 작품을 감상한 후 분석할 수 있다.	PPT VOD handout 그룹 토론
			중	조소의 내용과 다양한 작품의 기법과 특징을 이해할 수 있다.	
			하	조소의 내용과 다양한 작품의 기법과 특징의 이해가 조금 어렵다.	
12th	부조 + drawing	• 그룹별로 작품을 어떻게 제작할 것인지 토론하고 계획할 수 있다. • 아이디어를 바탕으로 스케치할 수 있다. 기독교 세계관 성경내용을 주제로 그룹별로 작품을 구성하도록 고민해 본다.			퀴즈
13th	부조 + drawing	• 캔버스를 제작하여 밑칠을 하면서 진행할 수 있다.			
14th	19C 서양 미술사	• 인상주의의 탄생배경과 미술의 특징을 작품을 보고 분석할 수 있다. 기독교 세계관 성경적 내용을 인상주의의 방식으로 어떻게 표현할 수 있을까 고민해 볼 수 있다.	상	인상주의 탄생배경과 작품의 특징을 이해하고, 다양한 작품을 감상한 후 그 특징을 분석할 수 있다.	PPT VOD handout 그룹 토론 크롬북을 활용하여 후기 인상주의 작가의 작품들을 감상할 수 있다.
			중	인상주의 탄생배경과 작품의 특징을 이해할 수 있다.	
			하	인상주의 탄생배경과 작품의 특징을 이해하기 미흡하다.	
15th	부조 + drawing	• 캔버스에 부조로 표현하여 입체감을 나타내면서 전체적인 화면을 구성할 수 있다.			퀴즈
16th	19C 서양 미술사	• 후기 인상주의의 작품의 특징과 전·후기 시대에 어떻게 영향이 갈 수 있었는지 토론하여 분석할 수 있다.	상	후기 인상주의 탄생배경과 작품의 특징을 이해하고, 다양한 작품을 감상한 후 후대에 어떠한 영향을 주었는지 분석할 수 있다.	PPT VOD handout 그룹 토론 크롬북을 활용하여 후기 인상주의 작가의 작품들을 감상할 수 있다.
			중	후기 인상주의 탄생배경과 작품의 특징을 이해할 수 있다.	
			하	후기 인상주의 탄생배경과 작품의 특징을 이해하기 미흡하다.	

17th	부조 + drawing	• 그룹별로 작품에 대한 설명을 작성하고, 자신들의 작품에 대한 설명을 다른 학생들 앞에서 할 수 있다. 기독교 세계관 그룹별로 발표한 성경적 내용의 작품을 보고 왜 그렇게 작품을 하게 되었는지 생각해 본다.		작품 발표
18th		기말고사		

13. 평가계획

평가요소		Percentage
수업참여, 수업태도		10%
시험	중간시험	7%
	기말시험	13%
과제(에세이)		10%
프로젝트	프로젝트 1 POP ART	25%
	프로젝트 2 부조 + drawing	25%
퀴즈		10%

14. 기독 교사의 수업운영

14. 평가준거

평가요소		%	평가 항목		평가 기준 & 배점
수업참여, 수업태도		10%	① 지각하지 않는가? ② 수업 준비물이 잘 갖추어져 있는가? ③ 수업태도가 바른가?		학기마다 20점 만점 중 최초 13점을 부여하고, 수업참여와 생활 태도로 점수를 가감한다.
시험	중간시험	7%	**평가단원** POP art 서양미술사 -신고전주의 -낭만주의 **난이도** 상 20% 중 50% 하 30%	**평가 내용** Pop art 서양미술사 -전 학년복습 (르네상스 ~로코코) -서양 미술사 -신고전주의, -낭만주의	**기대 성취 수준** **상** • 미술이론의 각 부분의 흐름과 개인별 작품의 특징을 완벽하게 이해하며, 작품을 보고 분석·해석할 수 있다. • 미술사의 시대적 흐름을 완벽히 이해하며 작가별 작품의 순서와 작품의 제목을 알 수 있다. **중** • 미술이론의 개념을 이해하며 작품 속의 특징을 추론할 수 있다. • 미술사의 시대적 흐름을 이해하고 대표작가 작품을 알고 있다. **하** • 미술이론을 부분적으로 이해하며, 작품 속의 특징을 암기하여 알 수 있다. • 미술사의 흐름을 부분적으로 암기하며 대표작가를 알고 있으나 작품은 부분적으로 안다.
	기말시험	13%	**평가단원** Pop art 서양미술사 -신고전주의 -낭만주의 조소 서양미술사 -자연주의 -사실주의 **난이도** 상 20% 중 50% 하 30%	**평가 내용** Pop art 서양 미술사 -전 학년복습 (르네상스 ~로코코) 서양 미술사 - 신고전주의, 낭만주의- 조소 서양미술사 -자연주의, 사실주의-	**기대 성취 수준** **상** • 미술이론의 각 부분의 흐름과 개인별 작품의 특징을 완벽하게 이해하며, 작품을 보고 분석·해석할 수 있다. • 미술사의 시대적 흐름을 완벽히 이해하며 작가별 작품의 순서와 작품의 제목을 알 수 있다. **중** • 미술이론의 개념을 이해하며 작품 속의 특징을 추론할 수 있다. • 미술사의 시대적 흐름을 이해하고 대표작가 작품을 알고 있다. **하** • 미술이론을 부분적으로 이해하며, 작품 속의 특징을 암기하여 알 수 있다. • 미술사의 흐름을 부분적으로 암기하며 대표작가를 알고 있으나 작품은 부분적으로 안다.

구분					
과제 (essay)	10%	**도서명 / 출판사** 미술쟁점 / 아트북스 느낀다는 것 / 너머학교 비밀 많은 디자인씨 / 양철북 혼자가는 미술관 / 미술문화 청소년을 위한 쉽고 재미있는 서양미술사 / 두리미디어			

과제(essay) 10%

구분	배점	평가 항목
제출기한	10	• 제출기한에 제출했는가?
주제	20	• 주제에 맞도록 작성되었는가? • 주제가 뚜렷이 드러나 있는가?
글의 짜임새	20	• 글의 짜임새가 좋은가? • 글의 문맥이 자연스럽게 흐르는가?
의사전달	30	• 본인이 이야기하고자 하는 의도가 드러나 있는가? • 자신이 주장하는 의견이 논리적인가?
문해력	20	• 전체적인 책의 내용을 이해하고 자신의 것으로 만들었는가? • 자신이 이해한 부분을 충분히 설명하고 있는가?

구분	평가 기준
제출기한	제출기한일로 하루 늦을 때마다 1점 감점
주제	1: 주제가 맞지만 뚜렷하지 않다. 2: 주제가 어느 정도 맞는다. 3: 주제가 제대로 드러나 있지 않다.
글의 짜임새	1: 글의 문맥이 자연스러우나 짜임새가 조금 부족하다. 2: 글의 문맥과 짜임새가 조금 부족하다. 3: 글의 문맥과 짜임새가 많이 부족하다.
의사전달	1: 자신이 주장하는 의견이 논리성이 부족하다. 2: 자신이 이야기하고자 하는 의도가 조금 부족하다. 3: 자신이 이야기하고자 하는 의도가 없다.
문해력	1: 전체적인 책의 내용을 이해하기는 하나 자신의 것으로 만들지는 못했다. 2: 자신이 이해한 부분을 알고 있으나 설명하지 않는다. 3: 책의 내용을 부분적으로 이해하고 설명하지 않는다.

프로젝트 POP ART 25%

구분	배점	평가 항목
제출점수	10	제출기한에 작품을 제출했는가?
완성도	20	작품의 완성도가 높은가?
수업태도	10	수업에 열심히 참여했는가?
주제	10	작품에 주제가 기독교적 사상이 잘 드러나 있는가?

구분	평가 기준
제출점수	제출일 하루 지날 때마다 1점 감점
-1	각 구분별 항목에 대한 것이 약간 미흡하다.
-2	각 구분별 항목에 대한 것이 부족하다.
-3	각 구분별 항목에 대한 것이 많이 부족하다.
-4	각 구분별 항목에 대한 것이 전체적으로 나타나지 않았다.

14. 기독 교사의 수업운영

			구분	배점	평가 항목	구분	평가 기준
프로젝트	POP ART	25%	특징	10	자신의 얼굴이 개성적으로 과장되게 표현되었는가?		
			Lay out	10	성경말씀과 자화상 구성이 조화롭게 잘 나타나 있는가?		
			색의 배색	10	색의 배색이 주제와 맞도록 적절히 잘 되었는가?		
			재료 사용	10	재료를 효과적으로 사용했는가?		
			설명서	10	자신들의 작품을 충분히 설명했는가?		
	부조 + drawing	25%	제출 점수	10	제출기한에 작품을 제출했는가?	제출 점수	제출일 하루 지날 때마다 1점 감점
			완성도	20	작품의 완성도가 높은가?	-1	각 구분별 항목에 대한 것이 약간 미흡하다.
			수업 태도	10	수업에 열심히 참여했는가?	-2	각 구분별 항목에 대한 것이 부족하다.
			주제	10	작품에 주제가 기독교적 사상이 잘 드러나 있는가?	-3	각 구분별 항목에 대한 것이 많이 부족하다.
			협동심	10	그룹원끼리 협동이 잘 이루어져 있는가?	-4	각 구분별 항목에 대한 것이 전체적으로 나타나지 않았다.
			부조	10	부조의 특징을 살려서 입체감 있게 표현하였는가?		
			drawing	10	drawing과 조소가 잘 어우러져 입체적으로 표현되었는가?		
			재료 사용	10	재료를 효과적으로 사용하였는가?		
			설명서	10	자신들의 작품을 충분히 설명했는가?		
			발표	5	자신의 작품을 논리적으로 충분히 발표하였는가?		
			평가서	5	다른 학생들의 작품·발표에 대해 비평적 관점으로 작성하였는가?		

| 퀴즈 | 10% | 퀴즈와 과제는 상황에 따라 변동되어 진행하며 총 퍼센트는 10%이다. (이론을 학습한 다음 주 미술 수업 시간에 퀴즈를 진행한다.) | |

15. 평점 기준

A+	100%-95%	4.0
A	94%-90%	3.75
B+	89%-85%	3.5
B	84%-80%	3.0
C+	79%-75%	2.5
C	74%-70%	2.0
D+	69%-65%	1.5
D	60%	1.0
F	below 59%	0

16. 과제 제출기한, 평가비율

평가	기한	비율
POP art	9주차 수업시간	25%
Essay	9주차 수업시간	10%
부조+drawing	16주차 수업시간	25%
합계		60%

17. 교실규칙

- 수업참여
  - 지각 및 결석하지 않는다.
  - 과제 및 작품 제출 시간을 지킨다.
  - 수업시간 중 졸리면 일어나서 수업을 듣는다.
  - 수업시간에 음식물을 섭취하지 않는다.

- 생활 태도
  - 필요한 준비물과 과제물은 전날 챙긴다.
  - 실기 수업 시 다른 사람에게 피해가 가지 않도록 조심한다.

14. 기독 교사의 수업운영

- 수업 종료 후 자신의 자리를 정리정돈 한다.
- 다른 사람 작품에 대해 상처가 되는 말을 자제할 수 있도록 한다.

• 크롬북 활용
- 크롬북 사용 시 교사가 지시한 부분만 사용할 수 있다(미술작품감상, 이미지검색 등).
- 개인별, 그룹별 사용 시 제한된 시간과 분량만 사용할 수 있다.
- 크롬북 오용 시 융합교육실 규정에 따라 처벌받는다.

• 부정행위
- 퀴즈 부정행위 한 것에 대해서는 0점 처리한다.
- 기말고사 부정에 대해선 학업관리위원회의 결정에 따른다.
  ◆ 태도점수는 20점 만점으로, 최초 13점을 부여하고 수업참여와 생활태도에 따라 더하거나 차감한다.

기독 교사 3부

과목명 : 세계지리
교사명 :
E-mail :
개설학년 : 11학년 1학기

**세계지리
수업계획서**

1. 교과목 개요
　세계지리 과목은 하나님께서 창조하신 세계 여러 지역의 지형, 기후 등의 자연 환경적 차이를 파악하고, 이를 토대로 인구, 문화, 산업 등의 인문적 차이를 이해하는 학문이다. 학생들은 세계 각 지역의 공간적 다양성에 대한 이해를 바탕으로, 다른 지역에 사는 사람들의 다양한 삶에 대한 공감적 이해를 할 수 있다. 뿐만 아니라, 이를 바탕으로 세계 여러 지역에서 일어나는 상호작용(협력, 갈등 등)에 대해 관심을 갖고 선교적 마인드로 세계를 섬기는 글로벌 리더로 성장할 수 있다.

2. 수업목표
- 세계의 다양한 자연환경과 인문 환경에 대한 체계적이고 종합적으로 이해하는 능력을 기를 수 있다.
- 세계 여러 지역에 대한 지리 정보를 수집·분석·평가하고, 이를 도표화·지도화 하는 능력을 갖출 수 있다.
- 지역 간 협력 및 상호 공존의 길을 모색하며, 지역 간 갈등과 분쟁을 이해하고 이를 해결하려는 태도를 기를 수 있다.
- 지리적 개념의 이해와 세계 사례 분석을 토대로 세계 선교에 앞장서려는 마음가짐을 가질 수 있다.

3. 학습목표
- 다양한 규모로 나타나는 지리적 현상과 관련된 사실, 개념, 원리, 이론을 체

계적으로 이해할 수 있다.
- 지리 정보를 선정·수집·분석·종합하여 여러 가지 측면에서 해석할 수 있다.
- 인문적·자연적 환경을 바탕으로 세계 각 지역의 특성과 변화를 종합적으로 설명할 수 있다.
- 세계 여러 지역이 당면하고 있는 지리적 문제 및 쟁점에 대한 다른 관점을 비교하고 평가하여 합리적인 해결 방안을 제시할 수 있다.

4. 선수 학습요인
   - 11학년 학생으로 기본적인 글을 독해할 수 있는 수준
   - 기본적인 워드, 프레젠테이션 작성 능력 또는 발표능력을 갖추고 있는 수준
   - Chrome book의 앱을 활용할 수 있는 능력을 갖추고 있는 수준

5. 학습자 분석
   이 과목은 11학년 사회과 필수 과목이다. 이 때문에 이 수업에 참여하는 학생 중에는 세계 각 지역 구분에 대한 기본적인 이해뿐 아니라 그 지역의 자연·인문 환경들이 인간 생활에 미친 영향을 설명할 수 있을 정도의 총체적인 사고를 할 수 있는 수준의 학생들과 기본적인 위치 개념도 미비한 학생들이 모두 수업에 참여한다.
   이에 따라 초반에는 기본적인 지리 개념을 제시하고 자연 지리적 현상을 사례 중심으로 살펴보는 수업을 진행해서 학생들이 이 과목에 대한 흥미를 잃지 않으면서 이해력을 키울 수 있도록 하고, 수업 중반 이후에는 실질적인 인간 생활과의 자연·인문 환경의 연관성을 깊이 볼 수 있는 인문 지리 단원을 학습하려 한다.

6. 수업방법
   - 강의: 본문 내용 강의
   - 모둠학습: 모둠별 활동, 토론 활동 등
   - 제작학습: 프로젝트 및 발표
   - 매체학습: 영상자료 활용
   - 사례중심학습: 다양한 사례를 분석하는 활동, 신문 활용학습(NIE) 포함
   - 웹 기반학습: chrome book 활용

7. 교재

고등학교 세계지리(권동희, 천재교육)

8. 참고문헌
- 살아있는 지리 교과서 1, 2(전국지리교사연합회, 휴머니스트, 2011)
- 세계지리를 보다 1, 2, 3(박찬영 외, 리베르 스쿨, 2012)
- 세계화 시대의 세계지리 읽기(옥한석 외, 한울아카데미, 2011)
- 세계지리, 세상과 통하다 2(전국지리교사모임, 사계절, 2014)

9. 필독 도서

동에 번쩍 서에 번쩍 세계지리 이야기(조지욱, 사계절, 2012)

10. 수업자료
- 활동학습지
- 다양한 동영상 및 기타 매체 자료
- 세계 지도, 대륙별 지도, 각종 주제도
- Chrome book

11. 단원 목표

단원 I **세계화와 지역 이해**

목표:
- 다양한 시대 및 지역에서 그려진 세계 지도를 통해 우리나라를 비롯한 세계 여러 나라 사람들의 다양한 세계관을 비교하여 이해할 수 있다.
- 교통·통신 등의 발달에 따라 세계의 모습과 그에 대한 인식이 변화됐음을 설명할 수 있다.
- 지리 정보의 수집 및 표현 방법을 이해하고 활용 사례를 조사할 수 있다.
- 다양한 기준과 방법에 따라 세계를 여러 지역으로 구분할 수 있다.

단원 II **세계의 다양한 자연환경**

목표:
- 열대 및 온대 기후 지역의 특징을 파악하고, 기후와 주민 생활의 관계

를 설명할 수 있다.
- 건조 및 냉·한대 지역의 독특한 지형 경관을 살펴보고, 기후와 주민 생활의 관계를 설명할 수 있다.
- 세계 주요 대지형과 하천 및 해안 지형의 발달 과정과 이용 방식을 설명할 수 있다.
- 사막화의 확대에 따른 문제를 조사하고, 사막화를 방지하기 위한 대책을 모색할 수 있다.

단원 III 세계 여러 지역의 문화적 다양성
목표: • 세계의 주요 민족과 언어 분포의 특징을 파악하고 분포와 확산을 설명할 수 있다.
- 세계 주요 종교 경관에서 나타나는 특색을 사례를 들어 설명할 수 있다.
- 세계 여러 지역의 지역 문화와 자연 및 인문 환경의 관련성을 파악할 수 있다.
- 지역의 지리적 특성을 기반으로 한 문화 행사와 관광 산업을 사례를 통해 탐구할 수 있다.

단원 IV 변화하는 세계의 인구와 도시
목표: • 국가의 경제 수준에 따른 인구 성장과 인구 구조의 차이점을 설명할 수 있다.
- 국제적 인구 이동이 일어나는 원인을 구체적인 사례를 들어 설명할 수 있다.
- 세계 도시의 성장 배경을 이해하고, 세계 도시의 상호작용 및 관계에 대해 설명할 수 있다.
- 선진국과 개발도상국에서 나타나는 인구·도시 문제를 이해하고, 이를 해결하려는 방안을 모색하는 태도를 기른다.

단원 V 갈등과 공존의 세계
목표: • 영역과 자원을 둘러싼 사례를 조사하고, 그 배경을 파악할 수 있다.

- 문화적 차이로 인한 갈등 지역을 사례를 통해 알아보고, 그 배경을 조사할 수 있다.
- 세계화에 따른 세계 경제 환경의 변화를 사례를 통해 설명할 수 있다.
- 세계적 규모의 환경 문제를 해결하기 위한 국제적 협력의 중요성을 설명할 수 있다.
- 세계에서 일어나는 다양한 갈등의 해결 방안을 모색할 수 있다.

12. 주차 계획

주차	주제	목표	평가	수업방법, 과제, 수업자료 등
1st	오리엔테이션 수업계획서 설명 단원1. 세계화와 지역 이해 (1) 세계 인식의 시공간적 차이	- 수업의 목표, 내용, 평가방법, 참고 도서 등에 대해 알 수 있다. ☞활동: 세계지도를 그려서 자신이 세계를 어떻게 인식하고 있는지 알 수 있다. - 세계 지도의 변천 과정을 통해 인류의 지리적 지식의 확대 과정을 말할 수 있다. - 과거에 제작된 세계 지도를 통해 지도 제작 당시 사람들의 세계관을 비교할 수 있다. ※지도 분석을 통한 성경적 세계관이 지표 인식에 미치는 영향을 알 수 있다.		강의 제작학습
2nd	단원1. 세계화와 지역 이해 (2) 세계화와 지역화	- 교통과 통신의 발달에 따라 세계의 모습과 세계에 대한 인식이 변화되었음을 설명할 수 있다. - 세계화와 지역화의 개념을 이해하고, 사례를 들어 세계화와 지역화에 대해 설명할 수 있다. - 세계 각 지역이 공간적으로 상호 작용하여 관계를 맺고 있음을 설명할 수 있다. ☞활동: 세계화와 관련된 사례를 찾을 수 있다. ☞모둠학습: 세계화 찬·반 토론할 수 있다.	모둠학습 평가	강의 사례중심학습 모둠학습
3rd	단원1. 세계화와 지역 이해 (3) 지리정보와 지리정보체계 (4) 세계의 지역 구분	- 지리 정보 종류를 말할 수 있다. - 원격 탐사와 지리정보체계의 개념을 파악할 수 있다. - 지리정보체계의 활용 사례를 조사할 수 있다. ☞활동:구글 어스를 이용해서 지리정보체계를 이해하고 세계 각 지역의 각종 지리 정보 찾을 수 있다(Chrome book 활용). - 동질지역과 기능 지역의 특징을 비교하여 설명할 수 있다. - 다양한 기준과 방법에 따라 세계를 여러 지역으로 구분할 수 있다. ☞활동: 기준을 정해서 세계를 구분할 수 있다. ※ 10/40창을 알아보고 구분 기준을 생각해 볼 수 있다.	퀴즈 1 모둠학습 평가	강의 웹기반학습 모둠학습
4th	단원2. 세계의 다양한 자연환경	- 기후 그래프를 보고 쾨펜의 기후 구분 기준을 따라 세계 각 지역의 기후를 구분할 수 있다. - 적도수렴대의 주기적 이동이 열대 기후에 미치는 영향을 설명할 수 있다. - 열대 기후를 강수량 분포로 구분하고, 각각의 특징을 설명할 수 있다.	개별학습지 평가	강의 매체학습 제작학습

14. 기독 교사의 수업운영

	(1) 열대 우림 기후와 사바나 기후 (2) 온대 서안 기후와 온대 동안 기후	- 열대 기후에 적응한 주민 생활의 특징을 설명할 수 있다. - 온대 기후 지중해성 기후, 서안해양성 기후, 온난 습윤 기후, 온대 겨울 건조 기후의 특성을 파악하고, 그 분포 지역을 지도에 표시할 수 있다. - 온대 기후에 적응한 주민 생활의 특징을 설명할 수 있다. ☞활동: Chrome book을 활용하여 기후 그래프를 그릴 수 있다. ※ Classroom 2가지 기후 그래프를 만들어 올리고 다른 학생들의 그래프를 보고 어떤 기후인지 맞추는 댓글을 달 수 있다.		
5th	단원2. 세계의 다양한 자연환경 (3) 건조 기후와 건조 지형 (4) 냉대 및 한대 기후와 빙하 지형	- 사막의 형성 원인을 설명하고, 형성 원인에 따른 사례를 구분할 수 있다. - 건조 지역의 독특한 지형을 찾아서 발표할 수 있다. - 건조 기후와 주민생활의 관계에 대해 설명할 수 있다. - 사막화가 진행되는 원인과 그 과정을 설명할 수 있다. - 냉대 및 한대 기후 지역의 특징을 말할 수 있다. - Chrome book과 구글어스를 활용하여 각 기후 지역의 위치와 생활상을 찾아볼 수 있다. - 냉대 기후와 주민 생활의 관계에 대해 설명할 수 있다. - 툰드라 기후와 주민 생활의 관계에 대해 설명할 수 있다. - 북극 지방과 남극 대륙의 위치와 자연환경의 특징을 설명할 수 있다. - 지구 온난화가 북극 지방과 남극 대륙에 미치는 영향을 설명할 수 있다. ※성경 속에 나타난 식생 및 인간 생활을 통해 이스라엘의 기후를 유추할 수 있다.	퀴즈 2 개별학습지 평가	강의 매체학습 사례중심학습
6th	단원2. 세계의 다양한 자연환경 (5) 세계의 주요 대지형	- 대지형의 형성과정을 판구조 운동과 관련지어 설명할 수 있다. - 세계 지도에서 세계 대지형의 분포 지역을 찾을 수 있다. - 신기조산대에서 자주 발생하는 자연재해 유형과 특징을 말할 수 있다. - Chrome book을 활용하여 최근에 일어난 화산활동을 찾을 수 있다. - 화산활동이 주민생활에 미친 영향을 사례를 들어 설명할 수 있다. ※성경 속 지형이 변화 사례-노아의 홍수(외적 작용), 소돔과 고모라의 멸망·바울 감옥 지진(내적 작용)-를 찾을 수 있다.	퀴즈 3 개별학습지 평가	강의 사례중심학습 매체학습
7th	단원2. 세계의 다양한 자연환경 (6) 세계의 하천 및 해안 지형	- 세계의 대 하천을 지도에서 찾을 수 있다. - 하천에 의한 지형 형성과정을 설명할 수 있다. - 하천 주변에서 발달하는 지형과 인간 생활과의 관계를 설명할 수 있다. - 해안 지형의 지형 형성과정을 설명할 수 있다. - 해양이 지구 환경에 미치는 영향을 설명하고, 자원의 보고로서 해양의 가치를 말할 수 있다.		강의 매체학습 사례중심학습
8th	중간고사			
9th	단원3. 세계 여러 지역의 문화적 다양성 (1) 민족 및 언어 분포의 특징	- 세계의 주요 민족과 언어 분포의 특징을 파악할 수 있다. - 언어 분포와 민족 분포의 특징을 연관 지어 설명할 수 있다. - 민족의 이동이 민족 및 언어 분포에 영향을 준 사례를 찾을 수 있다. ☞활동: 문화 지도를 그릴 수 있다.	개별학습지 평가	강의 매체학습 사례중심학습 제작학습
10th	단원3. 세계 여러 지역의 문화적 다양성 (2) 종교의 분포와 확산	- 세계 주요 종교의 기원과 특징을 설명할 수 있다. - 종교별 경관의 차이점을 인식하고, 그 특징을 말할 수 있다. ※기독교의 기원과 확산 과정, 경관을 정리할 수 있다.	개별학습지 평가	강의 사례중심학습

11th	단원3. 세계 여러 지역의 문화적 다양성 (3) 세계의 음식 문화	- 지역의 자연적 특성이 음식 문화에 미친 영향을 다양한 사례를 통해 파악할 수 있다. - 지역의 인문적 특성이 음식 문화에 미친 영향을 다양한 사례를 통해 파악할 수 있다. - 주요 작물의 농경 기원지를 살펴보고, 각각의 농경이 시간적 흐름에 따라 어떻게 확산되었는지 파악할 수 있다. ※ 10/40창 국가 조사 후 선교 전략을 세우고 발표할 수 있다.	개별발표 평가	제작학습 발표 학습
12th	단원4. 변화하는 세계의 인구와 도시 (1) 인구 성장과 인구 문제 (2) 인구 이동과 지역 변화	- 세계 인구의 성장 원인을 말할 수 있다. - 인구가 희박한 지역과 밀집한 지역의 특징을 파악할 수 있다. - 경제 수준에 따른 인구 구조의 차이점을 설명할 수 있다. - 세계가 직면한 다양한 인구 문제의 원인과 양상을 파악할 수 있다. - 인구 문제의 해결 방안을 설명할 수 있다.	퀴즈 4.	강의
13th	단원4. 변화하는 세계의 인구와 도시 (2) 인구 이동과 지역 변화	- 국제적 인구 이동이 일어나는 원인을 설명할 수 있다. - Chrome book을 활용하여 최근 세계의 인구의 유입·유출 현황을 살펴볼 수 있다. - 인구 유입과 유출에 따른 사회적 갈등과 지역 변화를 사례를 들어 설명할 수 있다. ☞활동: 인구관련 지도와 도표를 해석할 수 있다.		강의 매체수업
14th	단원2~3 과제 발표	☞모둠 프로젝트: 여행 상품 만들기(Chrome book 활용) - 한 지역을 선정하여 기후, 지형 특성을 고려한 여행상품을 만들 수 있다. - 여행상품을 홍보할 수 있는 홍보물을 만들 수 있다. - 만든 홍보물을 가지고 프레젠테이션을 할 수 있다.	모둠발표 평가	모둠학습 제작학습
15th	단원4. 변화하는 세계의 인구와 도시 (3) 도시화의 차이	- 도시의 의미 및 도시화의 특징을 설명할 수 있다. - 도시화 과정을 파악할 수 있다. - 선진국과 개발도상국의 도시화 특징을 비교하여 설명할 수 있다. - 도시 내부 구조의 특징에 대해 설명할 수 있다.		강의 매체학습
16th	단원4. 변화하는 세계의 인구와 도시 (4) 세계화와 세계 도시	- 세계 도시의 기능과 특성을 말할 수 있다. - 세계 도시의 상호작용 및 관계에 대해 설명할 수 있다.	퀴즈 5	강의 매체학습
17th	단원6. 갈등과 공존의 세계 (1) 영역과 자원을 둘러싼 갈등	- Chrome book 활용하여 영역을 둘러싼 갈등 사례를 조사하고, 그 배경을 파악할 수 있다. - 자원을 둘러싼 갈등 사례를 조사하고, 그 배경을 파악할 수 있다.	개별학습지 평가	강의 사례중심학습 매체학습
18th	단원6. 갈등과 공존의 세계 (2) 문화적 차이로 인한 갈등과 해결 방안	- Chrome book 활용하여 종교, 언어 등의 문화적 차이로 인한 갈등 지역을 사례를 통해 알아보고, 그 배경을 파악할 수 있다. - Chrome book 활용하여 서로 다른 민족 간에 나타나는 갈등의 양상과 갈등이 나타나는 지역을 사례를 통해 파악할 수 있다. - 각각의 갈등을 해결하기 위한 방안을 제시할 수 있다.	개별학습지 평가	강의 매체학습
19th	기말고사			

14. 기독 교사의 수업운영

13. 평가계획

평가요소	Percentage
수업참여	10%
태도	15%
시험(중간, 기말)	30%
퀴즈	15%
기말 프로젝트	15%
과제	15%

14. 평가준거

- 태도 및 출석

항목	평가 준거	세부사항
태도	- 학습자는 교사와 동료학생들에게 예의 바르게 행동하는가? - 수업시간의 준비물은 갖추어져 있는가? - 수업시간에 졸거나 수업과 관련 없는 행동을 하지 않는가? - 수업에 적극적으로 참여하는가?	평가 준거에 어긋나는 행위 1회 당 1점 감점 (만점: 100점)
출석	- 수업에 정상적으로 출석하였는가? - 수업 시작 전에 교실에 입실하였는가? - 수업 중 기타사유로 부재하지 않았는가?	지각은 0.5점, 결석은 1점씩 감점 (만점: 100점)

- 중간, 기말고사
  - 수업시간에 다루었던 내용을 바탕으로 객관식, 주관식(단답형, 서술형) 문제를 출제하여 학습자의 종합적 사고력을 평가함
  - 모든 과제와 시험에 있어 커닝은 보여준 사람, 본 사람 모두 0점 처리함
  - 수업시간에 다루었던 내용 및 단원평가를 근거로 문제 출제

단원	평가 준거		성취기준
단원1. 세계화와 지역 이해	- 과거에 제작된 세계 지도를 통해 지도 제작 당시 사람들의 세계관을 이해할 수 있는가? - 세계화와 지역화의 개념과 사례를 알고 있는가? - 원격 탐사와 지리정보체계의 원리를 이해하고 있는가? - 동질지역과 기능 지역의 특징을 비교할 수 있는가? - 세계지역을 다양한 기준으로 구분할 수 있는가?	상	각 단원의 모든 지리적 개념을 정확하게 이해하고 이를 현실 사례와 연관 지어 통합적으로 분석할 수 있으며, 이 사례들이 나타나는 위치를 말할 수 있음 또한, 이러한 지리적 현상 및 사례 이해를 세계 선교에 도구로 사용하려는 마음가짐을 지님
단원2. 세계의 다양한 자연환경	- 기후 그래프를 보고 기후를 구분할 수 있는가? - 열대·건조·온대·냉대·한대 기후와 그 지역의 인간 생활의 특징을 알고 있는가? - 세계 지도에서 세계 대지형의 분포 지역을 찾을 수 있는가? - 하천·해안 지형 형성과정과 그 지역의 인간 생활과의 관계를 설명할 수 있는가?		
단원3. 세계 여러 지역의 문화적 다양성	- 세계의 주요 민족과 언어 분포의 특징을 파악할 수 있는가? - 세계 주요 종교별 경관의 특징을 말할 수 있는가? - 음식 문화에 영향을 인문·자연 지리적 환경을 말할 수 있는가?	중	각 단원의 지리적 개념과 관련된 사례를 대부분 이해하고 있으며, 그 연관성을 설명할 수 있음

단원		평가기준
단원4. 변화하는 세계의 인구와 도시	- 인구 희박 지역과 밀집 지역의 특징을 비교할 수 있는가? - 세계의 다양한 인구 문제의 양상을 알고 해결 방안을 말할 수 있는가? - 도시의 의미 및 도시화의 특징, 도시화 과정, 도시 내부 구조를 설명할 수 있는가? - 세계 도시의 기능과 특성을 말할 수 있는가?	
단원5. 갈등과 공존의 세계	- 영역, 자원을 둘러싼 갈등 사례의 배경을 알고 있는가? - 종교, 언어 등의 문화적 차이로 인한 갈등, 민족 간 갈등 지역을 사례의 배경을 알고 있는가? - 다양한 갈등의 해결 방안을 제시할 수 있는가?	하 / 각 단원의 지리적 개념을 이해하고 있거나, 지리적 사례들의 알고 있음

- 퀴즈
  - 필독도서 「동에 번쩍 서에 번쩍 세계지리」의 내용과 진도가 종료된 단원 부분을 같이 퀴즈로 보고 각 3% 반영

범위		평가준거	성취기준	
퀴즈 1.	「동에 번쩍 서에 번쩍 세계지리」의 1. 내가 사는 세계 이야기 단원1. 세계화와 지역 이해	수업 중 배운 개념과 필독 도서의 내용을 정확하게 이해하고 설명할 수 있는가? 현실사례를 용어와 개념을 바탕으로 제대로 분석할 수 있는가?	상	개념을 올바르게 이해하고 이를 활용하여 현실사례를 분석할 수 있음
퀴즈 2.	「동에 번쩍 서에 번쩍 세계지리」의 2. 세계의 기후 이야기 단원2. 세계의 다양한 자연환경 (1)~(4)			
퀴즈 3.	「동에 번쩍 서에 번쩍 세계지리」의 3. 세계의 지형 이야기 단원2. 세계의 다양한 자연환경 (5)~(6)		중	개념을 이해하고 관련 사례를 이해하고 있음
퀴즈 4.	「동에 번쩍 서에 번쩍 세계지리」의 5. 세계의 문화 이야기 단원3. 세계 여러 지역의 문화적 다양성			
퀴즈 5.	「동에 번쩍 서에 번쩍 세계지리」의 6. 세계의 인구와 도시 이야기 단원4. 변화하는 세계의 인구와 도시		하	개념을 이해하고 있음

- 모둠 활동 평가
  - 프로젝트 : 해외여행 상품 만들기
    ◦ 대상(eg. 신혼부부, 대학생, 고령가족 등)을 정해서 2박 3일(비행시간은 2박 3일에 포함되지 않음) 간의 해외여행 일정을 만들기(국가는 1~2개까지 가능하되, 2개일 경우 인접한 국가여야 하며 이 경우 국가 간 이동 시간을 2박 3일 일정에 포함함)
    ◦ 70%는 자연환경(기후, 지형 등)과 관련된 것, 30%는 인문 환경(유적, 문화, 산업 등)과 관련된 것을 포함하기
    ◦ 지역의 음식을 식사로 제공하되, 왜 그 지역 특유의 음식이 되었는지 이유를 밝히기

14. 기독 교사의 수업운영

- 대강의 비용을 달러 또는 그 나라 화폐로 제시하고 우리나라 화폐로 얼마 정도인지 환산하기
- 프레젠테이션 마지막 장에는 자신이 참고한 사이트의 인용 출처를 밝히기
  (사이트 인용 예: 독일화폐 정보 http://.... 네이버, 구글이라고 쓰면 안됨)
- 발표 형식: PPT (또는 제2외국어 홍보물)를 만들어 모든 조원이 함께 발표하기

- 수업 중 모둠 활동
  - 수업 중 제시되는 다양한 모둠 활동에 적극적으로 참여하는가?
  - 완성도가 높은 결과물을 시간 내에 만들어냈는가?

내용	항목	평가 준거		성취기준
1. 여행 상품 만들기	완성도	- 결과물이 주제에 부합되는가? - 결과물에 들어가야 할 내용이 충실하게 들어갔는가? - 활용자료에 대한 출처를 제대로 밝히고 있는가?	상	결과물이 주제에 부합하고 완결성이 있으며 자료의 출처를 제대로 밝히고 있음 조원들 간의 유기적인 협력이 이루어지고 있으며 발표로 전달하고자 하는 내용이 명확하게 전달되는 가운데 학생들의 질의응답에 적절한 답변을 제시함
2. 여행 지도 그리기	협동성	- 역할 배분과 협력이 잘 이루어지고 있는가? - 조원들 간의 유기적인 상호작용이 일어나고 있는가? - 조원들 간의 갈등상황을 잘 해결해 나가는가? - 무임승차하는 학생이 없는가?	중	결과물이 주제에 부합하며 자료의 출처를 밝히고 있음 조원들 간의 협력이 이루어지며 발표로 전달하고자 하는 내용이 전달됨
	발표 능력	- 발표자가 발표내용을 제대로 숙지하고 있는가? - 발표 사전준비가 제대로 되었는가? - 발표자의 표현력이 좋고 프레젠테이션이 효과적으로 이루어지고 있는가? - 질의응답에 대해 적절한 답변을 제시하고 있는가?	하	결과물이 주제에 부합하며 조원들 간의 협력이 이루어짐 발표로 전달하고자 하는 내용이 전달됨

- 과제
  - 10/40창에 있는 국가 조사 후 선교 전략 세우기(크롬북 활용)
    - 위도 10~40도 사이에 있는 국가 중 하나를 선택하여 선교지도(교실에 세계 백지도를 1개 업로드하여, 모든 학생들의 발표 완료 시 선교지도 완성)에 위치를 표시하기
    - 선택한 국가의 기후, 지형 등의 자연환경 및 종교, 역사, 문화 등의 인문환경 조사하기
    - 자연환경과 인문환경을 고려하여 기독교 전파를 높일 수 있는 선교 전략을 세워보기
    - 조사한 내용과 선교 전략을 PPT로 만들어서 발표하기(5분 이내)

- 자료의 출처를 명확히 밝히기
- 평가
  - 필독도서 「동에 번쩍 서에 번쩍 세계지리」를 읽고 주어진 질문지에 답 쓰기 제출 기한을 지켰는지, 답변의 완성도가 높은지를 평가할 것임
  - 학습지 필기 및 수업 중 각종 활동하기
  - 제출 기한을 지켰는지, 필기의 완성도가 높은지, 학습 활동에 적극적으로 참여하였는지를 평가할 것임
  - 기타 수시로 과제가 부과될 수 있으며 모두 평가 대상으로 삼을 것임

항목	평가 준거		성취기준
완성도	- 결과물이 주제에 부합되는가? - 결과물에 들어가야 할 내용이 충실하게 들어갔는가? - 활용자료에 대한 출처를 제대로 밝히고 있는가? (표절 안됨) - 조사 내용과 선교전략의 연계성이 있는가? - 선교전략은 현실성과 독창성이 있는가? - 분량이 적절한가? - 교실에 결과물을 적절하게 올렸는가?	상	결과물이 주제에 부합하고 완결성이 있으며, 창의적이고 독창적임 기독교적 세계관을 보여준 자료의 출처를 제대로 밝히고 있음 발표로 전달하고자 하는 내용이 명확하게 전달되는 가운데 학생들의 질의응답에 적절한 답변을 제시함
발표력	- 발표자가 발표내용을 제대로 숙지하고 있는가? - 발표 사전준비가 제대로 되었는가? - 발표자의 표현력이 좋고 프레젠테이션이 효과적으로 이루어지고 있는가? - 질의응답에 대해 적절한 답변을 제시하고 있는가? - 발표 시간을 지켰는가? - (타인의 발표에 대한 피드백을 교실에 잘 올렸는가?)	중	결과물이 주제에 부합하며, 기독교적 세계관이 나타남 발표로 전달하고자 하는 내용이 전달됨
		하	결과물이 주제에 부합하며, 발표로 전달하고자 하는 내용이 전달됨

15. 평점 기준

A+	100%-95%	4.0
A	94%-90%	3.75
B+	89%-85%	3.5
B	84%-80%	3.0
C+	79%-75%	2.5
C	74%-70%	2.0
D+	69%-65%	1.5
D	60%	1.0
F	below 59%	0

16. 과제 제출기한, 평가비율

과제	제출 기한	평가 비율
모둠 활동	5/28	15 %
과제	발표: 5/7, 기타: 수시안내	15 %
퀴즈	1차: 3/12, 2차: 3/26 3차: 4/2, 4차: 5/24, 5차: 6/15	15%

17. 교실 규칙

- 태도
  - 수업시간에 음식물 반입(껌, 사탕도 불가)은 금한다.
  - 수업을 방해하는 행위, 예의에 반하는 행위는 경고 없이 태도 점수를 감점한다.
  - 엎드려 자거나 졸음을 이기려는 의지가 없는 경우 감점한다. 졸리면 교실 뒤로 나가서 서 있다가 자리로 들어오는(졸음을 이기려는) 태도를 보여야 한다.
  - 수업 진행과 관련된 준비물(교과서, 학습지 등)이 제대로 갖춰지지 않았을 경우 감점한다.
  - 전자기기(Chrome book 포함)를 허가 없이 사용하거나 오용할 경우, 감점당하고 지도위원회에 회부된다.
  - 기재되지 않은 사항 외 상황 발생 시 일반적인 상식과 선생님의 의견에 따른다.

- 출석
  - 시작종이 쳤을 때 교실에 없는 학생은 지각으로 간주하고 감점한다(특별한 사유 시 증명이 가능해야 함).
  - 수업시간에 자리를 비우면 감점한다(한 개인 당 화장실은 한 학기 당 2회까지 가능).
  - 수업에 참여할 수 없는 불가피한 경우 반드시 선생님께 미리 알린다(알리지 않을 경우 결석 처리됨).

- 시험 및 퀴즈
  - 커닝은 0점으로 처리된다(고의로 보여줄 경우 동일하게 처리함).
  - 커닝은 각종 과제와 시험 등을 모두 포함한다. 관련자는 모두 감점한다.
  - 그리스도인으로의 양심을 지키고 정직한 학생이 되도록 스스로 권면한다.

- 과제 & 모둠 활동
    - 반드시 지정한 기한을 지킨다(기한을 넘길 시 감점 있음).
    - 모둠 활동 시 반드시 함께한다.

14. 기독 교사의 수업운영

과목명 : STEAM R&E
교사명 :
E-mail :
개설학년 : 11학년 2학기

**STEAM R&E
수업계획서**

1. 교과목 개요

과학기술에 대한 학생의 흥미와 이해를 높이고 과학기술 기반의 융합적 사고력 (STEAM Literacy)과 실생활 문제 해결력을 배양하는 데 그 목적을 둔다. 과학과 수학의 개념과 원리를 이용해 뼈대를 만들고 공학과 기술을 통해 실생활과 연계되는 문제를 해결하도록 유도한다. STEAM 수업이 학생들의 과학에 대한 흥미를 유발하는 데 그치지 않고 과학기술에 대한 원리를 이해하고 과학·수학 교과의 성취기준을 달성하여 관련 분야 인재로 성장할 수 있도록 한다.

2. 수업목표

- 스스로 문제를 선택하여 연구함으로써 자기 주도적 연구역량과 문제 해결 능력을 신장시킬 수 있다.
- 미래 기술과 우리 사회와의 관계를 이해하고, 미래 기술이 개인적, 사회적, 환경적 측면에 미치는 영향을 평가 및 예측할 수 있다.
- 과학, 공학, 기술, 수학, 예술 등 다양한 전공 영역에서의 융합과학 사례에 대해 이해할 수 있다.
- 하나님의 창조 세계를 스스로 탐구하고 배우는 능력을 기른다.
- 하나님이 창조하신 생물과 자원의 소중함을 깨닫고, 생물과 환경에 대한 존중과 사랑하는 마음을 갖게 한다.
- 하나님이 주신 재능과 능력을 통해 미래의 과학 문명을 발전시키고, 하나님의 창조하심을 증명해 나갈 수 있는 능력과 창의력을 키운다.

3. 학습목표
- 스피루리나의 특징을 이해하고 이를 배양하여 스피루리나를 활용한 다양한 실험을 수행할 수 있다.
- ILLITE 광물의 구조에 따른 성질과 소재로서 특징을 이해하고 실생활에 적용할 수 있는 모형을 만들 수 있다.
- 소논문 작성을 통해 글쓰기 능력을 학습하고 철학적 사고와 논리적 글쓰기 능력을 배양할 수 있다.

4. 학습자 분석

	분석 및 수업 계획 적용 사항
상	고급 생물을 수강하는 학생 중 과학에 관심이 많고, 관련 학과로 진학하려는 학생들을 대상으로 한다. 학생 중 대다수가 미래과학에 관심이 있거나 앞으로의 진로와 연관이 높을 것으로 예상하기 때문에 수업의 집중도와 수준 또한 높을 것으로 기대한다. 영어 능력이 우수한 고등학교 학생들이 대상이므로 국내논문뿐 아니라 외국논문을 참고하여 소논문 작성에 활용할 수 있도록 한다. 소논문 작성과 더불어 모형이나 모듈을 스스로 제작할 수 있도록 한다.
중	생물을 수강한 학생 중 과학에 호기심과 관심이 있는 학생들을 대상으로 한다. 학생들이 미래과학에 관해 관심을 가지고 스스로 문제를 선택하여 연구할 수 있도록 지도한다. 고등학교 학생들이 주 수강 대상이므로 국내논문뿐 아니라 외국논문을 참고하여 소논문 작성에 활용할 수 있도록 격려한다. 소논문 작성과 더불어 모형이나 모듈을 제작할 수 있도록 지도한다.
하	생물을 수강한 학생 중 과학에 호기심이 있는 학생들을 대상으로 한다. 학생들이 미래과학에 관해 관심을 가지고 스스로 문제를 선택하여 연구할 수 있도록 교사가 안내하고 지도한다. 간단한 실험 실습을 위주로 하고, 국내외 다양한 참고자료를 활용하여 소논문을 작성할 수 있도록 독려한다.

5. 선수 학습요인
- 기초 과학(생물, 화학, 물리)
- 기초 수학 및 통계

6. 수업방법
- 그룹 활동: 실험 및 소논문 작성
- Google classroom을 활용하여 학생들의 실험 진행 상황 및 소논문 작성에 대해 수시로 확인하고 피드백

7. 주차 계획

주차	주제	목표	평가	수업방법, 과제, 수업자료 등
1st	오리엔테이션			
2nd	2학기 STEAM 수업 계획 세우기		실험 실습 준비	1) 활동: 2학기 STEAM 수업 설명 및 조별 계획 계획하기, 실험 계획 세우기 2) 자료: 수업계획서, 일정표
3rd	실험 목적에 맞게 실험을 계획할 수 있다.			1) 활동: 주제에 적합한 실험을 선정하고 실험재료를 조사하여 구입하기
4th	실험 목적에 맞게 실험을 계획할 수 있다.		실험 실습 준비	1) 활동: 주제에 적합한 실험을 선정하고 실험재료를 조사하여 구입하기
5th	실험을 실시하고, 실험 결과를 데이터화하여 기록할 수 있다.		실험 실습 시행 데이터 기록	1) 활동: 주제에 적합한 실험 위주의 수업으로 학생들이 스스로 실험을 시행하고 자료를 작성하기 2) 자료: 실험재료
6th	추석			
7th	수학여행			
8th	실험을 실시하고, 실험 결과를 데이터화하여 기록할 수 있다.		실험 실습 시행 데이터 기록 실험 중간 점검	1) 활동: 실험 중간점검을 통해 정확한 실험 구축하기 2) 자료: 실험재료
9th	실험을 실시하고, 실험 결과를 데이터화하여 기록할 수 있다.		실험 실습 시행 데이터 기록	1) 활동: 주제에 적합한 실험 위주의 수업으로 학생들이 스스로 실험을 시행하고 자료를 작성하기 2) 자료: 실험재료
10th	중간시험 기간			
11th	데이터를 분석하여 표와 그래프로 표현할 수 있다.		엑셀을 활용한 통계 분석	1) 활동: 실험을 마무리 짓고 결과 데이터 기록하기 2) 자료: 실험재료
12th	데이터를 분석하여 표와 그래프로 표현할 수 있다.		엑셀을 활용한 통계 분석	1) 활동: 실험을 마무리 짓고 결과 데이터 기록하기 2) 자료: 실험재료
13th	분석한 통계 내용을 바탕으로 소논문의 본론 및 결론을 작성할 수 있다.		소논문 작성	1) 활동: 실험 결과를 통해 본론 작성하기 2) 자료: 실험 결과 데이터
14th	분석한 통계 내용을 바탕으로 소논문의 본론 및 결론을 작성할 수 있다.		소논문 작성	1) 활동: 실험 결과를 통해 본론 작성하기 2) 자료: 실험 결과 데이터
15th	논문 수정 및 보완		논문 제출	수업에서 완성된 논문 발표하여 교사 및 다른 학생들에게 피드백 받기
16th	STEAM Festival			
17th	수업 평가 및 마무리			
18th	학기말 시험기간			

8. 평가계획

평가요소	Percentage
소논문 평가	60%
참여도 및 태도	30%
동료 평가	10%

9. 평가준거

• 소논문 평가

평가내용	최상 (10점)	중상 (8점)	보통 (6점)	중하 (4점)	최하 (2점)
1. 논문내용과 실험의 적합성					
2. 연구내용의 독창성					
3. 연구방법과 연구결과의 명확성					
4. 실험방법과 실험내용의 적절성					
5. 논문체계와 기술방법의 적절성					
6. 연구기대효과					
합계					
총점	( )점 / 60점				

• 참여 및 태도

평가내용
1. 지각, 결석 등 수업 참여도를 평가함
2. 수업 활동 시 다른 행동을 하지 않고 연구 활동에 집중하는지 평가함
3. 제출해야 할 보고서 기한을 잘 지키는지 평가함
4. 수업 시간에 음식 섭취, 욕설 등 기본적인 수업태도를 잘 지키는지 평가함
* 태도 점수는 만점 30점 기준으로 평가요소를 어길 시 즉각 차감하는 것을 원칙으로 함

• 동료 평가

평가내용	상 (2점)	중 (1점)	하 (0점)
1. 모둠원의 의견을 반영하여 역할 분담을 적절히 하였는가?			
2. 수업 시간 조별 활동에 적극적으로 참여하였는가?			
3. 모둠에서 맡은 역할을 성실히 수행하였는가?			
4. 조별 주제의 내용을 잘 이해하였는가?			
5. 동료들과 잘 타협하고 협력하였는가?			
합계			
총점	( )점 /10점		

10. 평점 기준

A+	100%-95%	4.0
A	94%-90%	3.75
B+	89%-85%	3.5
B	84%-80%	3.0
C+	79%-75%	2.5
C	74%-70%	2.0
D+	69%-65%	1.5
D	60%	1.0
F	below 59%	0

11. 과제 제출기한, 평가비율

과제	제출기한	평가비율
1. 참여 및 태도	매 수업	30
2. 소논문 평가	12/7	60
3. 동료 평가	11/30	10
합계		100

12. 예산

- 수입: 30,000원 * 1인 * 1학기
- 지출: 15명 * 30,000원 = 450,000원

항목		지출 예상금액
실험재료 구입	1. 일라이트 관련 실험재료: 일라이트볼, 수질 측정기, 화학약품, 페인트, 풀, 모형 집 등 2. 스피루리나 관련 실험재료: 스피루리나 분말, 상토, 식물 모종 등	450,000원
총합계		450,000원

과목명 : 성경

교사명 :

E-mail :

개설학년 : 12학년 2학기

성경 **수업계획서**

---

1. 교과목 개요

본 교과목은 교회와 생활에서 듣고 사용하는 기독 신앙의 기본적이고 필수적인 주제들, 즉 조직신학을 소개하기 위해 설계되었다. 건강한 교리와 신학을 기반으로 하는 기독교 믿음은 신자들이 보수적인 기독교 교리들을 이해하는데 필수적이다. 이 과목은 학생들에게 익숙하지만, 진정으로 알거나 확실히 이해하지 못했던 기본적이고 결정적인 성경의 단어, 배경, 인물, 교리 등에 대해 다룬다. 학생들이 기독교인으로서 필수적으로 알아야 하는 것들을 배울 수 있도록 도울 것이다.

2. 수업 목적

학생들은 기본적인 기독교 신앙에 대해 이해할 수 있다. 기독교가 익숙한 기독교인 학생일지라도 기독교 신앙을 잘못 이해할 수 있다. 학생들은 필수적으로 알아야 할 것들을 배움으로써 보수적이고 성경중심적인 교리들을 이해하여 건강한 기독교 신앙이 무엇인지 알 수 있고, 경건한 삶을 살아내는 믿음을 갖도록 돕는다.

3. 학습 목표

- 주요 기독교 용어들과 보수적인 교리들에 대해 이해한 것을 설명할 수 있다.
- 수업에서 이해하고 믿게 된 것을 성경과 신학에 근거하여 논의하고 발표할 수 있다.
- 삼위일체(성부 하나님, 성자 하나님, 성령 하나님)에 대해 고백할 수 있다.
- 교회와 성례의 성경적이고 신학적인 의미를 이해하여 표현할 수 있다.

14. 기독 교사의 수업운영

4. 학습자 분석

범주	상태	현재 상황	개선 방안
선행 지식	탁월	학생이 기독교 신앙에 대해 깊은 관심이 있고, 기독교 주제들에 대해 알고 있다.	- 성경에 근거한 기독교 신앙의 의미를 더욱 깊이 이해할 수 있도록 돕는다. - 더욱 생각하고 이해할 수 있도록 질문을 많이 하게 한다.
	보통	학생이 기독교 신앙에 관해 관심이 있고 기독교 주제들에 대해 알아가기 시작하였다. 성경뿐만 아니라 자신의 의견과 생각으로 각 주제를 대할 수 있다.	- 믿음에 관련하여 더 생각해보도록 돕는다. - 각 주제를 다루기 위해 성경을 사용하도록 돕는다. - 적극적인 참여와 학습을 위한 노력이 중요하다.
	개선 필요	학생이 기독교 신앙에 관해 관심이 없다. 기독교 주제들에 대한 주관적인 이해가 없다.	- 기독교 신앙 주제들을 제공한다. - 시청각 자료를 제공한다. - 각 주제를 성경에 근거하여 이해할 수 있게 돕는다.

5. 선수 요인

- 학생은 본 교과목이 기독교 신앙의 주제들에 대해 다룰 것에 동의해야 한다.
- 학생은 본 교과의 주교재인 성경이 하나님의 말씀임을 믿어야 한다.
- 학생은 교과서인 성경책을 매 수업 지참해야 한다.
- 학생은 수업 시간에 다뤄지는 내용을 이해하기 위해 반드시 교회에 출석해야 한다.

6. 수업 방법

- 강의
- 멀티미디어를 활용한 수업
- 그룹 토의 및 프레젠테이션

7. 교재

- "성경전서" (판 구분 없이) 교재로서의 성경책 사용
    - 매일의 저널 성경 구절 찾기 위해
    - 각 강의와 유인물의 성경 구절을 찾고 이해하기 위해
    - 매 강의 사용하기 위해

- 교사가 작성한 유인물
- 청소년큐티인

8. 참고 도서(추천 도서)
- C.S. 루이스, 순전한 기독교 (Harper Collins Books)
- R.C. 스프롤, 기독교의 핵심 진리 102가지 (Tyndale House Publishers)
- 존 R. W. 스토트, 기독교의 기본 진리 (Inter-Varsity Press)

9. 단원별 목표

단원 I **복음과 하나님의 말씀 이해**

목표:
- 학생은 복음이 무엇인지 이해한다.
- 학생은 복음의 의미를 발표할 수 있다.
- 학생은 복음을 전할 수 있다.
- 학생은 기독교인이 알아야 할 지식을 성경을 근거로 설명할 수 있다.

단원 II **하나님 이해**

목표:
- 학생은 하나님의 속성, 사역, 그리고 은혜의 언약을 설명할 수 있다.
- 학생은 우리의 삶이 어디서 오고 어떻게 유지되는지 하나님과 연관하여 설명할 수 있다.
- 학생은 삼위일체에 관해 설명할 수 있다.

단원 III **인간, 도덕, 예수님 이해**

목표:
- 학생은 인간의 연약함에 대해 나누고 고백한다.
- 학생은 세상의 도덕적인 문제를 성경적, 기독교적 이해로 분별할 수 있다.
- 학생은 온 인류의 구원자가 되는 데 필요한 예수님의 인성과 신성을 설명할 수 있다.
- 학생은 예수님의 고난, 십자가 사건, 부활을 설명할 수 있다.
- 학생은 예수님이 우리를 위해 어떤 사역을 하셨는지 설명할 수 있다.

14. 기독 교사의 수업운영

단원 IV 성령님 이해

목표:
- 학생은 성령님의 속성과 사역을 설명할 수 있다.
- 학생은 영적 은사가 무엇인지 시험을 통해 설명할 수 있다.
- 학생은 성령님의 예수님 다음 보혜사 되심을 설명할 수 있다.

단원 V 믿음 이해

목표:
- 학생은 중생(거듭남)의 의미와 과정을 설명할 수 있다.
- 학생은 무신론과 변증학적인 접근을 이해한다.
- 학생은 영화와 같은 미디어의 주제에 대해 논의한다.

10. 주차별 수업 계획

주차	강의 주제	학습 목표	평가	수업 방법/활동
1st	교과목 개요	학생은: - 수업계획서를 활용한 오리엔테이션을 통해 수업의 개요를 설명한다. - 각 학생의 신앙생활에 있어서 어떤 상태에 있는지 이야기를 나눈다.	퀴즈 #1 (기독교의 기본 진리) 암송구절 #1 요한복음 3:16 요한복음 1:12-13	강의, 프레젠테이션
2nd	복음 묵상	학생은: - 복음의 의미를 검토하고 기억한다. - 요한복음 3:16-17을 외우고 이해한다. - 매일 묵상을 어떻게 하는지 배운다.	퀴즈 #2 (복음) 암송구절 #2 사도행전 16:31 마태복음 28:18-20	강의, 그룹 토의, 프레젠테이션
3rd	하나님의 계획 - 하나님의 섭리 - 하나님의 뜻과 계획 - 시편 139편 인생의 의미 - 인생의 목적 - 성경적인 시간 - 인생 지도	학생은: - 하나님의 뜻과 계획을 이해한다. - 성경적인 관점의 인생 목적을 이해한다. - 하나님의 우리를 향한 부르심을 시편 139편을 통해 이해한다. - 성경적 시간을 이해한다(카이로스 & 크로노스). - 인생지도를 그리며 자신의 인생에 대해 리뷰해본다.	퀴즈 #3 (구약/신약 순서) 암송구절 #3 고린도후서 5:17 갈라디아서 2:20	강의, 그룹 토의, 프레젠테이션, 인생지도 그리기, 자기관찰: Dr. Phillip 성격검사
4th	하나님의 말씀 - 계시 - 성경 - 십계명	학생은: - 성경을 통해 계시의 의미를 이해한다. - 십계명을 이해한다.	퀴즈 #4 (십계명) 암송구절 #4 로마서 12:1, 요한복음 14:21	강의, 그룹 토의, 프레젠테이션
5th	주기도문 사도행전 성례 - 성찬식 - 세례/침례	학생은: - 주기도문의 의미를 이해한다. - 사도행전의 의미를 이해한다. - 성례의 의미를 이해한다.	퀴즈 #5 (주기도문) 암송구절 #5 디모데후서 3:15-17 여호수아 1:8	강의, 그룹 토의, 프레젠테이션

6th	하나님의 속성 - 하나님의 7가지 속성 - 하나님의 삼위일체	학생은: - 하나님의 속성과 삼위일체를 이해한다. - 주요 용어를 배운다. - 신학적인 의미를 이해한다.	암송구절 #6 요한복음 15:7 빌립보서 4:6-7	강의, 그룹 토의, 프레젠테이션
7th		추석 암송구절 #7 & 4 저널 마태복음 18:20 / 히브리서 10:24-25 / 마태복음 4:19 / 로마서 1:16		
8th	하나님의 언약 - 창세기 1-2:3 - 창세기 2:4-2:25 - 창세기 4 - 창세기 15 - 창세기 28	학생은: - 언약의 의미를 이해한다. - 하나님의 은혜의 언약을 이해한다. - 창세기에 나와 있는 하나님의 은혜의 언약을 이해한다(창세기 1-2:3, 2:4-2:25, 4, 15, 28).	퀴즈 #6 (사도행전) 암송구절 #8 로마서 3:23 이사야 53:6 1/2 Q.T 교재 채점	강의, 그룹 토의, 프레젠테이션
9th		중간고사		
10th		가을 축제		
11th	하나님의 사역 - 창조 vs. 진화	학생은: - 하나님의 천지 창조와 7일간의 창조의 순서를 배워본다. - 창조와 진화론의 차이점을 이해한다. - 창조 vs. 진화 영상시청 - 진화론의 문제점에 대해 배워본다.	퀴즈 #7 (천지창조) 암송구절 #9 로마서 6:23 히브리서 9:27	강의, 그룹 토의, 프레젠테이션
12th	강의, 그룹 토의, 프레젠테이션	학생은: - 고린도전서 8장을 통해 하나님의 거룩함을 이해한다. - 최근 가장 큰 이슈인 동성애란 무엇인지 이해하고 논의한다. - 최근 도덕적 이슈들에 대해 이해하고 논의한다.	퀴즈 #8 (에세이: 고린도전서 8) 암송구절 #10 에베소서 2:8-9 디도서 3:5 설교 그룹 #1	강의, 그룹 토의, 프레젠테이션, 채플에서 설교
13th	인간 - 자유의지 - 원죄 - 자범죄 - 죽음의 의미	학생은: - 자유의지의 의미를 이해한다. - 죄(원죄, 자범죄 등)와 그 결과, 그리고 죽음(영적, 육적, 영원한 죽음)의 의미를 배운다.	퀴즈 #9 (시편 1편 암기) 암송구절 #11 요한계시록 3:20 요한1서 5:13 설교 그룹 #2	강의, 그룹 토의, 프레젠테이션, 채플에서 설교
14th	예수 그리스도 #1 - 예수님의 신성 - 예수님의 인성 - C.S 루이스의 삼단논법	학생은: - 예수님의 인성과 신성을 이해한다. - 예수님의 중보자 되심을 이해한다. - 예수님의 주님 되심을 C.S.루이스의 삼단논법을 통해 배워본다.	퀴즈 #10 (시편 23편 암기) 암송구절 #12 고린도전서 3:16 고린도전서 2:12 설교 그룹 #3	강의, 그룹 토의, 프레젠테이션, 채플에서 설교
15th	예수 그리스도 #2 - 예수님의 고난 - 예수님의 십자가 사건 - 예수님의 부활	학생은: - 예수님의 고난, 십자가 사건, 부활을 이해한다. - 영상 시청을 통해 고난, 십자가, 부활을 더욱 잘 이해한다(예수님의 십자가 사건의 의학적 분석 / James Caviezel 간증: 패션 오브 크라이스트).	암송구절 #13 이사야 41:10 빌립보서 4:13 설교 그룹 #4	강의, 그룹 토의, 프레젠테이션, 영상시청, 채플에서 설교
16th	성령님 - 성령님의 속성 - 성령님의 사역 - 영적 은사	학생은: - 성령님의 속성과 사역을 이해한다. - 영적 은사가 무엇인지 시험을 통해 이해한다.	암송구절 #14 로마서 8:32 빌립보서 4:19	강의, 그룹 토의, 프레젠테이션

14. 기독 교사의 수업운영

17th	강의, 그룹 토의, 프레젠테이션	학생은: - 거듭남의 의미와 과정을 이해한다. - 신앙생활과 무신론을 이해한다.	1/2 Q.T 교재 채점	강의, 그룹 토의, 프레젠테이션
18th		기말고사		

*예정에 없던 현장학습이나 공휴일 등으로 인해 일정에 변동이 있을 수 있습니다.

11. 평가 계획

평가요소	%
큐티 (중간: 5% / 기말: 5%)	10%
퀴즈 (10개)	20%
매일의 저널	10%
설교	10%
암송구절	10%
시험 (중간: 15% / 기말: 15%)	30%
수업 참여도/ 태도 (성경지참)	10%
총합	100%

12. 평가 준거

평가요소	%	평가 내용	평가 기준	
큐티	10%	큐티 과제를 통해 하나님의 말씀을 매일 묵상한다. 큐티 과제를 사용하여 성실하게 큐티를 한다. 큐티 과제를 중간고사와 기말고사 전에 제출한다. 학생이 큐티 교재를 다 채워서 과제를 완료했다면 총합 10%의 점수를 받는다. (중간고사 전: 5% / 기말고사 전: 5%)	중간고사 전: 5% -3/1 완료: 2% -3/2 완료: 3.5% -3/3 완료: 5%	기말고사 전: 5% -3/1 완료: 2% -3/2 완료: 3.5% -3/3 완료: 5%
퀴즈	20%	이전 수업에서 어떤 내용을 배웠는지 퀴즈를 통해 복습한다. 퀴즈는 강의, 교재, 읽기 과제를 기반으로 출제된다.	총 10개의 퀴즈가 있을 예정 각 퀴즈 : 2%(2% X 10번 =20%)	
퀴즈 #1 (기독교의 기본 진리)	2%	성경과 신앙생활의 지식에 대해 배운다. 성경과 학생의 신앙생활에 관한 10가지 간단한 질문이 출제된다.	전에 배운 내용이 없으므로 모든 학생은 2%를 받는다.	
퀴즈 #2 (복음)	2%	복음은 모든 기독교인에게 중요하다. 복음의 4가지 요소에 대해 저술할 수 있다.	4/1 채운 경우 - 0.5% 4/2 채운 경우 - 1% 4/3 채운 경우 - 1.5% 4/4 채운 경우 - 2%	
퀴즈 #3 (구약/신약 순서)	2%	퀴즈를 통해 구약과 신약의 성경 순서를 외울 수 있다. 학생은 성경 구절을 더 쉽게 찾을 수 있다.	NT - 14권 이하: 0.5% - 14권 이상: 0.8% - 27권: 1%	OT - 20권 이하: 0.5% - 20권 이상: 0.8% - 39권: 1%
퀴즈 #4 (십계명)	2%	학생은 출애굽기 20장의 중대한 계명들에 대해 배운다. 학생은 십계명을 율법과 하나님의 언약으로 설명할 수 있다.	각 계명: 0.2% (10계명 X 0.2=2%)	

퀴즈 #5 (주기도문)	2%	학생은 주기도문을 외우고 그 의미를 이해한다. 학생은 예수님이 주신 기도를 통해 어떻게 기도하는지 배운다.	암기 - 절반 이하: 1% - 절반 이상: 1.5% - 100%: 2%
퀴즈 #6 (사도행전)	2%	사도행전을 외우고 그 의미를 이해한다. 사도행전을 통해 탄탄한 교리를 배운다.	암기 - 절반 이하: 1% - 절반 이상: 1.5% - 100%: 2%
퀴즈 #7 (천지창조)	2%	하나님의 천지 창조와 7일간의 창조의 순서를 알아야 한다. 하나님의 7일간의 천지창조를 설명할 수 있다.	암기 - 4일 이하: 1% - 4일 이상: 1.5% - 7일: 2%
퀴즈 #8 (에세이: 고린도전서 8)	2%	학생은 고린도전서 8장을 요약한다. 고린도전서 8장을 통해 기독교 윤리를 이해하고 설명할 수 있어야 한다.	요약: 1% 의미: 1% =2% 탁월: 1% - 명확하게 기독교 윤리의 의미와 배경을 이해한다. 평균: 0.8% - 보통 지식을 알고 있다. 개선 필요: 0.5% - 내용에 대해 광범위하게 아는 것을 적는다.
퀴즈 #9 (시편 1편 암기)	2%	학생은 유명한 시편 중 하나인 시편 1편을 외운다. 시편 1편을 암송할 수도 있어야 한다.	암기: - 절반 이하: 1% - 절반 이상: 1.5% - 전부: 2%
퀴즈 #10 (시편 23편 암기)	2%	학생은 유명한 시편 중 하나인 시편 23편을 외운다. 시편 23편을 암송할 수도 있어야 한다.	암기: - 절반 이하: 1% - 절반 이상: 1.5% - 전부: 2%
매일의 저널	10%	학생들은 매 수업 시작마다 암송한 구절들을 묵상하고 저널을 쓴다. 학생들은 각 암송 구절을 단순히 암기하는 것이 아닌 깊이 이해하고 생각하게 된다. 이 과정을 통해 학생들은 작문 능력이 향상된다.	탁월: - 주어진 구절에 대한 이해와 의견을 반 페이지 이상 명확하고 자세하게 적는다. 보통: - 주어진 구절에 대해 평범하게 생각과 의견을 적는다. 개선 필요: - 내용에 대해 광범위하게 아는 것을 적는다.
설교	10%	학생은 주어진 본문을 묵상한다. 묵상을 설교로 발전시킨다. 학생은 공적인 자리에서 연설하는 능력을 키운다.	탁월: - 주어진 본문을 자세하게 설교로 발전시킨다. - 성실하게 설교 준비를 한다. - 알맞은 연설기술을 활용하여 자신감 있게 메시지를 전달한다. 보통: - 성경 본문을 보통 정도로 설교로 발전시킨다. - 중간 정도의 설교 준비 - 메시지를 잘 전달한다. 개선 필요: - 구체적인 설교 준비 없이 메시지를 그냥 전달한다. 　10%= 준비: 3%, + 전달 능력: 3%, + 메시지: 4%

14. 기독 교사의 수업운영

암송 구절	10%	학생들은 주어진 두 성경 구절을 외우게 된다. 학생들은 각 암송 구절들을 단순히 암기하는 것이 아닌 깊이 이해하고 생각하게 된다. 학생들은 암송 구절들에 대해 저널을 쓰게 된다.	Memorize - 절반 이하: 1% - 절반 이상: 1.5% - 전부: 2%
중간 고사	15%	시험 범위: 1주차~8주차 강의 학생이 알아야 하는 것 -복음의 의미 -QT 적용 요소 -하나님의 말씀 (계시의 의미, 십계명 등) -하나님의 속성 -하나님의 언약	탁월: - 학생은 매우 중요한 하나님과 하나님의 말씀에 대한 교리를 이해한다. 보통: - 학생은 성경적 의미의 하나님과 하나님의 말씀에 대한 교리를 더 깊게 인식한다. 개선 필요: - 학생은 하나님과 하나님의 말씀에 대한 교리에 대해 알게 되고 더욱 관심을 가진다.
기말 고사	15%	시험 범위: 11주차~17주차 강의 학생이 알아야 하는 것 -하나님의 사역 -기독교 윤리 -인간, 죄 -예수님 -성령님 -거듭남과 믿음	탁월: - 학생은 매우 중요한 기독교 윤리, 인간, 예수님, 성령님, 그리고 믿음에 대한 교리를 이해한다. 보통: - 학생은 성경적 의미의 기독교 윤리, 인간, 예수님, 성령님, 그리고 믿음에 대한 교리를 더 깊게 인식한다. 개선 필요: - 학생은 기독교 윤리, 인간, 예수님, 성령님, 그리고 믿음에 대한 교리에 대해 알게 되고 더욱 관심을 가진다.
수업 참여도 · 태도	10%	학생은 행동에 따른 결과를 이해한다. 책임감에 대해 배운다.	- 학생은 교재인 성경책을 수업에 지참해야 한다. - 학생은 다른 학생들과 선생님을 존중해야 한다. - 학생은 과제를 정해진 시간에 마쳐야 한다.

13. 과제 제출 지각

제출 시간을 지각한 과제는 받지 않는 것을 원칙으로 한다. 모든 과제는 수업 시작 시 제출되어야 하며 수업이 시작한 이후 제출된 과제는 지각으로 처리되고 0점 처리된다.

미리 양해를 구한 뒤 결석한 경우, 모든 과제는 다시 출석하는 날 제출해야 한다. 결석하는 학생은 본인 스스로 과제와 수업 노트에 대한 책임이 있다. 보충 퀴즈와 시험 또한 본인이 다시 출석하는 날 볼 수 있도록 조정해야 한다.

14. 과제 기한 및 비율

과제	제출 기한	비율
1/2 큐티	8주차	5%
1/2 큐티	17주차	5%
수업 참여도 / 태도	매 수업	10%
퀴즈	#1: 1 주차 #2: 2 주차 #3: 3 주차 #4: 4 주차 #5: 5 주차 #6: 8 주차 #7: 11 주차 #8: 12 주차 #9: 13 주차 #10: 14 주차	20% (퀴즈 10개 X 2%)
매일의 저널	매 수업	10%
설교	12주차-15주차	10%
암송구절	매 수업	10%
중간고사	9주차	15%
기말고사	18주차	15%
총합		100%

15. 평점 기준

점수	퍼센트	GPA
A+	100%-95%	4.0
A	94%-90%	3.75
B+	89%-85%	3.5
B	84%-80%	3.0
C+	79%-75%	2.5
C	74%-70%	2.0
D+	69%-65%	1.5
D	64%-60%	1.0
F	Below 59%	0

16. 교실 규칙

- 모든 수업에 성실히 출석한다(수업 종과 함께 학생들은 자리에 앉아야 한다).
- 모든 과제물은 제출하여야 하는 날짜에 제출하여야 한다(반장이 미리 걷어서 교탁 위에 올려둔다).
- 그룹 활동, 토론에 적극적으로 임해야 한다.

14. 기독 교사의 수업운영

- 뚜껑이 있는 물병에 담긴 식수 이외의 음식을 가지고 들어와서는 안 된다.
- 학생은 교실 안에서 학생과 교사에게 예의를 갖추어야 한다.
- 과제물은 반드시 완수해야 한다.
- 교사와 학생의 가장 큰 우선순위는 하나님을 영화롭게 하는 것이므로 말과 행동에 있어 하나님의 자녀답게 행해야 한다.
- 과제물(프로젝트) 수행을 위해 컴퓨터 사용이 필요할 경우 학생은 교사를 통해 랩실 패스를 받아 정해진 규칙에 따라 사용하거나 크롬북을 사용하여야 한다.
- 수업과 관련하여 이곳에 명시하지 않은 정책은 학교에서 정한 규칙에 따른다.

기독 교사 3부

15. 기독 교사의 학급운영

　기독교 학교 교사는 학생들을 교과수업에서뿐만 아니라 학급에서 담임교사로서 만나서 학교생활의 전 영역을 지도하게 된다. 교사의 인성과 영성은 학생들에게 인성, 영성, 학습과 생활 전 영역에서 지대하게 영향을 미치게 된다.

　이상적인 학급은 학생들이 자신과 타인과의 관계에서 자신의 능력을 받아들이고 사용하는 방법을 배우는 곳이며, 공통의 목표를 위해 협력하는 즐거움과 어려움을 경험하며 더 큰 공동체에서 살아가는 방법을 배우는 곳이다. 학습 공동체인 학급은 서로 배려하고 존중하며, 함께 활동하고 기도하며, 함께 고통을 느끼고 함께 기뻐하며 서로의 학습이 성공적으로 이루어지도록 도와야 하며, 교사는 이를 위해 학급을 구조화할 책임이 있다(브루멜른, 2014, 267). 하나님은 우리를 공동체의 일원으로 기여하도록 창조하셨고, 그리스도의 제자로서 서로 사랑을 나누며 서로 도우라고 명령하셨다. 학급에서 이러한 상호작용과 협력이 일어나도록 교사가 지도력을 발휘해야 한다.

　기독 교사가 새로운 학년 학기 시작 전에 담임으로서 학급 학생들을 배정받으면 일 년 동안 어떻게 학생들과 함께 학교의 비전과 공동체의 핵심가치를 학급이라는 소규모 공동체에서 실현해 나갈 것인가를 신중하게 계획하여야 한다. 학급 운영계획은 기독 교사들에게 학급운영의 지도(Map)를 가지게 한다는 점에서 중요

하다. 교사들은 학급운영의 방침과 규칙들을 명확하게 계획하고 학생들과 공유하여 학생 각 개인의 책임을 강조해야 한다. 학급운영계획서는 학급 공동체 구성원들 안에서 실행 약속이기도 하다.

다음은 기독교 학교에서 담임교사들이 학급을 어떻게 운영해 나갈지를 계획한 학급운영 계획에 관한 사례이다. 물론 문서화된 계획이 실제에서는 변경되기도 하지만 기본 계획을 가지고 학생들과 함께 생활하게 된다. 앞에서의 수업운영 계획과 마찬가지의 의미에서 학급운영 계획 사례를 제시하고자 한다.

➡ 기독 교사로서 나의 학급운영 계획서를 작성해보자.

➡ 교사가 학급을 운영하면서 학생들 간의 다양한 갈등 상황과 학생의 문제 행동을 만났을 때 기독교 교육의 관점에서 해결하는 방안을 생각해보자.

15. 기독 교사의 학급운영

학년 : 7학년
반 :
담임교사 :

학급운영 계획서

1. 급훈
"너희 중에 누구든지 크고자 하는 자는 너희를 섬기는 자가 되고
너희 중에 누구든지 으뜸이 되고자 하는 자는 너희의 종이 되어야 하리라"
(마 20:26-27)

2. 학급운영 목표
- 하나님을 사랑하는 마음 키우기
- 내 친구들을 내 몸처럼 사랑하는 사람 되기
- 열심히 공부해서 자신만이 아니라 남을 돕는 7학년 1반 만들기

3. 학급 경영 방침
- [매일] 청소년 큐티인 말씀 묵상 : 성경 말씀을 매일매일 읽어서 마음에 새기도록 한다.
- [매주] 학교생활 돌아보기 : 지난주의 생활을 돌아보고 반성하여 다음 주에는 더 잘하도록 다짐하기
- [매달] 감사 편지 쓰기 : 감사할 줄 아는 사람이 되도록 한다.

4. 학급운영 중점 사항
- 폭력이 나쁜 것임을 강조하여 평소에 폭력 예방 교육에 집중한다.

- 친구 관계에서 따돌림이 발생하지 않도록 꾸준히 상담한다.
- 우리 학교의 규칙과 문화에 빠른 시일 내에 적응하도록 지도한다.

5. 주요계획(큐티포함)

활동명	시기	활동 내용
QT	매일 아침	청소년 큐티인 말씀을 순번에 따라 전날 읽고 와서 오전 홈룸 시간에 묵상한다.
감사편지쓰기	4,5,6,9,11,12월 1주	지난 1개월을 돌아보고 떠오르는 분께 감사편지를 써서 보낸다.
지난주 돌아보기	매주 토요일	지난주를 돌아보고 반성할 일들을 노트에 적어본다.

6. 연간계획

월	행사	세부사항	비고
3	첫 수업	친구들 이해하기, 친구들의 캐릭터 인정하기	
4	중간고사	학부모 참관수업 때 멋진 모습 보여드리기 시험 준비 철저	
5	효도 방학	효도 방학 때 부모님 말씀 잘 들어서 진짜 효도하기	
6	기말고사 종업식	시험 준비 철저 방학을 규모 있게 보낼 계획 세우기	
7		하계방학	
8		하계방학 새 친구들 맞이하여 친해지기	
9	학부모참관수업 현장학습	학부모 참관수업 때 성장한 모습 보여드리기 현장학습 출발	
10	현장학습 중간고사	현장학습 잘 다녀오기 시험 준비 철저	
11	감사편지쓰기	지난 1학기부터 지금까지 감사한 일 생각하기	
12	기말고사 종업식	기말고사 준비 철저	
1		동계방학	
2		동계방학	

15. 기독 교사의 학급운영

7. 학급비 운영계획
- 총예산액 : 23명 × 8,000 × 2개 학기 = 368,000원
- 지출계획

	항목	세부사항	금액
1학기	노트구입	지난주 돌아보기 활동용	92,000원 (개당 4,000원, 23명)
	편지지 구입	감사편지쓰기 활동용	69,000원 (개당 3,000원, 23명)
	교실 꾸미기 재료	교실 꾸미기 활동용 문구류	23,000원
	1학기 소계		184,000원
2학기	노트구입	지난주 돌아보기 활동용	92,000원 (개당 4,000원, 23명)
	편지지 구입	감사편지쓰기 활동용	69,000원 (개당 3,000원, 23명)
	교실 꾸미기 재료	교실 꾸미기 활동용 문구류	23,000원
	2학기 소계		184,000원
총계 368,000원			

(2학기는 인원수 변동에 따라 금액이 변동될 수 있습니다.)

기독 교사 **3부**

학년 : 9학년
반 :
담임교사 :

학급운영계획서

1. 급훈
Worship God, Love yourself, Respect friends!

2. 학급 운영 목표
- 하나님의 자녀로서 하나님을 경배하는 삶을 살 수 있도록 하나님과의 교제에 힘쓴다.
- 하나님의 자녀로서 자기 자신을 존중하고 인정하며 사랑할 수 있도록 한다.
- 하나님의 자녀로서 내 옆의 친구들을 자기의 몸과 같이 배려하고 존중한다.
- 하나님의 주신 달란트를 발견하고 개인의 비전을 이루는데 필요한 지성을 기른다.

3. 학급 운영 원칙
- 믿음 : 하나님과의 교제를 통해 학생들이 자신의 삶을 하나님 앞에 비추어 보고 어떠한 삶을 살아야 하는지 알아간다.
- 사랑 : 학생들이 먼저 하나님의 사랑을 깨닫고 그 사랑으로 친구들과 선생님을 사랑하여 하나님께서 기뻐하시는 공동체를 만든다.
- 배려 : 상대방의 상황과 마음을 헤아리며 행동하고 말하는 성숙한 공동체를 만든다.
- 책임 : 주어진 일에는 책임감을 갖고 최선을 다하며 자기의 잘못 또한 정당하게 책임진다.

15. 기독 교사의 학급운영

4. 학급 운영 세부 활동 사항
- 학급 규칙 세우기
  - 교사가 정해준 규칙 외에 학생들 스스로 규칙을 정한다.
  - 규칙을 어길 시 발생하는 상황들에 대해 미리 예측해보고 벌칙을 정한다.
  - 학급회의 시간을 이용하여 시행되고 있는 규칙들을 점검하고 보완한다.

- 신앙생활
  - 매일 아침 큐티 시간과 기도하는 시간을 가져 하루를 하나님 앞에서 준비하도록 한다.
  - 학급회의 시간을 이용하여 기도제목을 적어 익명으로 제출하고 학생들끼리 기도제목을 뽑아 서로를 위하여 기도할 수 있도록 한다.

- 자기 주도적 학습
  - 하루 수업을 들으면서 오후 홈룸 때까지 알림장을 작성한다(숙제, 준비사항 등).
  - 자율 학습 시간에 알림장을 참고하여 과제를 미루지 않고 한다.
  - 매일 자율 학습 시간에 본인이 어떤 공부와 과제를 했는지 1, 2교시로 나누어 적는다.

- 상담
  - 매학기 모든 학생들이 최소 1번씩 교사와 개인 상담을 한다.
  - 상담 시간은 저녁 식사 시간을 활용한다.
  - 학생들에게 문제가 발생할 경우, 신속한 상담을 통해 문제를 해결하며 부모님과의 의사소통에 힘쓴다.

- 독서
  - 매주 금요일 독서 시간에 독서 인증제 책과 AR Program 책을 읽는다. 이때 Reading log를 작성하여 자신의 독서량을 점검함과 동시에 미루지 않고 독서를 할 수 있도록 한다.

- 교제
  - 야외 활동 : 필드트립, 축제 등을 통해 반의 단합을 키운다.
  - 교실 내 활동 : 매달 생일파티, 기도 마니또, 깜짝 이벤트 등을 통하여 신나고 즐거운 학급이 될 수 있도록 한다.

- 청소
  - 매일 오후 홈룸이 끝나기 전에 모든 학생들이 본인 주변에 있는 쓰레기를 주워 버리고 간다.
  - 일주일에 한번 당번을 정해 청소한다.
  - 교실에 음식물을 가지고 들어 올 수 없도록 한다(물, 음료수 제외).

- 부모님과 소통
  - Naver Band 어플리케이션을 사용하여 아이들의 근황을 올려 부모님들이 확인하실 수 있도록 한다.
  - 기도 마니또를 위하여 학생들의 기도제목을 받았을 때 각 학생의 부모님께도 알려드려 부모님도 학생을 위하여 기도하실 수 있도록 한다.

5. 학급 운영비 예산 (학기별 8,000원/1인)
- 수입 : 8,000원 * 19명 * 2학기 = 304,000원
- 지출 :

학기	항목	내용	지출 예상금액
1학기	학습도구	홈룸 시간 활동, 학습플래너 등	76,000원
	간식	매 달 생일파티, 기타 행사 등	76,000원
2학기	학습도구	홈룸 시간 활동, 학습플래너	76,000원
	간식	매 달 생일파티, 수학여행, 기타 행사 등	76,000원
합계			304,000원

15. 기독 교사의 학급운영

6. 월별 활동 계획

월	행사	세부사항	비고
2	- 개학 - CPE Conference	- 홈룸 운영 계획 지도	
3	- 3월 홈룸파티 - 정기외박	- 학급회의 시간을 이용한 임원(반장, 부반장, 총무, 영성부장) 선출 및 학급 규칙 만들기 - 생일파티를 위한 학생들 생일 파악 - 네이버 밴드 개설 및 운영 - 학생 개별 생활 상담 진행	개별 상담 진행
4	- 부활절 찬양제 - 중간고사 - 봄 축제	- 기도 마니또 2회 선정(2주에 한 번) - 부활절 찬양제 연습 - 부모님과 선생님 한분씩께 편지쓰기 - 3, 4월 생일파티 하기	편지지 구매 생일파티 준비
5	- 효 가정학습주간 - PTC	- 부모님과 선생님께 편지 드리기 - 학생 개별 진로 상담 진행 - 기도 마니또 2회 선정(2주에 한 번) - 중학교 PTC : 모든 학부모가 올 수 있도록 연락, 당일 시간을 최대한 활용한 상담	기도요청지 제작
6	- 정기외박	- 기도 마니또 2회 선정(2주에 한 번) - 체육축제 적극적으로 준비하기 - 기말고사 준비 - 5, 6월 공동 생일 파티 - 중간고사 점수에 따른 목표 정하기	생일파티 준비 기도요청지 제작
7	- 기말고사 - 종업식 - 비상80캠프	- 기도 마니또 2회 선정(2주에 한 번) - 비상80 참여도 조사 - 기말고사 준비	기도요청지 제작
8	- 패밀리데이 - 개학 - CPE Conference	- 학급회의 시간을 이용한 임원 선출 및 학급 규칙 만들기 - 2학기 학급 위원 및 규칙 세우기 - 개별 진로 상담 시작 - 7, 8월 공동 생일 파티	생일파티 준비
9	- 학부모참관수업 - 정기외박 - 현장학습 준비	- 기도 마니또 2회 선정(2주에 한 번) - 학생 개별 진로 상담 - 생일파티를 위한 학생들 생일 파악 - 신.편입생 생활상담 진행 - 현장학습 관련 일정과 행동규정 교육	기도 요청지 제작
10	- 현장학습 - 중간고사 - 정기외박	- 기도 마니또 2회 선정(2주에 한 번) - 1학기에 비추어 중간고사 목표 정하기 - 가을축제에 적극적으로 참여하도록 준비와 독려 - 9, 10월 공동 생일 파티	생일파티 준비 기도요청지 제작
11	- 중학교 PTC - 정기외박	- 기도 마니또 2회 선정(2주에 한 번) - 예술제 준비 : 각자의 흥미에 맞추어 적극적 참여 독려, 지도	기도요청지 제작
12	- 기말고사 - 겨울방학,종업식	- 기말고사 목표 정하기 - 기념앨범 제작 - 졸업식 준비 - 11, 12월 생일파티	생일파티 준비

학년 : 11학년
반 :
담임교사 :

학급운영 계획서

1. 급훈
나로부터 시작되리!

2. 학급운영 목표
- 하나님을 향한 믿음을 키우며 자신의 비전을 발견하는 학생이 된다.
- 학급의 구성원 모두가 자신의 역할을 가지고 함께 만들어가는 학급이 된다.
- 배려와 협력의 마음을 가진 글로벌 리더로 자라는 학생이 된다.
- 비전을 구체화하고 진로를 체계적으로 준비하는 학생이 된다.

3. 학급 경영 방침
- 매일 큐티 나눔을 학급에게 선포하며 친구들과 기도한다.
- 1인 1역할을 맡아 학급의 일에 모두 참여하도록 한다.
- 감사 일기 작성을 통해 겸손과 배려의 덕목을 기른다.
- 1년간 신약 성경 1독을 하여 개인 영성의 성장을 도모한다.
- 진로 포트폴리오를 만들어 비전에 따른 진학 준비를 구체화한다.

4. 학급운영 중점 사항
- 개인 영성 및 품성: 큐티 점검, 성경 1독(신약), 감사 일기 쓰기(학급 전체)
- 학급 단합: 생일 파티, 학급기도회, 월 2회 단체 사진 촬영

15. 기독 교사의 학급운영

- 상담: 개인별 정기 상담 일정 수립하여 꾸준히 점검
- 진로지도: 진로 교사와 협력하여 비전의 구체화 추구, 진로 포트폴리오 작성 및 점검

5. 주요계획(큐티포함)

활동명	시기	활동 내용
큐티	매일	아침 홈룸 시간에 1명씩 그날의 깨달음과 적용을 두고 발표하며 기도한다.
1인 1역	연중	학급을 위해 자신이 1역할을 선택하여 1년간 학급을 위해 봉사한다.
감사일기	매일	하루 동안 감사한 일들을 학급의 감사 일기장에 작성하고, 주말에 감사 제목들을 함께 나눈다.
진로 포트폴리오	연중	진로 교사와 협력하여 개인의 진로에 필요한 자료를 수집하여 포트폴리오를 작성한다.
말씀	연중	매일 성경 읽기 안내를 하여 모든 학급의 구성원들이 신약 성경을 끝까지 읽는다.

6. 연간계획

월	행사	세부사항	비고
3	- 임원선출 - 환경미화 - 3월 생일파티	- 반장/부반장 선출, 1인 1역할 나누기 - 홈룸 게시판 꾸미기 - 부활절 찬양제 연습	1차 상담 시작
4	- 부활절 찬양제 - 중간고사 - 봄축제 - 4월 생일파티	- 중간고사 대비 학습 점검 - 봄 축제 참여 - 가정학습 기간 계획 수립	1차 상담 종료
5	- 효 가정학습주간 - PTC - 5월 생일파티	- 가정학습 기간 생활 점검 - 비전 및 진로 탐색하기	2차 상담 시작
6	- 기말고사 대비 - 6월 생일파티	- 진로 포트폴리오 점검 - 기말고사 대비 학습 점검	2차 상담 종료
7	- 기말고사 - 1학기 종업식 - 7월 생일파티	- 방학 계획 수립 및 점검 - 1학기 1인 1역 활동 결과 시상	방학 생활 점검 연락
8	- 개학식 - 임원선출 - CPE - 8월 생일파티	- 반장/부반장 선출, 1인 1역할 나누기 - 2학기 계획 세우기	방학 생활 점검 연락

9	- 추석연휴 - 수학여행 준비 - 9월 생일파티	- 수학여행 준비하기	3차 상담 시작
10	- 수학여행 - 중간고사 - 10월 생일파티	- 수학여행 - 중간고사 대비 학습 점검	3차 상담 종료
11	- PTC - 점등식 - 11월 생일파티	- 진로 포트폴리오 점검 - 기말고사 대비 학습 점검	4차 상담 시작
12	- 기말고사 - 종업식 - 12월 생일파티	- 방학 계획 수립 및 점검 - 1학기 1인 1역 활동 결과 시상	4차 상담 종료

7. 학급비 운영계획(예시)

- 총예산액 : 19명 * 8,000원 * 2학기 = 304,000원
- 지출계획

항목	세부사항	금액
홈룸생일 파티	1학기	70,000원
	2학기	70,000원
학급 비품비	환경 미화 및 학급 비품 구매	124,000원
우수학생 장려	1인 1역할 우수학생 상품비(학기별 4명)	40,000원
합계		304,000원

15. 기독 교사의 학급운영

학년 : 12학년
반 :
담임교사 :

학급운영계획서

1. 급훈
   선생님은 믿음으로, 학생들은 사랑으로

2. 학급운영 목표
   - 함께 QT, 기도함으로써 신앙을 키운다.
   - 학생으로서의 기본인 학업에 충실하도록 한다.
   - 학생다운 생활을 하고 학생 중심의 학급이 되도록 한다.

3. 학급 경영 방침
   - 기본적인 인성을 함양한다.
   - 함께 어울려 소통하는 방법을 배우고, 서로를 배려하는 학급이 된다.
   - 진로를 확실히 하고 미래에 대한 구체적인 계획을 세운다.
   - 자기 주도적인 학습 자세를 확립한다.
   - 학급의 일에 모든 학생이 참여하는 민주적인 학급을 만든다.

4. 학급운영 중점 사항
   - 신앙
     - QT를 이용하여 말씀을 묵상한다.
     - 자신이 좋아하는 성경구절을 학급 친구들과 공유한다.

- 기도 순번을 정하여 대표 기도를 실시한다.
- 힘든 일이 있을 때 모든 학생이 함께 기도를 한다.
- 성경 골든벨을 개최하여 성경을 읽도록 유도한다.

• 학업
- 목표하는 대학을 교실에 게시한다.
- 매달, 매주 학습계획을 세우도록 한다.
- 자율학습시간이나 공강 시간을 활용하여 상담한다.
- 자기주도학습의 습관을 확립하고 협동학습을 실시하도록 유도한다.

• 생활
- 학급의 규칙을 민주적으로 만들어 지키도록 유도한다.
- 매월 1회 학생을 상담한다.
- 1인 1역할을 부여하여 주인의식을 갖도록 한다.
- 교실에 대한 주인의식을 가지고 청소하는 태도를 확립한다.
- 독서 골든벨을 개최하여 독서 습관을 확립한다.

5. 주요 계획(큐티포함)

활동명	시기	활동 내용
QT	매일	- 청규 교재를 활용하여 매일 아침 실시 - 조별로 기도제목을 공유하고 함께 기도하는 시간을 가짐
상담	매월 1회	- 개인의 특성을 우선 파악함 - 진학 관련하여 대학과 전공을 결정하도록 도움 - 결정된 대학과 전공을 위해 준비해야 할 것들을 체크하고 수시로 진행상황을 파악함
학급회의	매주 월요일	- 학교에서 지정한 주제에 대해 회의를 함 - 학급 자체적으로 필요한 주제를 정하여 이에 대해 회의하고 필요하다면 규칙을 정함
독서 골든벨	5월 16일	- 학급 내에서 독서 골든벨을 개최하여 독서인증제 책을 포함하여 5권의 도서를 읽고 관련된 퀴즈를 풀어봄 - 우수한 팀에게 소정의 상품을 제공함
성경 골든벨	9월 말	- 교목실에 문의하여 성경구절을 선정함 - 기도특공대를 중심으로 문제를 출제함 - 우수한 팀에게 소정의 상품을 제공함

15. 기독 교사의 학급운영

6. 연간계획

월	행사	세부사항	비고
3	- 개학	- 학생 상담 - 인적사항 파악하기 - 학급회 조직 - 독서 골든벨 실시	
4	- 교실 꾸미기 - 중간고사	- 학생 상담 - 학급 구성원 알아가기 - 성경을 읽도록 유도 - 학생들이 주도하여 교실 꾸미기 실시	
5	- 감사편지 쓰기 - 독서골든벨 개최	- 어버이날, 스승의날을 맞이하여 감사편지 쓰기 - 5권의 책을 선정하여 독서 골든벨 개최	
6	- 인생목표 세우기	- 1달, 1년, 3년, 10년 등 기간별 인생목표 설정	
7	- 기말고사 - 방학식	- 여름방학 계획을 수립 - 1학기 동안 수고한 학생을 위해 자체적인 시상	
8	- CPE Week	- CPE Week 동안 2학기 준비	
9	- 학생 상담 - 칭찬 릴레이	- 구체적인 진로와 대학진학 관련 상담 실시 - 서로 칭찬을 하며 타인에 대한 관찰과 관심을 유도	
10	- 진학 준비 - 중간고사	- 에세이, 추천서, 생활기록부 등의 상황을 체크 - 협동학습을 유도하여 중간고사 준비	
11	- '나' 발견하기 - 명함만들기	-나의 장점과 단점을 스스로 진단 - 10년 후 나의 명함을 만들면서 진로에 대한 구체적인 모습을 그림	
12	- 기말고사 - 학급 단합대회 - 졸업식	- 학습계획표를 작성하고 그에 따라 공부하도록 유도함 - 단합대회를 실시하여 수고한 학생들에 대한 격려와 시상을 실시	

7. 학급비 운영계획(예시)

- 총예산액 : 21명 * 8,000원 * 2학기 = 336,000원
- 지출계획

항목	세부사항	금액
홈룸생일 기념	1학기 21*4,000	84,000원
	2학기 21*4,000	84,000원
홈룸환경미화비	미화용품 및 비품구매	38,000원
행사시상	독서골든벨 및 성경골든벨 우수팀	50,000원
학년말 학급 기념품 제작		80,000원
총합계		336,000원

4부

학교현장에서의 소고

학교공동체 안에서 관계 맺기 ··
학력(學力)과 학력(學歷)에 대한 소고(小考) ··
NEIS와 Edupot에 대한 GVCS의 정책 ··
Global Education at GVCS(GVCS의 국제화 교육) ··
한국기독교대안학교연맹 이사대표 취임 인사 ··
학교폭력 문제해결을 위한 가정(부모)의 역할 ··
학교 교육 특성화 계획 ··
GVCS의 STEAM 융합교육 ··
Yearbook 인사말 ··

4부 학교현장에서의 소고

2011년부터 2018년까지 교장으로 사역하였던 기간 동안 기독교 학교현장에서 공동체 구성원들과 소통하였던 내용의 일부를 소개한다. 학부모, 학생, 교사들에게 기독교 학교운영 철학과 신념을 공유하기 위한 글, 학생들에 대한 당부, 기독교 교육 관련 기관에서 발표한 원고와 대표 인사말 등이다. 나름 고심하며 학교현장에서 기독교 세계관으로 사유하고 실천하고자 했던 것을 되돌아보며 초심을 잃지 않고 사역에 힘쓰고자 한다.

학교공동체 안에서 관계 맺기

#1
사람들이 어떤 대상이나 인물에게 가지고 있는 심리적 호오(好惡) 감정을 태도라고 한다. 이러한 사람들이 가지고 있는 태도는 몇 가지 특징을 가지고 있다.

첫째, 태도는 시간이 흐를수록 더욱 강해진다. 가령 친한 친구의 경우, 그 친구를 생각하면 할수록 좋은 점들을 떠올릴 것이다. 이따금 나쁜 점들이 떠올라도 그것은 어디까지나 예외일 뿐이라고 생각하면서 그 친구를 더 좋아한다. 그러나 싫어하는 친구의 경우, 그 친구를 생각하면 할수록 나쁜 점들만 떠올릴 것이다. 이따금 좋은 점들이 떠올라도 그것은 어디까지나 예외일 뿐이라고 생각하면서 그 친구를 더 싫어한다. 이처럼 사람들은 자신이 가지고 있는 태도를 스스로 반복적으로 검토하면서 자신의 태도를 강화한다.

둘째, 태도는 시간이 흐를수록 논리적으로 변한다. 사람들은 평소 태도에 일관성이 있어야 한다는 심리적 압박을 받고 있다. 만약 자기의 태도에 일관성이 없으면 몹시 긴장한다. 그래서 태도가 논리적으로 일관되지 않으면 사람들은 자발적으로 자신의 태도를 변화시켜 논리적이게 한다. 흥미로운 사실은 그런 태도 변화가 외부의 압력 없이 자발적으로 일어난다는 점이다.

소크라테스가 자기 제자들에게 질문을 던져 스스로 결론에 이르도록 한 것처럼 사람들도 자발적으로 자신의 태도를 논리적으로 일관성 있게 변화시킨다. 이런 현상을 '소크라테스 효과'(Socratic Effect) 라고 한다.

글로벌선진학교가 다른 학교와 차별화되는 가장 뚜렷한 특징 중의 하나는 학교뿐만 아니라 생활관에서 많은 학생과 교사들이 공동체를 형성하여 생활하고 있다는 점이다. 서로 다른 배경(지역적, 문화적, 경제적 차이 등)을 가진 학생들이 한 공간에 모여 서로에 대한 태도를 자발적으로 형성하며 학교생활에 적응해 가는 과정을 거친다. 그중 일부는 그 과정에서 부적응하거나 스스로 포기하기도 한다. 그러나 대부분 학생은 어렵지만 시간을 투자한 만큼 성공적인 적응의 경험을 갖는다.

사람들은 자신의 모습을 자기 내면보다는 다른 사람들과 자신을 비교하는 가운데 찾는다. 타인이 자신을 비춰주는 거울인 셈이다. 사회학자인 쿨리는 그렇게 자기의 모습을 찾아가는 사회적인 자기를 '거울 속에 비친 자기'(Looking-glass Self)라고 했다. 우리 학생들이 일생 중 가장 중요한 시기에 많은 시간을 학교에서 지내며 형성하는 자아상(self image)과 타인에 대한 태도들이 긍정적인 관계 형성의 밑거름이 되기를 소망한다.

#2
사람들과의 관계 형성에서 첫인상이 중요하다는 얘기를 많이 한다. 실제로 심리학의 연구 결과들도 첫인상이 인상 형성에서 가장 중요하다는 사실을 보여주고 있다. 이처럼 사회 생활에서 첫인상이 나중의 인상 평가에 미치는 영향을 초두 효과 또는 후광 효과라고 한다. 그래서 사람들은 어떤 사람과 처음 만날 때 좋은 인상을 주려고 노력한다.

그러나 첫인상 못지 않게 중요한 것이 끝인상이다. 초두 효과와는 달리 헤어질 때, 또는 계약 후의 사후 관리도 중요하다. 이처럼 시간상으로 끝에 제시된

기독교 대안학교 교사로 바로서기

정보가 인상 판단에서 중요한 역할을 하는 현상을 '신근성 효과' 또는 '최신 효과'(Recency Effect)라고 한다.

처음 만날 때와 헤어질 때, 즉 학교에서는 학기 시작인 개학식과 학기말 종업식이 학교 안에서 관계 형성의 주요한 맥락이다. 이는 학교 밖의 사회생활을 준비하는 학생들에게 중요한 교육적 덕목이라고 생각한다. 이러한 과정들을 소홀히 할 때 학교공동체에서뿐만 아니라 다른 공동체에서도 관계 형성에서 성공적일 수 없을 것이다. 개학식과 종업식 날 수업이 없다고 해서 여러 가지 이유로 학교에 늦게 들어오거나 일찍 나가는 학생들이 종종 있다. 학교생활은 수업에서뿐만 아니라 전 장면에서 공동체 활동을 배우는 학습장이다. 처음과 끝에서 해야 할 과업들이 있고 이를 수행하면서 배워야 할 것들이 반드시 있다. 이제 우리 GVCS 공동체 구성원들은 시작하기와 끝맺기에 좀 더 적극적이고 충실한 자세를 가질 수 있기를 소망한다.

2013년 6월,
뉴스레터

학교현장에서의 소고 4부

학력(學力)과 학력(學歷)에 대한 소고(小考)

우리나라 초·중등교육법 제43조와 제47조에서 학력은 學力(academic ability)으로 명기되어 있습니다. 그러나 현재 우리나라의 학력인정 학교에서는 별다른 자격시험이나 성적여하에 관계없이 출석 일수만 채우면 졸업을 할 수 있고 '학력'을 인정받고 있습니다. 따라서 실질적인 學力(academic ability)이라기보다는 學歷(School career 또는 academic background)을 인정받는 것이라 볼 수 있습니다.

그러나 미국 또는 국제 중등학교에서는 학생에게 요구되는 학점(credit)을 취득하였을 때만 졸업을 인정하고 있습니다. 따라서 상급 학교에 진학을 원할 경우, 최소한의 학점을 취득하여 學力(academic ability)을 갖추어야 진학할 수 있습니다. 교육청 인가 전의 GVCS 졸업생들은 주로 미국에 있는 대학으로 90% 이상 진학했습니다. 따라서 이전의 GVCS 교육과정은 미국 기독교 학교의 교육과정을 기본으로 국어와 국사, 태권도를 추가하여 민족 정체성 함양을 추구하였고, 학생들의 學力(academic ability)을 강조하여 학생들이 학점취득에 누락되지 않도록 관리하였습니다.

학력 인정과 관련하여 한국 학교와 미국 학교의 다른 상황은 GVCS 학생들이 대학을 진학할 때, 중요하게 고려하여야 할 사안입니다. 최근 학교인가와 함께 학생들의 학력을 인정받으면서 한국대학 진학을 희망하는 학생들이 증가추세에 있습니다. 따라서 대학진학과 관련하여 볼 때, 외국대학과 한국대학 중 진학을 희망하는 경우에 따라 학생들의 학력관리가 달라질 수 있습니다. 즉, 한국대학 진학을

 기독교 대안학교 교사로 바로서기

희망할 경우에는 학생들의 學歷을 더욱 철저히 관리할 필요가 있습니다. 이 경우 출결이나 학기 이수에 더욱 관심을 가져야 합니다.

미국대학에 진학하기를 희망하는 학생들은 학점관리에 더욱 철저하여야 합니다. 기본 과목들이 누락되거나 실패하여 필수 학점을 다 채우지 못하는 사태가 발생하지 않도록 미리 관리하여야 합니다. 학교에서는 학생들의 學力(academic ability)과 외국대학 진학을 위하여 정규 학년 과정에서 주요 과목을 수강하지 못하였거나 재수강하여야 하는 학생들에게 보충(Make-up) 기회를 제공하고 있습니다. 학생들의 학력 보충의 기회와 더불어 해외에서 귀국하면서 과목이 누락된 학생들에게 방학을 활용하여 학점을 취득하도록 계절 학기를 운영하고 있습니다.

학교에서는 학생들이 이러한 기회를 활용하여 더욱 적극적으로 진로와 진학을 고민하면서 자신의 학력을 관리하기를 기대하고 있습니다. 앞으로도 학교에서는 교육과정의 질을 확보하면서 학생들의 학습권을 보장할 수 있도록 최대한 노력하겠습니다. 이를 통하여 학교가 교육의 책무성에 최선을 다할 수 있도록 학부모님들 또한 한마음으로 지원하고 기도하여 주시기를 부탁드립니다.

2013년 6월,
글로벌선진교육 Magazine

학교현장에서의 소고 4부

NEIS와 Edupot에 대한 GVCS의 정책

글로벌선진학교는 인가 이후에 NEIS와 Edupot을 사용할 수 있는 권한을 부여받았습니다. 그러나 인가 후 곧 NEIS를 활용할 수 없었습니다. 왜냐하면, 첫째, 글로벌선진학교(GVCS)에서는 학생들의 학업성취도를 절대평가로 평가하고 있는데, NEIS의 평가시스템은 상대평가에 의한 9등급 평가방법이기 때문이었습니다. NEIS의 9등급 상대평가 시스템은 학생들의 학업성취를 왜곡시키고, 본교와 같이 학급당 학생들의 수가 적고 과목마다 선택하는 학생 수가 다양한 학교에서는 학생들의 등급이 전체적으로 낮게 책정된다는 것입니다. NEIS를 사용한다면 학생들의 성적을 입력하는 순간 자동으로 같은 과목을 수강하는 학생 중에 개별 학생들의 성적이 등급으로 전환되는 상황이 초래될 것입니다.

둘째, 평가방법은 학교의 교육관 즉, 교육 비전에 기초하여 실행되는 것입니다. 글로벌선진학교의 정책 방향은 경쟁과 서열을 위한 교육이 아닌 개개인의 잠재력과 다양성을 존중하는 교육입니다. 따라서 학생들을 서열화시키는 NEIS의 9등급 상대평가를 학교는 받아들일 수 없습니다.

글로벌선진학교는 학교인가 후 2011년부터 국내대학 진학을 준비하는 학생들을 위하여 NEIS를 사용하지 않아도 학생의 교과 외 체험활동을 기록하는 Edupot

기독교 대안학교 교사로 바로서기

은 사용하여 왔습니다.

그러나 2012년까지 운영되던 Edupot 서비스(www.edupot.go.kr)가 2013년 3월 8일부로 마감되었고, 학생의 체험활동 자료조회만 가능하게 되었습니다. Edupot은 2013년 3월 말~4월 초 NEIS 대국민서비스(www.neis.go.kr)와 연계되어 새로운 Edupot 서비스가 개통될 예정입니다. 이러한 NEIS와 Edupot이 연계된다는 새로운 국면은 글로벌선진학교로서는 매우 중대한 사안으로써 새로운 결정을 해야 할 상황에 직면하였습니다. Edupot 시스템을 앞으로는 따로 사용할 수가 없고, NEIS에 접속하여 사용하는 것만 가능합니다. Edupot은 이제 NEIS와 연계되어 사용되므로 NEIS를 전체적으로 사용하지 않는 우리 학교로서는 난감한 상황입니다. 즉, NEIS를 사용하지 않고는 Edupot을 사용할 수 없다는 것입니다. 부분적으로 NEIS를 쓰는 것은 불가능하고, NEIS를 쓰지 않으면 Edupot 사용은 불가합니다.

학교 실무진이 이러한 상황을 미리 인지하고, 교육청, Edupot 연구 개발팀과 연락을 취하여 이에 대한 문제해결을 시도했으나 교육청에서는 학교에 두 가지 중에서 한 가지를 선택할 수밖에 없다는 결론을 제시하였습니다. 첫 번째는, NEIS를 활용해서 그동안 사용하던 Edupot을 지속시키거나, 둘째로 NEIS를 활용하지 않고 Edupot을 포기하는 것입니다.

학교에서는 절대평가 시스템을 운영하고 있기 때문에 NEIS를 사용할 수 없다는 정책적인 결정을 하였습니다. 그 이유는 인가 후 곧 NEIS를 도입할 수 없었던 이유와 동일합니다. 따라서 국내대학을 진학하는 학생들은 NEIS를 쓰지 않고서도 글로벌선진학교의 성적표를 받아주는 학교, 또는 전형에만 원서를 제출할 수 있습니다. 그동안 이러한 방법으로 국내대학 진학지도를 해왔습니다. 학생들과 학부모님들은 상황이 조금 변화되었다고 해서 동요될 필요는 없습니다. 우리 학교는 절대평가가 도입될 때 NEIS를 사용하면 되고 그전에는 종전과 같은 방법으로 글로벌선진학교 형식으로 당당하게 대학진학 서류를 진행할 것입니다.

NEIS와 Edupot을 연동시키는 것이 일반 학교에는 교사들의 일거리를 경감시키고자 시도된 측면이 있으나 현재 Edupot을 모든 대학에서 인정하고 있지는 않은 상황입니다. 이에 국내대학을 준비하는 학생들과 학부모님들의 이해와 올바른 판단, 공감을 부탁드립니다. 하나님의 인도하심과 동행하심 가운데 학생들의 진로가 하나님 나라 확장을 위한 섬김의 삶을 감당할 인재로 쓰임 받도록 준비될 수 있기를 소망합니다.

2013년 3월,
글로벌선진교육 Magazine

4부 학교현장에서의 소고

Global Education at GVCS

The phrase, "Cultivating global Christian leaders who will serve 10 billion people in the world" is the very core value of what GVCS education aims to accomplish. The identity of GVCS education can be defined by these words: global, Christian, and alternative school. And out of these words, I'd like to reflect on the meaning of 'global' education and also share how GVCS endeavors to practically implement it.

Global education, which GVCS aims for, is more than just learning the language for a means of improved communication. Learning a foreign language itself should never be the purpose of any education. It is a tool and also a means to successfully perform as a global citizen in this global era. Global education at GVCS is global citizenship education, which is essential in carrying out the mission that calls us to be 'my witnesses to the end of the earth' (Acts 1:8).

Global education must be an education that fosters required qualities and abilities to live as a global citizen in a globalized world. Global citizenship education gives learners the opportunity and competences to reflect and share their own point of view and role within a globalized interconnected society, as well as to understand and respect the diversity of cultures, to peacefully resolve conflicts and protect the environment, and to obtain proper awareness and attitude toward human rights. Global citizenship education includes topics such as global understanding, global competency, global perspective, intercultural understanding, interdependence, and global problems and issues (environment, human rights, poverty, and peace).

I'd like to briefly introduce a global citizenship education offered by World Vision, an evangelical Christian organization, which is one of the largest private relief and development organizations in the world. It emphasizes the global and moral responsibilities of the people in this global era. It examines human rights violation cases and looks for solutions to these issues. Regards to environmental and poverty issues, it encourages people to have a concern for the earth and others and also to consider the correlation between its problems and our lives. It also educates people about current environmental issues and its harmful effects on poor and marginalized people in modern society. Furthermore, it helps people to acknowledge, respect, and cope with different ethnic groups, societies, and cultures in this globalized world.

Good Neighbors, which is an international humanitarian and development non-governmental organization in General Consultative Status with the United Nations Economic and Social Council (UN ECOSOC) and one of the largest in South Korea, also promotes global citizenship education. The organization educates people to understand the sufferings of underprivileged neighbors, respect their human rights, and conduct missions around the world to improve quality of their life. It also encourages people to understand the importance of interdependence, to acknowledge the necessity of sharing, and to actively engage in services to local communities. Moreover, it allows people to tangibly experience the value of empathy and collaboration through its practices.

"Be fruitful and multiply and fill the earth and subdue it, and have dominion over the fish of the sea and over the birds of the heavens and over every living thing that moves on the earth." (Gen 1:28) We need global citizenship education in order to carry out God's cultural commands.

Global citizenship education demonstrated by World Vision and Good Neighbors is very similar to the global education that GVCS intends to carry out. Short term mission trips, junior mission trips, various school activities such as Femine24 program held by LOW club, Earth Hour held by Green Society Club, Shoes4Africa project, and partnership with overseas missionaries are all excellent and practical examples of what GVCS global education is all about. We will continuously expand our global citizenship education to nurture global citizens who have the knowledge and skills required to share the responsibilities of this globalized world. May God bless GVCS to stand firm and continuously strive to cultivate global Christian leaders who will serve 10 billion people in the world!!

GVCS의 국제화 교육

'100억의 지구촌을 섬길 글로벌 크리스천 인재양성'은 GVCS의 교육적 지향을 나타내는 매우 의미 있는 핵심 가치입니다. GVCS의 교육적 정체성은 기독교 국제화 대안학교입니다. 이중 국제화 교육의 의미에 대해 함께 생각해보고 GVCS에서 실천하고자 하는 국제화 교육을 제시하고자 합니다.

GVCS에서 지향하는 국제화 교육은 단지 언어적인 소통능력만을 위한 영어, 외국어교육에 국한되지 않습니다. 외국어교육은 그 자체가 목적이 아니라 국제화 시대에 세계시민으로서 활동하기 위한 수단이며 도구를 갖추기 위함입니다. GVCS에서 지향하는 국제화 교육은 세계시민교육(global citizenship education)입니다.

국제화 교육(Global Education)은 세계화 시대에 세계시민으로 살아가는데 필요한 자질과 소양 즉, 세계 시민성을 기르는 교육이 되어야 합니다. 세계시민교육은 세계를 하나의 전체적인 사회 즉, 국경을 넘어선 지구촌 사회에서 인류 공동의 책임을 가지고 문화적 다양성을 존중하며, 평화적인 갈등 해결과 환경보호, 인권존중 등에 대해 올바른 지식과 태도를 형성하고 실질적인 활동을 통하여 실천할 수 있도록 하는 것입니다. 세계시민교육은 국제이해(Global Understanding)와 세계 관련 능력(Global Competency), 세계적인 관점(Global Perspective), 문화간 이해, 상호의존성, 세계문제 및 이슈(환경, 인권, 빈곤, 평화) 등과 같은 주제를 포함합니다.

기독교 정신을 바탕으로 하는 세계 최대의 민간 전문구호개발기관인 월드비전에서 이루어지는 세계시민교육의 사례를 소개하고자 합니다. 세계화 시대를 살아가는 현대인들에게 '지구적 책임'과 '도덕적 책임'을 강조하고 있습니다. 지구촌에서의 인권침해 현황 및 사례에 대해서 살펴보고 어떤 방식으로 이 문제를 해결할 수 있는지 해결책을 제시할 수 있도록 교육합니다. 또한, 환경과 빈곤에 대해서는 우리가 사는 지구의 소중함에 관해서 관심을 가지고, 지구가 겪고 있는 문제점과 우리 삶의 연관성에 대해 생각해볼 수 있도록 합니다. 현대사회에서 문제가 되는

기독교 대안학교 교사로 바로서기

환경파괴 문제와 환경파괴가 빈곤한 사람들의 삶에 어떤 방식으로 영향을 미치고 있는지에 대하여 교육합니다. 세계화 시대에 어떻게 대처해 나가야 하는지, 그리고 다양한 인종, 사회, 문화들을 인정하고 존중하는 방법을 소개하고 실제로 적용할 수 있도록 도움을 주고 있습니다.

한국 국적의 국제구호개발기구로서 국내 최초로 UNESCO로부터 NGO 최상위 지위인 '포괄적 협의 지위'를 부여받은 굿네이버스 역시 세계시민교육을 하고 있습니다. 빈곤으로 고통받는 지구촌 이웃의 현실을 이해하고, 그들의 인권을 존중하며 그들이 희망을 품고 살아갈 수 있도록 돕는 협력의 방법을 교육합니다. 또한, 공존하고 있는 지구촌 시대에서 상호의존성의 중요성을 깨닫고 나눔의 필요성을 인식하며 지역 사회 내에서 나눔을 실천할 수 있도록 교육합니다. 그리고 실제로 나눔의 실천을 통해 공감, 협력의 가치를 경험할 수 있도록 하는 기회를 가질 수 있습니다.

이상에서 예로 든 월드비전과 굿네이버스 등의 세계시민교육이 바로 GVCS에서 지향하는 국제화교육과 유사합니다. 현재 GVCS에서 실천하고 있는 해외단기선교나 주니어미션트립, 그리고 교내에서 진행하는 LOW 동아리의 기아체험, Green Society 동아리의 earth hour, '아프리카에 희망의 운동화 보내기' 프로젝트, 해외 선교지와의 자매결연 등이 국제화 교육의 구체적인 실천 사례에 속한다고 할 수 있습니다. 앞으로 GVCS는 학생들의 세계시민교육을 더욱 확장하여 세계시민의 책임을 공유하고 참여와 실천을 강조할 것입니다. GVCS가 '100억의 지구촌을 섬길 글로벌 크리스천 인재양성'의 터전으로 굳게 설 수 있도록 하나님께 기도드립니다.

2013년 11월,
글로벌선진교육 Magazine

학교현장에서의 소고

한국기독교대안학교연맹 이사대표 취임 인사

　기독교대안학교연맹(이하 '기대연')의 제4기 상임이사 대표를 맡게 된 조인진입니다. 2005년 시작된 기대연이 이제 9년차에 이르러 제4기 사역을 맞이하게 되었습니다. 그동안 선배 교장선생님들께서 자리매김하여 다져온 기대연을 새로이 맡아 막중한 책임감을 느낍니다. 현재 기대연은 70개 회원 학교들로 구성되어 기독교 대안학교들의 구심점 임무를 수행하게 되었습니다. 회원 학교들이 확장된 만큼 기대연의 제4기 사역은 한국교육에 기여하는 건강한 기독교 대안학교들로서 성숙할 수 있도록 좀 더 체계화하여 개별 학교들을 섬기고자 합니다.

　이에 다음과 같이 제4기 사역의 주요 방향과 과제를 설정하였습니다.
　첫째, 기대연의 새로운 정비와 다짐으로 내외 관계력을 강화하겠습니다. 그동안 여러 차례 필요 때문에 기대연의 내부 규정을 바꾸어 왔음에도 불구하고 현재 정리되지 못한 정관을 개정하여 기대연 사역의 방향성을 잘 나타낼 수 있도록 정리하겠습니다. 이를 통하여 내부적으로는 회원 학교들의 결속을 다지고, 외부적으로는 다양한 관계에서 대응력을 향상하고자 합니다.
　둘째, 기대연 내부의 다양한 기독교 대안학교 간의 상호 이해와 인정, 관계 교류에 힘쓰겠습니다. 기대연에는 수월성 함양형, 부적응 치유형, 탈북 및 다문화 자

녀 지원형, 국제형 등 다양한 유형의 학교들이 존재합니다. 서로 다른 유형의 기독교 학교들이지만 하나님 나라의 백성이 되게 하는 교육, 하나님 나라를 확장하는 삶을 살아갈 수 있도록 교육하는 학교들입니다. 우리 가운데 서로에 대해 이해와 인정을 통하여 서로 존중하고 협력하여 성장할 수 있도록 하는 방안을 마련하겠습니다.

셋째, 기대연 소속 교사와 교장의 역량 강화에 힘쓰겠습니다. 기존의 동계 교사 컨퍼런스와 교장단 연수 등의 프로그램을 보다 내실 있게 기획하고 실행하여 실제 학교현장에 도움을 줄 수 있도록 끊임없이 노력하겠습니다.

마지막으로, 기독교 대안학교를 설립하고자 하는 기관, 단체, 교회, 개인이나 초창기 학교들을 돕고자 기대연 안에 기독교 대안학교 인큐베이터(컨설팅센터)를 설치하여 회원 학교들이 법적, 행정적, 교육적, 사회적 문제에 직면할 때 성경이 가르치는 원리에 따라 문제를 해결할 수 있도록 조언과 자문을 하겠습니다.

기대연은 한국 기독교 대안학교운동의 구심점을 감당하고자 합니다. 모든 회원 학교들과 함께 이 땅에 하나님 보시기에 아름다운 기독교 학교의 원형을 세우고 하나님께 영광 올려드릴 수 있도록 하는 사역을 감당하고자 합니다. 함께 기도하며 손을 맞잡고 나아갈 수 있기를 소망합니다. 감사합니다.

2013년 1월 5일,
한국기독교대안학교연맹
홈페이지

학교현장에서의 소고 4부

학교폭력 문제해결을 위한 가정(부모)의 역할

🌱 들어가는 말

　우리 학부모들은 학교에서 자녀들이 안전하고 건강하게 생활할 것을 기대하고 있다. 누구도 학교 안에서 자녀들이 누군가를 괴롭히고 힘들게 한다거나 내 자녀가 그런 일을 당하리라고는 상상하기 힘들 것이다. 많은 부모님은 학교폭력 문제에 대해 내 자녀의 이야기가 아닌 일부 일탈 학생들이나 소심하고 부적응적인 학생들의 이야기라고 치부하는 낙관적 편견이 있는 경향도 있다. 부모들은 나의 자녀에 대해 또는 청소년들에 대해 과연 얼마나 알고 있는가? 자녀들의 학교생활, 친구 관계, 그들의 고민, 관심사에 대해 잘 알고 있다고 생각하는가?

　학생들은 전반적으로 이해되기 어려운 행위나 사고방식을 가지고 있기도 하다. 따라서 학교 안에서는 크고 작은 갈등들이 일상적으로 존재하기 마련이며, 그 유형 중에 최근 끊임없이 사회문제로까지 인식되고 있는 것이 학교폭력이다. 학교폭력은 학교에서 학생들 사이에서 발생하는 문제이지만 그 해결방안을 학교 내에서 고민하기에는 이미 그 심각성이 높다. 특히 학교폭력의 가해자와 피해자의 신분이 '학생'이라는 사실은 아직 그들이 성숙하지 않은 불안한 심리적인 상태라는 점에서 그 원인과 해결방안이 보다 심층적으로 논의되어야 할 것이다. 학교폭력은 가

해자와 피해자의 정서적인 상황에 따라 다양한 유형으로 지속해서 발생하며(복합 외상complex trauma의 형태), 피해와 가해가 중첩되어 있다. 따라서 가해자와 피해자는 이러한 과정에서 일정한 심리적·정신적인 정형성이 관찰되기도 한다. 즉, 일방적인 가해자와 피해자로 양립하는 경우도 있고, 가해자인 동시에 피해자인 경우가 동시에 존재하기도 한다. 또한, 일시적으로 한 번의 피해와 가해로 종결되는 예도 있으며, 학교라는 공간적인 특수성으로 피해자와 가해자가 하나의 공간에서 지속적인 교류를 하여야 하는 상황에서 폭력적인 현실이 장기간 현존하는 경우가 대부분이다. 사실 학교현장에 있다 보면, 가해 학생이나 피해 학생의 학부모로서의 태도는 종이 한 장 차이다. 피해 학생의 학부모건 가해 학생의 학부모건 누구나 피해자라고 생각하며, 그것이 또한 사실이다. 모두가 피해자이고 피해의식 속에서 자녀들의 학교생활을 바라보는 경우가 많이 있다. 따라서 이러한 특수성을 바탕으로 학교폭력 문제해결을 위한 실질적인 대안을 마련하여야 한다.

학교폭력을 대하는 부모들의 태도와 사고

학생들의 폭력성과 분노는 도대체 어디서 비롯된 것일까? 우리의 학교와 가정이 오직 성적 향상만을 강조하고 친구의 인권과 생명 존중 교육은 무시한 탓은 아닐까? 성적, 성공우선주의 사회 분위기 속에서 스트레스를 풀 길 없는 아이들이 그 탈출구로 폭력적이고 자극적인 게임과 매체에 몰입하고, 그 속의 폭력성과 선정성을 자연스럽게 체득하고 모방하게 되는 것은 아닐까?

학교폭력이 점점 심각해지는 것은 우리 사회에 만연해있는 폭력에 대한 무감각이 오늘의 결과를 초래했다고도 볼 수 있다. 우리 사회에 폭력성이 만연해있는 것과 마찬가지로 학교에는 학생들 사이에 학교폭력이 일상화, 만연화되어있다.

연세대학교의 김재엽 교수팀의 연구는 서울과 경기지역의 중고등학생 중 48%가 지난 1년간 폭력을 경험했다고 발표했다(연합뉴스, 2012.01.06). 청소년폭력예방재단의 연구에 따르면 전국 초중고 학생들에게 "학교폭력이 일상화되면서 학생들이 폭력 불감증에 빠져들고 있고, 가해율 증가 등 집단화 현상이 두드러졌다."라고 한다. 중고등학생의 절반 정도가 학교폭력을 경험했고, 더구나 학교에서의 폭력이 일상화되어 학생 중 56.8%가 폭력의 목격 시 모른척한다고 했고, 학교폭력을 행하는 학생 중 55.5%가 장난 또는 이유 없이 폭력을 행사했다고 한다. 학생들 가운데 가해 학생들이 점차 증가하는 것도 심각한 문제이다(2009년 기준 12.4%).

이는 학생들이 자신의 행동이 학교폭력인지 아닌지조차 모르는 상태로 학교폭력을 가하고, 또 피해 학생도 당하고 있는 것조차 제대로 인식하지 못하고 있음을 나타내는 것이다. 가해 학부모도 이런 행동들이 학생들의 성장 과정에 얼마든지 있을 수 있는 것이라고 치부하는 무감각이 만연해있다. 이는 학교폭력에 대한 문제를 이해하고 수용하는 태도와 관련된다. 만일 자기 자신의 자녀가 폭력의 피해자가 되어 심각한 후유증에 시달리고 있다면 단지 사회적 관심이 집중될 때에만 이 문제에 매달리고 곧 잊어버리는 일은 없을 것이다.

최근에는 이슈화된 졸업빵, 계급문화, 빵셔틀에 대해 심각성과 관심이 높아지고, 사이버 폭력(홈피 욕설과 악성 댓글을 다는 것), 성적인 모욕감을 주는 것, 원하지 않는 행동을 강요하는 것 등이 널리 이슈화되어 큰 사회적 문제가 되고 있음에도 불구하고, 학생들 사이에서는 이것이 이미 일상화되어 폭력으로 인식하지 못하고 있는 것으로 나타났다. 이는 학생들의 폭력에 대한 둔감화 경향을 보여준다.

최근 한 연구가 밝힌 학교폭력의 가해 이유를 보면 '장난', '상대학생이 잘못해서', '오해와 갈등'으로 나타났다(청예단, 2011). 이러한 결과는 학교폭력이 가해 학생의 단순한 장난으로, 또한 상대방이 잘못하면 당연하게 폭력으로 해결해야 한다는 폭력에 대한 일상적이고 관대한 우리 사회의 병폐적인 모습이다. 학교폭력이 국가의 미래이자 자라나는 청소년들에게 이러한 도덕 불감증과 타인을 배려하지 못하는 문화가 이미 깊은 병으로 자리 잡고 있다는 것은 슬프고도 충격적인 현실이다.

그동안 가정과 학교에서 학생 서로 간의 기본적인 인권존중 인식교육과 타인에 대한 배려심을 키우기보다는 폭력에 대한 관대한 문화가 있었던 것으로 보인다. 부모들이 내 자녀도 항상 폭력에 노출되어 있다는 경각심을 가지고 폭력에 대해

기독교 대안학교 교사로 바로서기

민감해져야 할 필요가 있다.

🌱 학교폭력 문제를 해결하기 위한 가정(부모)에 대한 기대

우리 사회에 일상화되고 만연화되어있는 폭력에 대한 경각심을 가지고 가정에서부터 노력해야 할 것을 생각해보고자 한다. 이는 학교폭력 문제를 부모들과 함께 해결해보고자 하는 기대이며 바램이다.

첫 번째, 부모들이 자녀들과 어릴 적부터 긍정적인 애착 관계를 형성하는 것이 중요하다. 어릴 때 부모와 형성한 긍정적이고 안정적인 신뢰감은 사회성의 기본이 되어 다른 사람들과의 안정적인 신뢰 관계를 형성하여 건강한 인간관계를 형성하도록 한다. 부모의 양육방식이 권위적일 경우, 부모와 자녀 사이에 갈등이 심한 경우, 가정 내에서 충분한 사랑과 인정을 받지 못한 경우 자녀들은 정서적으로 안정되기 어렵다.

폭력적인 학생들의 공통점은 정서 불안정 요인을 가지고 있다. 정서불안은 욕구가 충족되지 않으면 모든 생활에 대한 불만과 좌절이 거듭되어 가정이나 학교생활에 대한 의욕상실로 이어진다. 국내외의 많은 학자가 정서불안을 학교폭력의 요인으로 본다. 정서불안은 정서장애로 이어져 반항적, 충동적, 파괴적 행동을 하며 다른 사람을 괴롭힌다.

관계의 단절에서 시작되는 분노가 절제 없이 관계의 파괴 행동으로 표현되는 행동이 곧 학교폭력의 한 양상이라 할 수 있다. 결국, 학교폭력이 관계의 단절에 있다면 관계를 회복시키기 위한 가정 본래의 기능, 부모와 자녀 간의 유대감과 교육적 교감 회복, 나아가 기본적 공동체의 관계 단절과 사회적 관계의 소통을 훼방하는 과도한 입시경쟁 체제로 인한 가정의 정서적 소통 부재를 극복하기 위한 노력이 가정 내에서 이루어져야 한다.

두 번째, 부모들은 긍정적인 가치관을 가지고 자녀들을 교육해야 한다. 부모들이 부정적인 가치관을 가지고 있을 경우, 자녀들에게 자연스럽게 전이되어 자녀들도 매사를 부정적인 가치관을 가지게 된다. 긍정적인 가치관은 자아 존중감을 높이고 자신에 대한 긍정적인 자아개념을 가지게 한다. 자신을 존중하지 못하는 사람은 다른 사람도 존중할 수 없다. 학교폭력 양상 중 언어폭력은 가장 비근한 예이다. 가정에서 부모가 무심코 내뱉는 언어폭력이 자녀들에게 그대로 학습되어 학생들도 무감각하게 언어폭력에 대해 둔감해지게 된다. 학교폭력에서 가장 심한 것이 언어폭력 즉, 욕설이나 저급한 언어사용이다. 가정에서 자녀의 인격을 존중해주기, 고운 말 쓰기, 자녀의 감정을 존중해주기 등 가정에서부터의 실천이 중요하다.

세 번째, 가정에서 성적 위주의 출세지상주의 교육관에서 탈피하여 인성과 품성 교육의 중요성을 공감하는 분위기를 형성해야 한다. 학생들이 함께 생활하는 공동체 의식을 키울 수 있는 인성교육이 가정과 학교, 사회에서 공감되고 합의되어야 한다. 학업성취를 과잉 강조하는 부모에게서 자녀들은 성공의 긍정적 경험보다는 실패에 대한 두려움과 부정적인 자아개념을 형성하기 쉽다. 학업성취에 대한 지나친 강조로 인한 지속적인 좌절 경험은 자기 효능감, 자아 존중감을 약화시키고, 자기 통제감의 상실로 나타날 수 있다. 이러한 심리적 열등감이 폭력으로 표출되는 경우가 많다. 학생들은 자신에 대한 심리적 열등감을 자신보다 약하고 힘없는 대상에게 풀려고 한다. 자신에 대한 심리적 방어기제가 폭력적 형태로 나타나는 것이다.

성적과 학력과 학벌이 권력으로 인식되는 사회에서는 폭력이 제도화되고 폭력에 대한 허용도가 높아질 수밖에 없다. 가정에서 부모님이 학생에게 성적과 물질적 세속적 가치에 대해 지나친 강조를 할수록 학생들은 폭력적 행동으로 심리적 보상을 충족시키려 할 것이다. 이런 가운데 학교에 있는 모든 학생은 폭력의 가해자가 되기도 하고 피해자가 되기도 한다. 인권의 가치를 존중하고 인간의 다양성을 인정하는 사회의 제도와 문화 속에서 학생 한 명 한 명이 자신의 능력과 적성에 맞는 차별을 받지 않는 교육을 제공하는 학교가 가능할 것이다. 하나님의 형상으로 지음 받은 인간에 대한 존엄성을 우리 자녀들의 중요한 가치로 만드는 일은

기독교 대안학교 교사로 바로서기

바로 우리 크리스천 부모들이 자녀교육에서 실천해야 할 일이다.

네 번째, 학교나 가정에서 함께 학교폭력에 대해 용인하지 않는 문화가 형성되어야 한다. 폭력에 대해 둔감하고 용인하는 분위기와 엄격하게 처리되지 않은 지도와 처벌은 학생들의 폭력 행동에 대해 정당성을 갖게 되고 지속적인 학교폭력을 낳는 양상이 된다. 또한, 가해 학생들이 단지 처벌만이 아닌, 잘못된 점을 제대로 인식하고, 같은 행동이 반복되지 않도록 처벌과 교육이 적절하게 시행되도록 하여야 한다. 이러한 학교의 교육에 대해 부모들도 협조해야 학교에서 폭력에 대한 지도를 제대로 해나갈 수 있다. 섣부른 온정주의는 학생들에게 옳고 그름을 정확하게 판단할 수 없도록 하며, 잘못된 행동도 대수롭지 않게 넘어갈 수 있다고 기대하게 한다. 집단폭행, 금품 갈취, 사이버폭력, 언어폭력, 괴롭힘, 따돌림, 성적 모욕감, 무단점유 등 다양한 학교폭력에 대해 단호하고 강경하게 일관성 있게 처리되어야 한다. 이러한 학교폭력에 대한 단호한 대처에 대해 부모들도 내자녀, 네자녀를 떠나 한마음으로 지지하여야 한다. 내 자녀에 대해서는 온정을 호소하고 네 자녀에 대해서는 단호함을 요구하는 부모들의 미성숙한 태도가 더 이상 나타나지 않기를 기대한다.

다섯째, 가정에서도 규칙을 만들어 규칙을 따르는 행동을 하면 칭찬과 상을 주고, 규칙을 위반하면 일관되고 단호하게 말해주어야 한다. 이러한 부모의 행동은 학교에서 학생들이 규칙과 권위에 대해 가지는 태도에도 영향을 주기 때문이다. 가정에서부터 분별력이 교육되어 자신이 행한 일에 대한 책임을 지게하고, 옳고 그름을 분별할 수 있도록 훈육해야 한다. 가정에서 윤리의식이나 도덕의식이 형성되지 않으면 학생들은 학교에서 용인되지 않는 폭력 행위를 하고도 반성하거나 고민하지 않는다. 즉, 죄의식 부재 현상이 나타나고 있다. 가해 학생들에게서 나타나는 두드러진 현상 중 하나가 자신의 행동에 대한 특별한 죄의식을 느끼지 못하는 것이다. 가해 학생들은 공격성이 강하기 때문에 자신의 감정을 조절하지 못하고 질서나 규범을 고려하지 않고 감정대로 행동한다. 부모의 일관성 없는 통제나 훈육, 한계설정의 실패, 사회적 행동에 대한 무시는 자녀들의 자율성 발달을 저해하고 학교 규칙 준수에 대한 의지를 갖추지 못하게 된다.

여섯째, 사회의 전반적인 폭력에 대한 무감각, 만연화 현상은 폭력영화, 인터넷, 시뮬레이션 게임, 애니메이션 등 영상매체의 폭력과 잔인함, 선정성 등이 트랜드 문화에 익숙하고 예민한 청소년들에게 심각한 영향을 미치고, 이것이 학교폭력에 끼치는 영향이 심각하다고 여러 연구에서 지적하고 있다.

우리 부모들이 이러한 미디어들의 해악에 대해서 얼마나 인식하고 있는지도 의문스럽다. 이러한 문제 상황에 대해 가정에서부터 민감하게 대응하고, 예방하고 근절하기 위한 대책 모색이 필요하다고 생각한다. 교육의 시작은 학교가 아니라 가정이기 때문이다. 폭력적인 온라인게임, 영화, 격투기, 선정적 방송, 난무하는 안티카페와 악성 댓글 등의 폭력성 미디어에 대한 규제를 정부나 기관 차원에만 돌릴 것이 아니라 부모들도 이에 민감하게 우리 자녀들을 격리하고 보호하는 조치가 필요하다.

학교폭력의 원인을 살펴보면 그 근원에는 문제의 가정이 많은 비중을 차지한다. 학교에서의 폭력은 여러 복합적인 문제, 가정과 사회, 그리고 그 학생이 겪고 있는 종합적인 원인과 결과에 따라 학교라는 수면 위에 드러나는 빙산의 일부이다. 실제 학교에서 겪게 되는 학생과 부모의 상담 결과들을 보면 문제의 학생 뒤에는 부모와 가족 관계, 그리고 환경이라는 복합적인 문제를 동시에 가지고 있음을 보여준다. 그러므로 학교폭력은 가정의 역할 해체와 가정교육의 부재, 그리고 부모와 교사의 권위 및 질서의 와해와 같은 우리 사회가 가져야 할 자녀교육 철학의 부재에 그 원인을 찾아볼 수 있다.

나가는 말

가정은 교육의 출발이며, 부모는 교육의 주체로써 책임 있는 자세로 교육의 장

중심에 함께 서 있어야 한다. 학교 교육은 교육의 기초단위인 가정교육의 권위를 바탕으로 가정교육의 연장선으로서의 학교 교육의 역할을 인정해야 한다.

누구든지 학교에 교육의 책임을 미루기는 쉽다. 그러나 가정에서부터 교육의 문제를 풀어가려는 책임 있는 부모는 그렇게 많지 않다. 학교에서 일어나는 문제를 가정의 부모가 책임을 느끼고 대처하기는 쉽지 않지만, 학교에서 일어나는 일탈의 현상을 우리 가정에서 원인을 찾고 부모와 자녀와의 관계에서 해결하려는 노력은 학교폭력 근절을 위한 핵심적인 방안이다.

학교폭력이 일상화되는 원인 중 문화적·제도적 배경으로는 학교와 사회에 만연한 군대 문화, 개인(집합) 이기주의와 선민의식, 인권·시민·공동체 의식의 부재, 서열문화 등과 같은 문화적 배경과 정치제도의 후진성, 경제적 빈부격차와 상대적 박탈감, 권위주의적 가족제도, 경직된 교육제도 등의 제도적 배경이 학교폭력의 근저에 자리 잡고 있다. 또한, 개인 심리적인 원인으로는 공격성, 충동성, 낮은 자존감, 부정적인 자아개념, 문제해결능력의 부족, 자기중심성이라고 한다.

정부는 학교폭력의 원인으로 "과도한 학업 스트레스로 소통·감성 능력의 약화"나 "성적 중심의 입시 위주 교육으로 인성교육의 소홀" 등을 지적하고 있다. 그러나 우리나라의 대부분 학교가 사회의 과도한 경쟁시스템 하에 종속되어 있으므로 사회의 문화적·구조적 변화 없이 학교 교육에서 인성교육이나 예술교육의 강화를 기대하기는 쉽지 않다. 그러므로 학교폭력을 근절하기 위한 근본적인 대책은 학교폭력의 원인이 되는 우리 사회와 학교의 문화적 변화와 함께 부모들의 인식 변화를 도모하는 일이 되어야 할 것이다. 물질적, 세속적 가치보다는 인권과 인간의 다양성을 존중하는 부모에게서 자녀들은 다른 사람에 대한 배려와 존중을 배우게 된다. 따뜻한 인간적 유대감 속에서 자라난 아이들이 폭력의 가해자가 된다는 것은 생각하기가 어렵다. 학교와 사회에서 인격적 만남의 공동체적 경험을 많이 한 학생들이 인성과 학력의 면에서 긍정적으로 발달했다는 것은 국내외 연구의 공통적인 결과이다.

건강한 가정에서 자녀들은 긍정적인 자아개념을 형성하여 자신에 대한 주체성을 가지고 미래에 대한 비전을 품고 안정적인 학교생활을 하게 된다. 사랑받고 자란 자녀들이 다른 사람을 사랑할 수 있다. 부모의 수용과 인정, 칭찬 등 긍정적인 행동들이 자녀들의 원만한 대인관계, 높은 자존심, 확고한 자아 정체감을 형성할 수 있다.

교육의 기초단위인 가정과 학교는 학생들을 사회의 훌륭한 구성원으로서 하나님 나라를 확장할 선한 일꾼들로 길러내기 위하여 함께 협력하여야 할 것이다. 학교폭력으로 더 절망하는 가정이 없기를 기대하고 소망합니다.

기독교학교협의회, 기독교학교교육, 제8집, 2013, 09, 245-254.

4부 학교현장에서의 소고

학교 교육 특성화 계획

    2014년 2학기도 중반을 넘어서고 있습니다. 이즈음에는 다음 해의 학사일정과 함께 학교의 더 발전적인 모습을 위한 새로운 구상을 고민하게 됩니다. 2015년부터 시작될 교장 두 번째 임기를 맞이하며 글로벌선진학교의 도약과 발전적인 학교문화를 세워나가기 위해 다른 학교와는 차별화할 수 있는 GVCS의 교육 특성화를 모색하려고 합니다.

    첫째, 학교 비전과 정체성인 기독교 세계관을 교육과정에 반영하여 더욱 체계화되고 완성도 있는 기독교 세계관 통합교육과정을 운영하겠습니다. 즉, 학생들이 전 교과 영역에서 하나님 창조세계에 관한 탐구의 기쁨과 모든 만물에 하나님의 능력과 임재를 경험하게 하는 교육을 강화할 것입니다. 여기에는 학생에 대한 신뢰를 바탕으로 학생들의 다양한 은사와 특성을 개발하기 위한 교육이 병행될 것입니다. 교과교육 외에도 학교에서 이루어지는 다양한 창의적 체험 활동에도 기독교 세계관이 반영되어 운영될 것입니다. 하나님을 경외하고 이웃을 사랑하고 순종하는 그리스도의 성품 교육과 더불어 사는 실천적 삶을 위한 공동체 교육으로 하나님과 바른 관계 안에서 이웃을 섬기고 배려하도록 교육하겠습니다. 이로써 학생들이 하나님의 섭리와 역사하심을 찬양하며 진정한 기독교인으로 굳건하게 설 수 있게 되기를 기대합니다.

둘째, 교과교육과정과 창의적 체험 활동에 통합된 국제화 지향 교육과정을 운영하겠습니다. 도구로서의 영어몰입교육과 더불어 국제시민교육을 체계화하여 학교 행사 및 동아리 활동, 봉사활동에서 국제기구와 연결된 활동을 지원하고, 진로활동에서도 진로기반 해외현장체험 및 국제자원봉사 등으로 학교 정체성과 일치된 진학지도를 강화하겠습니다. 도구로서의 영어교육도 더욱 강화하여 중학교에서는 ELA와 '비상 80' 운영을 정착시키도록 하겠습니다. 영어과에서 Journal Writings, Spelling Bee Contest, Speaking Contest, Essay Contest를 계속해서 개최하도록 지원해 나가겠습니다. 교목실에서 주관하고 있는 해외단기선교(국제자원봉사)나 LOW 동아리의 기아체험, Greenteen Society 동아리의 earth hour, '아프리카에 희망의 운동화 보내기' 프로젝트, 해외 선교지와의 자매결연 등이 국제화 교육의 구체적인 실천 사례라고 할 수 있습니다. 앞으로 GVCS는 학생들의 세계시민교육을 더욱 확장하여 세계시민의 책임을 공유하고 참여와 실천을 강조할 것입니다. GVCS의 핵심 비전인 '100억의 지구촌을 섬길 글로벌 크리스천 인재양성'를 구체적으로 실천해 나가도록 하겠습니다.

셋째, 교육과정에 통합된 독서교육을 강화하겠습니다. 현재 기초기반 소양교육을 위해 시행 중인 독서인증제를 보완하여 전 교과에서 학생들의 읽기, 쓰기, 말하기 기초 능력을 배양하도록 하겠습니다. 이를 위해 이미 전 교과에서 필독도서와 추천 도서를 선정하여 도서를 구입하였습니다. 필독도서는 학기 중에 교과 교사가 수업에서 반드시 독서지도가 이루어지도록 하고, 교과별로 읽기 과제를 제시하도록 하겠습니다. 영어과와 ELA에서는 AR(Accelerated Reader: 영어독서관리프로그램) 도서를 추가하고 지도를 강화하여 운영하겠습니다. 이에 대한 행정지원으로 각 시·도 교육청에서 운영하는 독서교육 종합지원시스템이라는 독후활동포털을 참고하여 학교 자체 GIS(글로벌선진학교 전자통합시스템)에서 각 학생의 독서 이력과 독후 활동 기록을 체계화하여 운영하도록 하겠습니다.

넷째, 차별화된 수월성 교육을 강화하겠습니다. 현재 시행 중인 AP, G-ACT를 잘 운영하여 학생들의 학업성취에 따라 수월성을 함양하도록 지원하겠습니다. 현재 음성캠퍼스에 개설된 AP(Advanced Placement: 대학과목 선이수제도) 과목은 AP English Language & Composition, AP Microeconomics, AP US History, AP Biology,

기독교 대안학교 교사로 바로서기

AP Chemistry, AP Physics, AP Calculus AB, AP Calculus BC 등과 Spanish, Chinese Honors 과목이 있습니다. 다음 학기에는 문과 계열의 과목인 AP English literature, AP Spanish, AP Chinese, AP World History, AP Psychology 등을 추가 개설할 예정입니다. 상위 성취 학생 외에 보충학습이 필요한 학생들을 위해서는 Khan Academy나 EBS를 활용한 온라인 보충학습을 하고, 수학과는 교사의 책임 하에 학습결손이 누적되지 않도록 수준별 지도를 하고 있으며 교사와 동료 학생에 의한 튜터링을 진행하고 있습니다. 또한, 방학 중에는 주요 교과의 remedial class(보충 수업)를 운영하여 개별 지도를 하고 있습니다. 수준별 수업을 위해 교과별로 성취수준을 명시화하여 각 학생을 진단하고 처방하여 학생들에게 맞춤 수업을 진행하도록 노력하겠습니다.

다섯째, 이제는 정착 단계라고 자랑할 수 있는 학생들의 자치활동인 학생회, 생활관 자치위원회, 학생자치법정, 학생홍보대사, 방송국(GBS) 그리고 이번 학기 새롭게 합류한 신문부(GVN)를 더욱 활성화하여 글로벌선진학교 학생들이 스스로 학교문화를 창출해 나가도록 지원하겠습니다.

이러한 계획의 실행을 위한 과제로는 교사들의 역량과 책임감이 강화되어야 함은 물론입니다. 이를 위해 교사들의 연장 교육을 지원하고, 교과별 자율연구와 연수를 활성화하여 교사의 전문성을 높여가도록 하겠습니다. 이로써 학생, 교사, 학부모 전 구성원의 적극적인 지원과 협력으로 명품학교, 명품교육, 명품공동체를 세워나가도록 힘쓰겠습니다. 글로벌선진학교가 경건한 신앙, 진지한 탐구, 즐거운 학교생활로 세워지기 위한 구체적인 노력으로 향후 미래사회를 적극적으로 대비하는 기독교 국제화 대안학교로서의 위상을 업그레이드하고, 미래의 새로운 변화에 대응하는 이성과 감성, 창의성을 갖춘 융합형 글로벌 크리스천 인재를 양성하도록 하겠습니다.

2014년 11월,
글로벌선진교육 Magazine

학교현장에서의 소고 4부

GVCS의 STEAM 융합교육

GVCS 교육의 주요 특징인 STEAM 융합교육은 2016년에 전면적으로 도입하기로 정책적인 결정이 되었다. 이를 위해 한국과학창의재단 방문, 자료수집 및 연구, 전체 교직원 연수, 교사연수 등의 준비 작업이 이루어졌다. 2017년부터 학교 교육과정에 도입된 STEAM 융합교육은 중학교에서는 프로젝트형 통합교과 수업 주제로 STEAM Class를 운영하였다. 기초 과학교육의 기반을 다지고 다양한 지식을 융합하여 실생활에 연관된 문제를 해결하는 능력을 기르고자 하는 취지였다. 흥미롭고 의미 있는 주제와 다양한 방식의 수업 도구를 활용하여 공학적인 활동이 강화된 STEAM 수업을 구성하였다. 즉, Chromebook, 태블릿 PC, 3D프린터, LEGO Mind-Storm, 아두이노 등 Technology 활용하는 수업을 진행하였다. 한국과학창의재단의 교육과정을 참고하여 운영하며, 학년별 연계성과 교과융합이 이루어지도록 교육과정을 구성하였다.

고등학교에서는 중학교의 STEAM 교육을 기반으로 하여 조사연구 활동(R&E)을 수행하도록 하였다. 우선 10학년 STEAM 수업은 STEAM R&E를 위한 사전 단계로서 글쓰기 교육, 주제탐색연습, 연구주제선정연습, 선행연구검색, 통계 활용 기초, 우수논문사례 분석, 연구보고서 작성 연습 등으로 운영한다. 11학년 STEAM R&E 수업은 학생 스스로 자신의 흥미와 진로를 고려한 연구 주제를 선정하고 문

제를 해결하는 과정을 통해 창의적 문제해결 능력과 자기주도적 탐구능력을 함양하도록 하였다.

매년 말에는 STEAM Fair를 통하여 중학교 STEAM 팀프로젝트 수업의 진행과 결과를 발표하고, 고등학교 STEAM R&E 연구보고서 발표 대회 및 시상을 한다.

STEAM 융합교육은 "과학기술에 대한 학생의 흥미와 이해를 높이고 과학기술 기반의 융합적 사고력과 실생활 문제해결력을 배양하는 교육"이다. STEAM 교육과정은 과학(Science), 기술(Technology), 공학(Engineering), 예술(Arts), 수학(Mathematics) 교과를 통합하여 구성한다. STEAM 융합교육은 일상생활 속의 문제들을 해결하기 위해 여러 학문 분야에서의 지식을 활용하여 다각적인 시각으로 고민하고 탐구함으로써 창의적 인재를 양성하는 것을 목표로 한다. 또한, 소집단 탐구 활동을 통해 협업의 중요성을 배우고 팀원 간의 상호존중과 배려, 협동심과 소통능력을 기르도록 하여 학생들의 자발적이고 창의적 사고를 장려하는 수업을 구성하고자 하는 것이다.

중학교 STEAM 수업의 경우, 역동적인 활동을 통해 과학기술에 대한 이해와 관심을 증대시킬 수 있고 궁극적으로 여러 교과에서의 융합 교육과정의 가능성을 확인하는 과정이 될 것이다. 고등학교 STEAM R&E 수업의 경우, STEAM을 기반으로 학생 스스로 흥미로운 분야 또는 자신의 진로와 관련된 소주제를 선정하여 조사연구학습(R&E)을 통해 응용과학 기반을 다지고 창의력, 문제해결력, 자기주도적 탐구능력을 배양하는 교육이 될 것이다.

STEAM 융합교육은 학습자 중심의 수업을 통해 학생들에게 학습 만족감을 높여줄 수 있고, 진로와 연계한 연구주제 탐구를 통해 자신의 특기와 적성(은사)을 발견하고 계발하여 자신의 진로를 결정하는 데 도움을 줄 수 있다.

향후 GVCS STEAM 융합교육은 STEAM 융합 교육과정 개발, 융합수업 담당 교사들에 대한 연수, STEAM 융합수업을 위한 수업연구 및 전문적 장학, 고등학교 STEAM R&E 대주제의 사전 선정, 융합수업의 원활한 운영을 위한 교육환경 보완 등의 과제를 해결하여 더욱 성숙된 STEAM 융합교육으로 자리매김할 것이다.

  학교현장에서의 소고

Yearbook 인사말

사랑하는 12학년 아들딸들에게.

더 넓은 세상으로 출발하기 위해 학교를 떠나가는 졸업생들 축하합니다. 졸업은 또한 새로운 출발이라고 합니다. 여러분들 앞날에 하나님께서 축복하시고 동행하여 주실 것을 믿습니다. 세상에서 아무리 힘들고 지칠지라도 우리 GVCS인들은 이곳에서 하나님을 만나서 영적으로 무장되었고 깨끗하고 순결하고 실력 있는 GVCS인으로 성장하였습니다. 어려운 일을 만날 때마다 하나님을 의지하고 주의 말씀 안에 거하며 세상의 고통 속에서도 주님의 임재하심을 깨닫고 날마다 깨어 기도하기 바랍니다.

여러분들 모두 자랑스러운 글로벌선진학교의 가족으로서 자신의 미래에 대한 확신과 프라이드를 가지기 바랍니다. 우리는 모두 100억의 지구촌을 섬길 글로벌 크리스천 리더입니다. 예수님의 성품을 닮아가는 소중한 크리스천 인재들입니다. 여러분들은 지구촌 곳곳에서 크든 작든 하나님 나라를 확장하며 선한 영향력을 발휘하게 될 것입니다. 모두 귀한 하나님의 자녀로서 각자의 은사대로 예비하신 하나님 나라의 놀라운 비전을 위해 헌신할 인재들로 성장할 것입니다. 여러분들 앞에 예비된 미래에 대한 기대와 소망을 가지고 더욱 성숙된 자세로 노력하길 바랍니다.

 기독교 대안학교 교사로 바로서기

여러분들은 학교를 졸업하더라도 계속해서 소중한 우리 GVCS 가족입니다. 앞으로도 GVCS의 발전을 위해 기도해 주시고 GVCS와 함께 성장할 수 있기를 바랍니다.

My beloved senior sons and daughters,

First of all, I want to congratulate all the graduates who are about to leave the school to take on the bigger challenges of life. Graduation is also a new beginning. And I believe God will continue to bless you and walk with you on your life's journey. No matter how hard and exhausting life gets, never forget that you've been empowered by God's grace to be a clean, pure, and excellent GVCSian. When you are faced with difficulties, depend only on God and hold fast to His Words. Fervently pray for His strength and guidance in the midst of trials.

As a proud member of GVCS family, have confidence and pride in your future. We are the ones who will lead 10 billion people in the world. You are faithful and gifted servants of God, imitators of Christ. Wherever you go and whatever you do, big or small, you will make a positive impact on the lives of others and continue to expand the kingdom of God.

I firmly believe that each and every one of you, as God's precious child, will grow and mature to fulfill God's incredible vision for your life. With great expectations and hopes for the future, press forward with a steadfastness in Christ.

Even after you graduate, you will always be a special part of our GVCS family. And I pray and hope that we will grow together as we continue to pray for one another.

> 내가 너희에게 분부한 모든 것을 가르쳐 지키게 하라
> 볼지어다 내가 세상 끝날까지 너희와 항상 함께 있으리라 하시니라
>
> 마태복음 28:20

 나가기

하나님 보시기에 아름다운 기독교 학교를 꿈꾸며

오늘날 많은 학교가 존재하고 있다. 그런데도 새로이 기독교 학교들이 계속 설립되는 이유는 우리가 꿈꾸는 학교에 대한 목마름이 있기 때문일 것이다. 우리가 소망하는 학교는 어떤 모습일까를 고민하며 우리가 꿈꾸는 학교를 그려보았다. 학교현장에서 이러한 학교를 마음에 품고 노력하였지만, 아직도 이 꿈을 꾸고 있는 것은 학교현장을 사랑하는 마음일 것이다.

첫째, 기독교 학교는 하나님의 뜻과 진리에 근거하여 교육하는 학교, 교육을 통하여 학생이 하나님 나라의 백성이 되게 하는 교육, 하나님 나라를 확장하는 삶을 살아갈 수 있도록 학생들의 삶의 전 영역에 걸쳐 영향을 미칠 수 있도록 교육하는 학교이다. 우리가 꿈꾸는 학교는 학생들이 하나님의 형상을 회복하고 예수 그리스도의 제자로서의 비전과 사명을 가지고 하나님께서 각자에게 주신 재능을 발견하고 계발하도록 교육하는 기독교 학교이다.

둘째, 기독교 학교는 학생 개개인의 다양성과 개성을 인정하고 참여적이며 삶의 가치를 중요시하는 교육을 실천하는 학교이다. 하나님께서는 인간을 만드시되 각자 독특한 존재로 개인에 따라 다른 능력을 부여하셨다. 성경에서도 "우리에게 주신 은혜대로 받은 은사가 각각 다르니…"(롬 12:6), "우리 각 사람에게 그리스도의 선물의 분량대로 은혜를 주셨나니"(엡 4:7), 라고 말씀하시므로 각자의 은사와 학습자의 능력이 다름을 나타내고 있다. 학습자에 대한 학습의 주체로서의 존중과 참여, 학습자에 대한 믿음과 신뢰, 학생 성장에 대한 적극적인 지원, 학생과의 긍정적 관계 유지 등을 실천하는 학교가 되어야 한다.

셋째, 기독교 학교는 기존의 학교 교육에서 이루어지고 있는 획일적인 입시 위주 교육의 경쟁주의, 개인주의에 대해 대안적인 방안을 제안하는 학교가 되어야 한다. 획일성보다는 다양성을 인정하고, 경쟁보다는 협동, 개인주의보다는 공동체를 강조하는 교육을 지향하여야 한다.

사람을 사회적 존재로 만드신 하나님의 뜻을 따라 교육과정 운영과 수업, 학생과 학생, 교사와 학생, 교사와 학부모가 상호 간의 격려 속에서 서로를 높여 주고 존중해주는 협력적인 교육공동체, 협력하여 선을 이루는 교육공동체를 소망한다.

기독교 학교는 나만의 행복을 추구하는 것이 아니라 이웃과 민족과 열방이 희망찬 미래로 나아갈 수 있도록 교육의 대안을 제시하여야 한다. 하나님으로부터 문화명령을 위탁받은 청지기로서 진정한 기독교적 교육 사명을 감당하는 우리 전체 기독교 학교공동체의 의무이기도 하다. 한국의 기독교 학교가 한국뿐만 아니라 더 나아가 세계 속에서 본이 될 수 있는 기독교 학교로 성숙해 나아가기를 소망한다.

하나님 나라 확장을 위하여 헌신하는 삶을 살아갈
기독교 인재양성을 목표로 하는 학교
기독교 세계관에 기초하여 교육과정을 운영하는 학교
영성, 지성, 인성이 통합된 전인적, 통전적 교육을 실현하는 학교
섬기는 리더십을 가지고, 학교 구성원 모두가 서로 존중하고,
각자의 맡은바에 최선을 다하여 책임을 완수하는 학교
학생 개개인의 다양성과 개성을 존중하고,
참여적이며 삶의 가치를 중요시하는 학교
학생을 신뢰하고 성장에 대해 적극적으로 지원하는 학교
전문성을 기초로 학생들의 다양한 은사를
개발해 줄 수 있는 교육역량을 갖춘 학교
의사소통이 효율적으로 이루어지는 학교

참고문헌

참고문헌

강인애 (1997). 왜 구성주의인가? 정보화 사회와 학습자 중심의 교육환경. 서울: 문음사.
강영혜·박소영 (2008). 특성화 고등학교의 실태와 개선방안 연구. 한국교육개발원.
교육인적자원부 (2007). 대안교육백서 1997~2007. 서울: 교육인적자원부.
교육부 (2020). 2020년 대안학교 및 대안교육 특성화 중고등학교 현황, 2020.05.07. 교육부 홈페이지 중고교 교육 자료.
기독교학교교육연구소 (2007). 기독교 대안학교 가이드. 서울: 예영.
기독교학교교육연구소 (2017). 제3차 기독교대안학교 실태조사 세미나 자료집.
김희자 (1998). 기독교학교의 본질과 목적. 총신대 기독교교육연구소: 기독교교육연구, 9(1), 7-31.
박상진 (2006). 기독교학교교육론. 서울: 예영.
박상진 (2007). "기독교 대안학교의 정체성에 관한 논의", 「한국 기독교 대안학교의 현실과 과제」, 기독교학교교육연구소세미나 자료집.
박상진 (2010). 기독교 대안학교 유형화 연구. 장신논단, 제37집.
박상진, 조인진 (2011). 기독교 대안학교 영역별 교육성과 분석 연구. 장신논단, 제41집, 341-365.
박상진, 조인진 (2011). 한국 기독교 대안학교의 유형분류에 대한 연구. 신앙과 학문, 16(3), 121-145.
박상진, 조인진, 강영택, 이은실 (2012). 기독교 대안학교의 교육성과를 말한다. 서울: 예영.
박상진 (2017). 기독교 교육과정의 새로운 패러다임. 서울: 장로회신학대학교출판부.
송원준 (2002). 예수님의 티칭스타일. 서울: 디모데.
신국원 (2005). 니고데모의 안경. 서울: IVP.
안미리·조인진 (2004). 교사신념 측정도구 개발 및 타당성 분석. 한국교육, 31(4), 3-25.
양승훈 (1995). 세계관의 이해와 적용. 서울: 기독교대학설립동역회출판부.
유경상 (2011). 크리스천 씽킹(기독교 세계관으로 생각하고 살아가기). 서울: 카리스.
이병환 외 (2004), "대안교육 활성화를 위한 국가수준 교육과정의 운영방안 연구," 교육인적자원부 정책연구과제보고서.
이승구 역 (1995). 현대 기독교 교육. 서울: 엠미오.
이승구 (2003). 기독교 세계관이란 무엇인가? 서울: SFC.
이정미 (2006). 기독교 학교 자체평가준거틀, 기독교 대안학교 평가, 어떻게 할 것인가? 기독교학교교육연구소 세미나 자료집.
이정미 (2011). 기독교적 교육과정 산책. 서울: 예영.
이혜영 외 (2009). 대안학교 운영 실태 분석 연구. 한국교육개발원.
전광식 (1995). "성경적 세계관이란 무엇인가?". 기독교사상연구, 제2호.
전광식 (2006). 기독교 대안교육과 대안학교. 성남: 독수리교육공동체.
정명신 역 (2001). 삶을 변화시키는 가르침. 서울: 생명의말씀사.
정유성 외 (1999). "대안학교(특성화고등학교)의 교육과정 및 교사양성 방안," 교육부 정책연구과제보고서.
조인진 (1998). 수준별 교육과정에 대한 반성적 고찰. 교육과정연구, 16(1), 473-492.
조인진 (2005). 중학교 교사들의 교육적 신념의 현장 적용성에 대한 연구. 한국교원교육연구, 22(2), 335-351.
조인진 (2006). 기독교 세계관에서 본 구성주의 교수·학습이론. 총신논총, 26, 453-477.
조인진 (2008a). A Critical Analysis of the Curriculum of Christian Alternative Schools in Korea. Chongshin Review, 13, 5-22.

조인진 (2008b). 대안학교 교사의 교육적 신념 측정도구 개발 및 타당성 분석. 한국교원교육연구, 25(3), 1-24.
조인진 (2008c). 기독교 대안학교 교사들의 교육적 신념에 대한 연구. 총신논총, 28, 413-446.
조인진 (2009a). 대안학교 교사들의 교육적 신념의 현장 적용성에 대한 연구. 한국학술진흥재단 연구보고서.
조인진 (2009b). 학생들의 학습양식과 교수방법에 대한 연구. 총신논총, 29, 460-489.
조인진 (2010). 기독교 대안학교 교육성과 분석을 위한 평가지표 개발. 신앙과 학문, 15(1), 153-184.
조인진, 진영은 (2006). 예비교사 워크북. 서울: 학지사.
진영은, 조인진 (2001). 교과교육의 이해. 서울: 학지사.
진영은, 조인진, 김봉석 (2002). 교육과정과 교육평가의 탐구. 서울: 학지사.
알버트 그린 Greene, Albert, 현은자 외 역 (2000). 기독교세계관으로 가르치기. 서울: Christian University Press.
크리스천 오버만, 돈 존슨 Overman & Johnson (2007). 진리와 하나된 교육(Making the Connections). 서울: 예영.
해로 반 브루멜른(2006). 기독교적 교육과정 디딤돌(Steppingstones to Curriculum). 서울: IVP.
해로 반 브루멜른 Brummelem, H. Van, 기학연 옮김 (2014). 교실에서 하나님과 동행하십니까? 가르침과 배움에 대한 기독교적 접근(Walking with GOD in the Classroom). 서울: IVP.
존 반 다이크 John Van Dyk (2012). 기독교적 가르침, 그게 뭔가요?-리사에게 쓴 편지. 서울: 교육과학사.
파커 팔머 Parker J. Palmer (2000). 가르침과 배움의 영성(To Know As We Are Known). 서울: IVP.
호크마 Anthony A. Hoekema, 류호준 역 (1995). 개혁주의 인간론. 서울: 기독교문서선교회.
Cooper, B. (1994). Alternative schools and programs. Husen, T. & Postlethwaite, T.(eds.). The International Encyclopedia of Education(2nd ed.). 260-266, N. Y.: Elsevier Science Inc.
Dunn, R. (1986). Learning styles: Link between individual differences and effective instruction. In Education for the Future: Toward Effectiveness and Beyond. NC: Association for Supervision and Curriculum Development, 2(2), 3-33.
DuFour, R. (2004). What is "professional learning community"? Educational Leadership, 61(6), 6-11.
Felder, R. (1993). Reaching the second tier: Learning and teaching styles in college science education. Journal of College Science Teaching, 23, 286-290.
Kozol, J. (1982). Alternative schools. N.Y.: Continuum.
Koetzsch, Ronald E. (1997). Parents' guide to alternatives in education. Boston: Shambhala Pub. Inc.
Wheelock, A. (1994). Alternatives to tracking and ability grouping. American Association of School Administrators.

부록

떼안학교연맹 정관

한국기독교대안학교연맹 정관

제1장 총칙

제1조(명칭) 본 회의 명칭은 한국기독교대안학교연맹(이하 '기대연')이라 한다.

제2조(기초의 원리) 기대연은 정확무오한 하나님의 말씀인 신구약 성경에 기초하여 존재한다. 이 기초 위에서 우리는 다음과 같이 기독교 교육 원칙을 대내외에 천명한다.

① 성경

신구약 성경 66권은 하나님의 말씀으로서 하나님은 이 성경을 통해 자신을 드러내신다. 하나님은 이 성경을 통해 인간으로 하여금 하나님과 인간 자신과 타인과 세계에 대하여 새롭게 이해하도록 하시며, 인간의 모든 관계와 활동의 방향을 인도하시며, 자녀교육의 궁극적인 지침이 된다.

② 창조

하나님은 만물의 창조주로서 진정한 주인이시다. 우리의 자녀들은 인간의 모든 관계와 활동 속에서 하나님의 창조와 회복과 통치를 통하여 인간을 인도하신다는 사실을 깨달아야 하며, 그러므로 인간은 성경에 계시된 삼위일체 하나님과의 관계 안에서만 자신을 바르게 이해할 수 있다는 사실을 반드시 배워야 한다.

③ 죄

성경이 말하는 죄가 인간과 창조주와 이웃과 세계와 자연으로부터 분리시키고 생명의 진정한 의미와 목적에 대한 인간의 시각을 왜곡시켰으며 인류의 문화를 잘못된 길로 인도하고 또 자녀교육을 타락하게 한다.

④ 예수 그리스도

예수 그리스도는 인간의 삶의 모든 범위와 다양함 가운데서 구속자요, 빛이요, 길이시므로 그를 통하여 우리의 교육이 새롭게 될 수 있다. 오직 예수와 그의 성령의 역사를 통하여서만 우리는 진리 가운데로 인도받으며 우리의 본연의 소명을 찾아 헌신할 수 있다.

⑤ 학교

기독교 학교의 목적은 자녀들을 하나님의 형상을 닮은 자로서 이 세상에서 그들을 향한 하나님의 부르심에 순종하는 삶을 살도록 가르치는 것이다. 이 부르심이란 하나님의 말씀과 그의 창조하심을 알고, 생애 전체를 하나님께 바치며 모든 사람을 사랑하며 하나님이 주신 문화적 사명을 수행하는 청지기가 되는 것이다.

⑥ 부모

교육의 일차적인 책임은 하나님으로부터 자녀를 위탁받은 부모에게 있으며, 부모는 이 책무를 하나님께서 그 믿는 자 및 그의 자녀들과 세우신 언약 관계의 관점에서 받아들여야 한다. 부모들은 이 책무를 기독교 학교 내 기독교 교사의 일을 관장하는 학교운영위원회를 통해 이행하고자 노력해야 한다.

⑦ 교사

기독교 교사는 모든 교육과정과 내용을 성경에 기초하여 교육해야 하며, 하나님께 순종하고 학부모와 협력하면서, 학교에서 학생을 교육하는 동안 전적으로 교육적인 책임을 진다.

⑧ 학생

기독교 학교는 학생들의 능력, 필요, 책임의 다양함을 반드시 고려해야 한다. 학생들이 하나님의 형상을 닮은 자들로서 받은 재능과 소명, 그리고 죄인으로서 가지는 약점과 무능함을 고려하여 그들을 순종하는 그리스도인으로서 삶을 살 수 있게 가장 잘 준비시킬 수 있는 학습 목표와 교과과정이 선정되어야 한다. 그러한 교육적 관심 사항을 지속적으로 배려할 때에만 진정한 기독교적 교육이 될 것이다.

⑨ 기독교 공동체

하나님의 언약은 부모와 그 자녀들만 아니라 그들이 속한 전체 기독교 공동체를 품는 것이며, 기독교 교육은 하나님 나라 발전에 직접적으로 기여하기 때문에, 기독교 학교를 설립, 유지하며 그것을 위해 기도하고, 일하고, 후원금을 내는 것은 학부모들뿐 아니라 전체 기독교 공동체의 의무이기도 하다.

 기독교 대안학교 교사로 바로서기

⑩ 교육의 자유

기독교 학교는 인간의 건전한 상식에 비추어 볼 때 학교 설립과 운영에 관한 법 조항 및 기준에 따라 조직되고 운영되어야 하고 이 원칙들에 따라 활동할 자유가 있다는 사실을 사회적으로 확실히 인정받아야 한다.

제3조(신앙고백) 기대연 학교는 다음과 같이 신앙을 고백한다.

(성경) 1. 우리는 성경이 지금도 살아계신 하나님의 말씀이며 우리에게 유일무이한 길과 진리와 생명임을 믿는다.

(사람의 목적) 2. 우리는 인간이 하나님의 형상대로 창조되었음을 믿으며, 영원토록 하나님을 영화롭게 하고 즐거워하는 것이 주요한 목적임을 믿는다.

(삼위일체 하나님) 3. 우리는 성부, 성자, 성령 하나님이 삼위일체로 계시며 사역하심을 믿는다.

(사람의 타락) 4. 우리는 인간이 스스로 죄를 지어 하나님과의 관계가 끊어졌고 영적, 육적으로 죽었음을 믿는다.

(예수 그리스도) 5. 우리는 예수 그리스도께서 영원 전부터 계신 하나님이시며, 우리를 구원하시기 위해 성령으로 잉태되어 동정녀 마리아에게서 나시고, 우리의 죄를 대속하시기 위해 십자가에 못 박혀 죽으셨고, 장사된 지 3일 만에 다시 살아나셔서 하늘에 올라가셨다가 산 자와 죽은 자를 심판하러 다시 오실 것을 믿는다.

(구원) 6. 우리는 예수 그리스도를 믿음으로 구원을 얻음을 믿으며, 이는 성령이 예수 그리스도가 사신 구속을 통하여 우리 안에 믿음을 일으킴으로써 우리와 그리스도가 연합시키시는 것임을 믿는다.

(종말) 7. 우리는 이미 임한 하나님 나라의 완성을 위하여 노력해야 하지만 아직 완전하지 않은 모습은 예수 그리스도의 재림으로 완성됨을 믿는다.

제4조(설립 목적) 기대연의 설립 목적은 다음과 같다.

① 우리나라에서 기독교 세계관에 입각한 기독교 교육을 선도하며, 교육을 통하여 하나님 나라를 확장하고, 다음 세대를 건강한 그리스도인으로 길러내

고자 하는 기독교 학교 운동을 전개하기 위함에 있다.
② 기독교 대안학교 설립과 운영을 돕고, 교사 학생 학부모 학교 관리자들에게 질 높은 교육 프로그램을 제공하기 위함에 있다.
③ 회원 학교가 법적, 행정적, 교육적, 사회적 문제 등에 직면할 때 성경이 가르치는 원리에 따라 조언하며 문제를 해결하는 인도자가 되기 위함에 있다.

제5조(사업) 기대연은 설립 목적을 달성하기 위해 다음과 같은 사업을 한다.
1. 기독교 교육 관련 자료 공유 및 제공
2. 기독교 대안학교 교육과정 개발
3. 기독교 대안학교 설립을 돕고 지원하는 일
4. 교사 양성 및 연수, 학부모교육 실시
5. 외국 기독교 교육 관련 단체와의 네트워크
6. 학생 연합 수련회
7. 기독교 학교 운동 전개
8. 교장단 연수 및 컨퍼런스 개최
9. 그 밖의 기대연 목적에 맞는 사업

....
이하 생략

기독교 대안학교 교사로 바로서기

한국기독교대안학교연맹의 신조

1) 기독교 세계관 교육
기독교대안교육연맹에 속한 모든 학교는 기독교 세계관에 입각하여 교육할 것을 정관에 명시하고, 이에 따른 교육철학과 방법, 교육환경 및 교재에 이르기까지 기독교 세계관에 의한 교육을 추구한다.

2) 복음주의
학교에서 일하는 모든 교사와 직원은 복음주의적인 지역 교회에 속한 신실한 크리스천으로서 세례를 받은 후 꾸준한 봉사와 훈련 가운데 자라가도록 노력한다.

3) 재정 투명성
학교는 하나님 나라의 공동체요, 사회의 공익기관으로서 모든 재정의 수입 및 지출과 운영방법이 정직하고 투명하도록 노력한다.

4) 관계와 사명
연맹의 정회원인 모든 학교는 예수 그리스도를 머리로 하는 지체로서 서로 존중하고 협력하여 회원 학교들 간의 신뢰를 구축함으로 세상에서 본이 되도록 함께 노력한다.

5) 대안교육
우리는 우리들만의 행복을 추구하는 것이 아니라 민족과 열방이 희망찬 미래로 나아갈 수 있도록 교육의 대안을 제시한다.

2005년 1월 7일
기독교대안학교연맹 참가학교 일동